kleine apartments

maxi-einrichtungsideen für mini-wohnrefugien

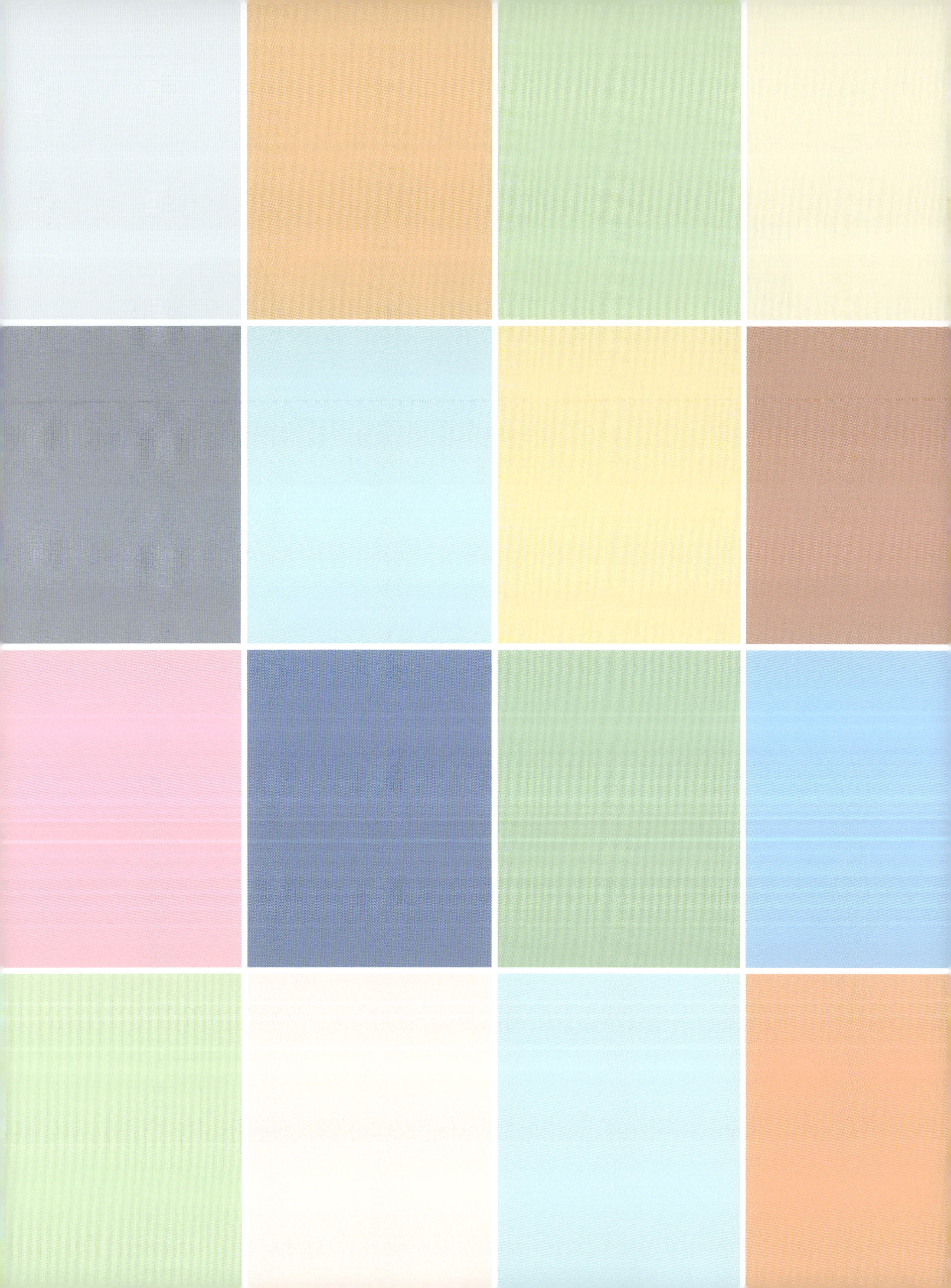

marion hellweg

kleine apartments

maxi-einrichtungsideen für mini-wohnrefugien

BLOTTNER VERLAG

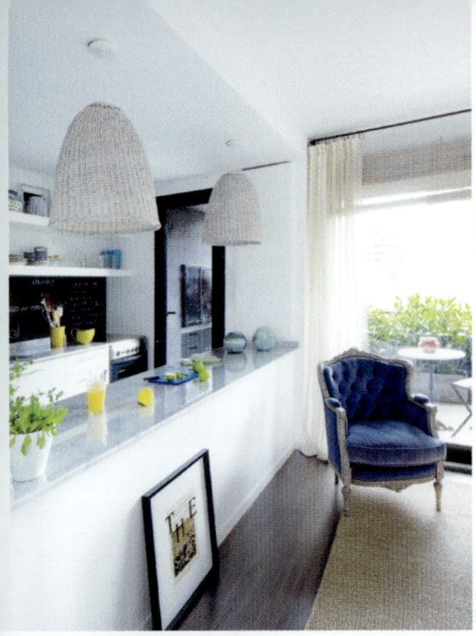
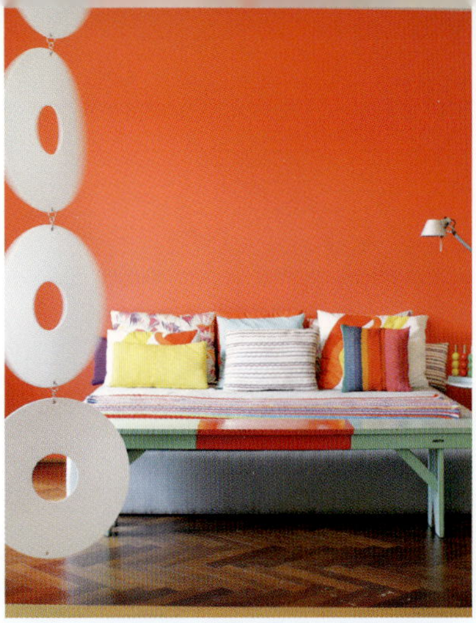
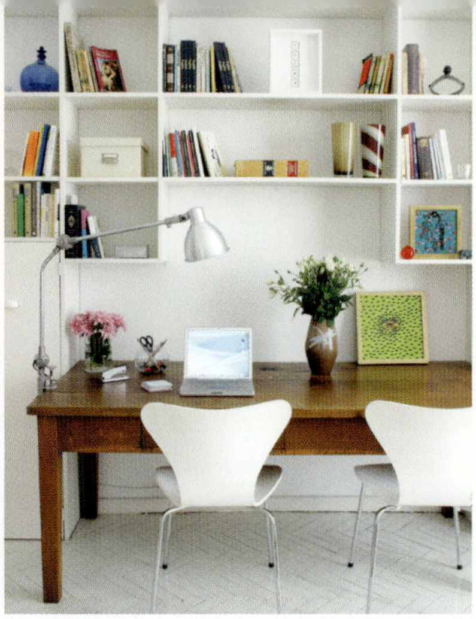
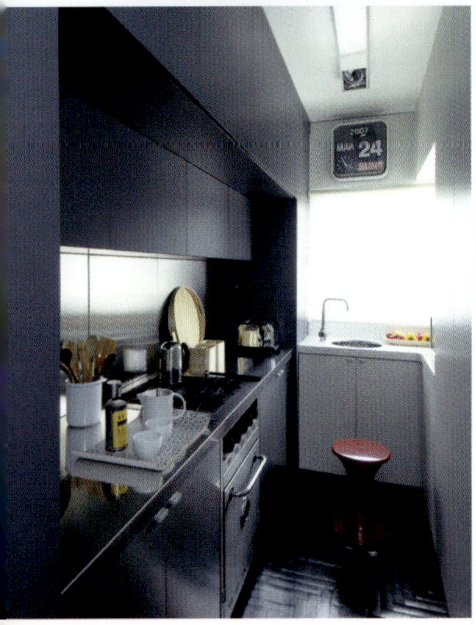
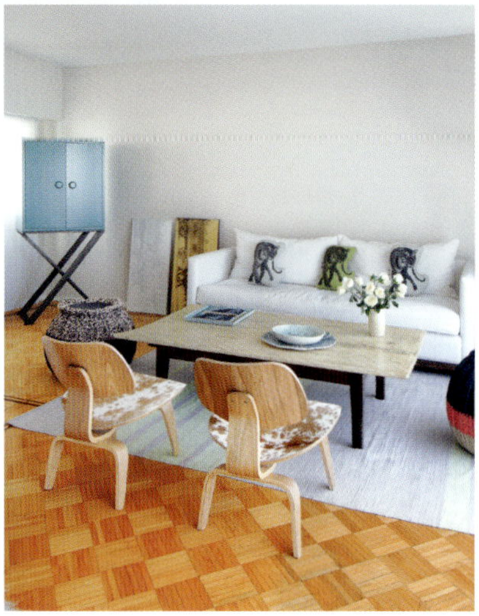
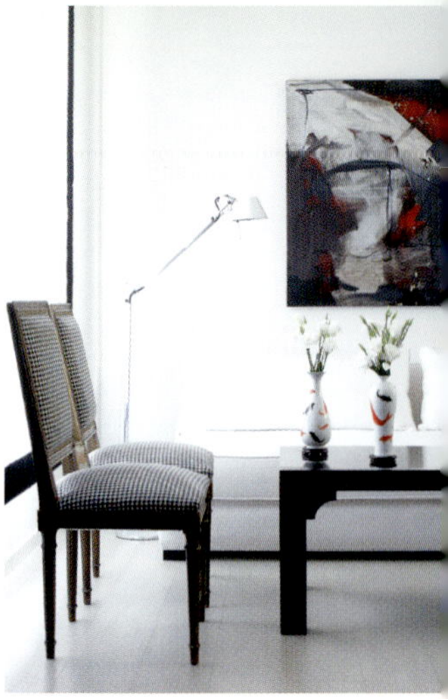
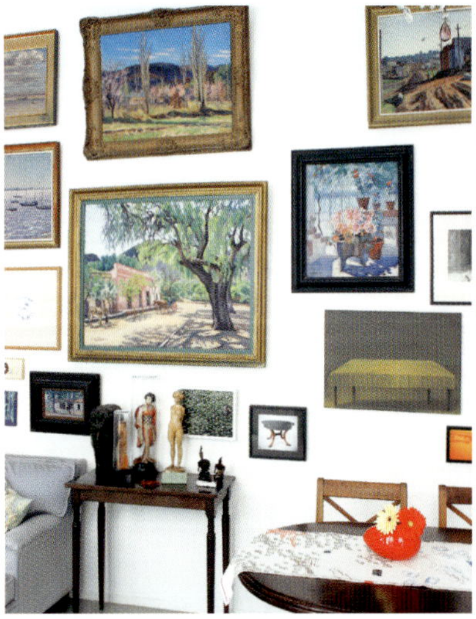
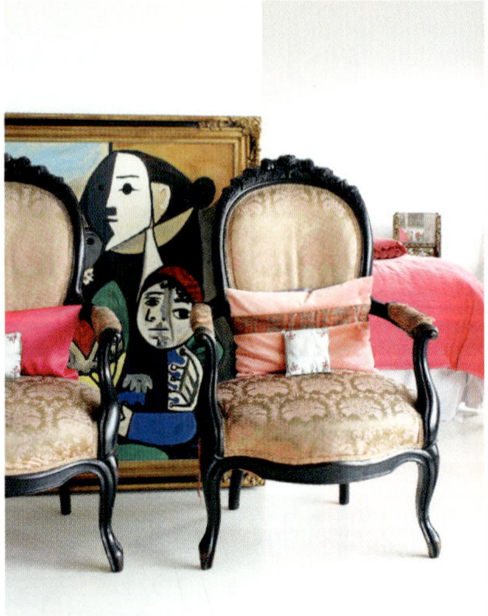
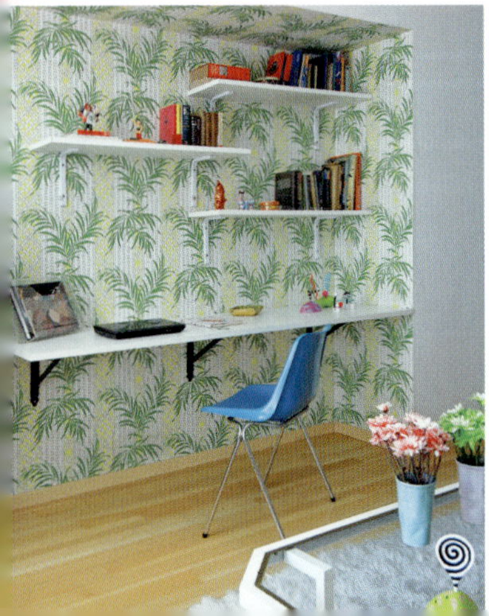
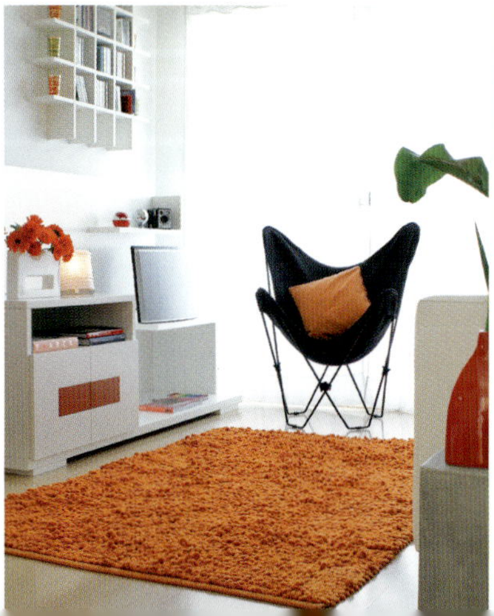
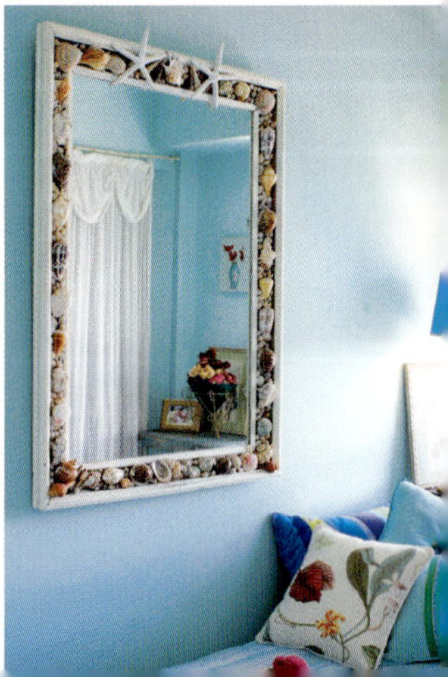

inhalt

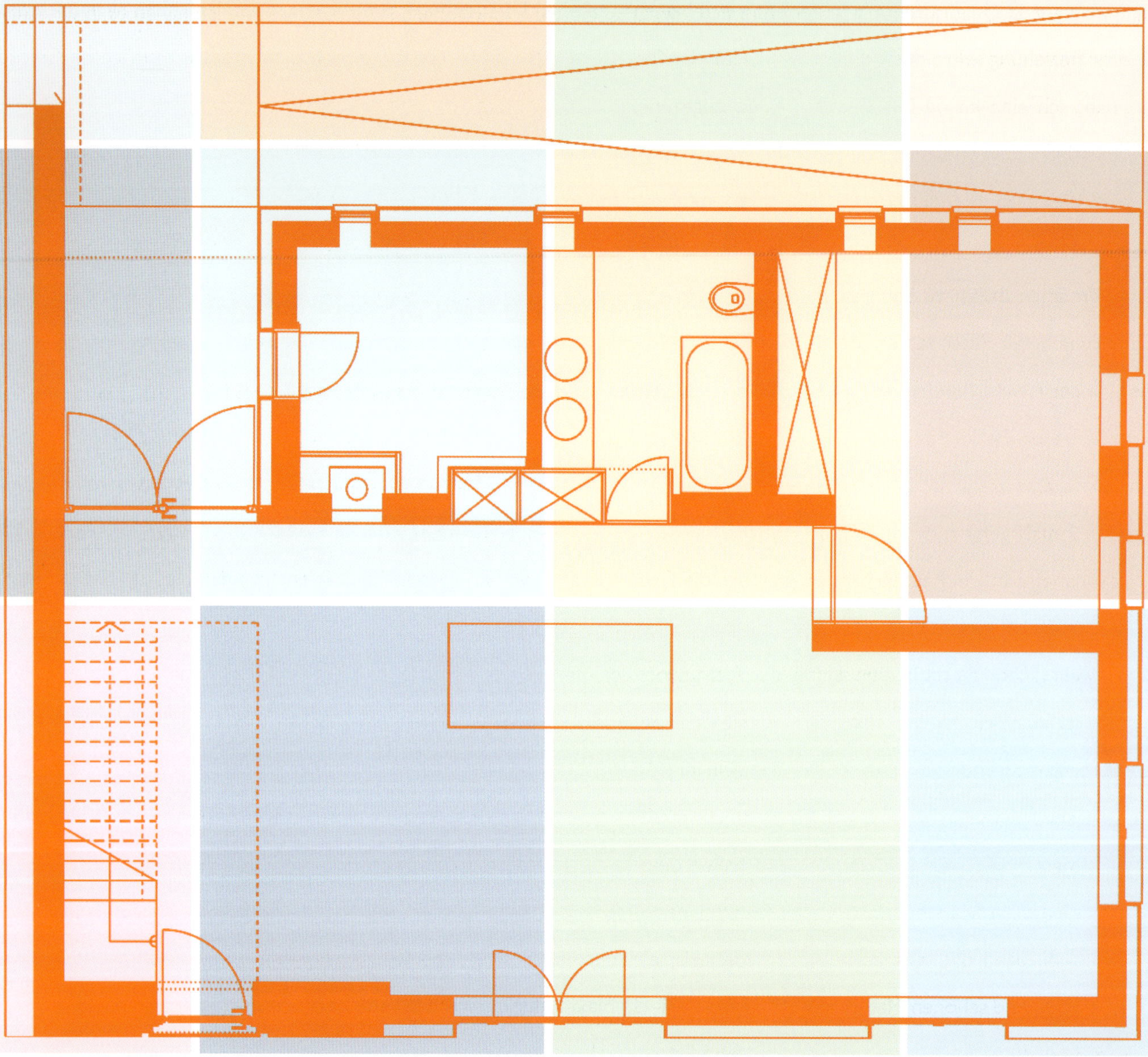

vorwort

Kann man auf 43 Quadratmetern leben, ohne sich beengt zu fühlen? Und ob! Mein Mann Thomas und ich haben es in der Anfangszeit unserer Beziehung selbst ausprobiert: Zwei Zimmer, Kochnische, Minibad und Balkon – mehr brauchten wir nicht zum Glücklichsein. Nie habe ich eine kleine Nische oder einen ungeahnten Stauraum mehr wertgeschätzt, als in dieser Zeit. Auf den Verzicht von Überflüssigem kam es an, auf die Reduktion von Unnötigem. Vor allem, wenn sich zwei Single-Haushalte zu einem einzigen vereinen. So hieß die Anfangsdevise: Weg mit all den Raumfüllern, die beschweren! Essentielles rückte stattdessen in den Vordergrund: eine Couch, ein Bett, ein Schreibtisch, eine Essecke. Schischi und Krimskrams waren streng verboten. Meinem Mann fiel es leicht, sich von allem alten Ballast zu befreien. Ich hingegen bin eher der Typ, der sich nur ungern von Dingen trennt, an denen ein Hauch von Erinnerung haftet. Aber tapfer schmiss auch ich alles rigoros weg, was nicht relevant erschien. Und so gelang uns das Kunststück, auf kleinem Grundriss ein Optimum an Wohnqualität zu erreichen. Besucher staunten nicht schlecht, als sie das erste Mal unser Reich betraten. Bei der Frage nach der exakten Grundfläche des Apartments wurden wir sogar des Schwindels bezichtigt. Ohne Ausnahme schätzte jeder die Wohnung um ein Vielfaches größer als es der Realität entsprach. Rückblickend muss ich sagen, dass ich erst damals gelernt habe, wie viel Wahrheit in dem Satz „Weniger ist mehr" steckt. Und ich habe auch gelernt, dass nicht die Größendimension von Räumlichkeiten, sondern die Größendimension der eigenen Fantasie entscheidend ist, um aus einem Zuhause ein echtes Wohlfühlterrain zu kreieren.

Mittlerweile, schon längst in eine weitläufige Altbauwohnung umgezogen, vermisse ich manchmal das Gefühl von damals. Das Gefühl, den eigenen vier Wänden ganz nahe zu sein – wie eine Raupe in ihrem Kokon. Cocooning nennen es daher wohl auch die Trendforscher in ihrem Fachjargon und meinen damit das „Einigeln im privaten Domizil". Wem die Welt draußen zu kompliziert und hektisch geworden ist, der zieht sich in sein überschaubares Reich zurück. Und das fällt laut Experten in einer kleinen Wohnung leichter als in einem 250 Quadratmeter Loft. Einen Rückzugsort zu schaffen, der den Alltag vergessen lässt und die Seele beflügelt, das ist es wohl, was sich die meisten Menschen wünschen. Und da der Großteil der Bevölkerung auf kleinem Raum lebt, vor allem in den Städten, kam mir die Idee zu diesem Bildband. Die unterschiedlichen Wohnbeispiele sollen auf anschauliche Art zeigen, wie man mit cleveren Stauraumlösungen, tollen Möbeln und schönen Materialien aus einem Mini- ein Maxi-Refugium machen kann. Lassen Sie sich also inspirieren!

Viel Spaß bei der Gestaltung Ihrer eigenen Wohn-Erlebniswelt wünscht

Marion Hellweg

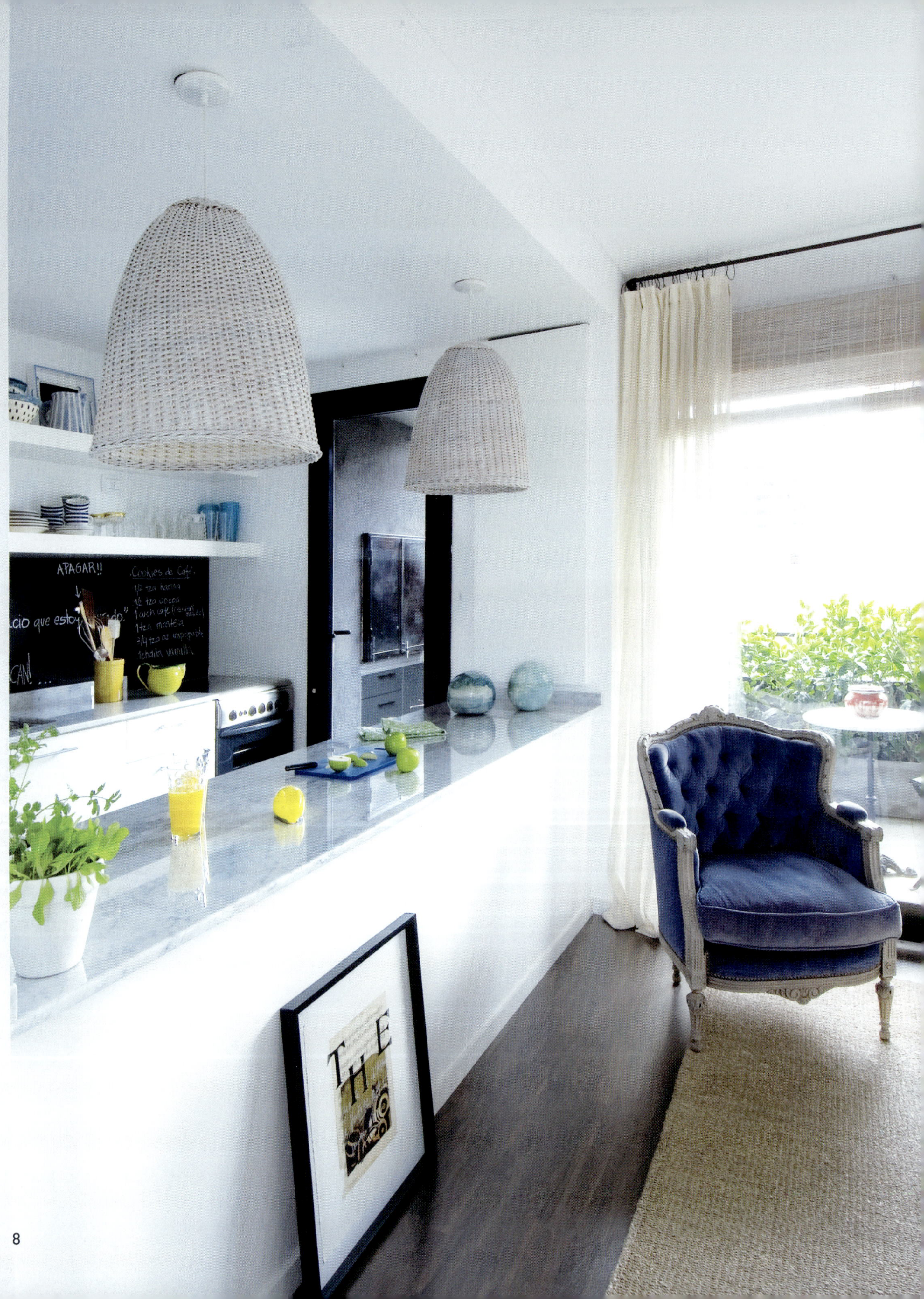
APAGAR!!
Cookies de Café
THE

zwei in einem

das gemeinsame refugium eines großstadtpaares

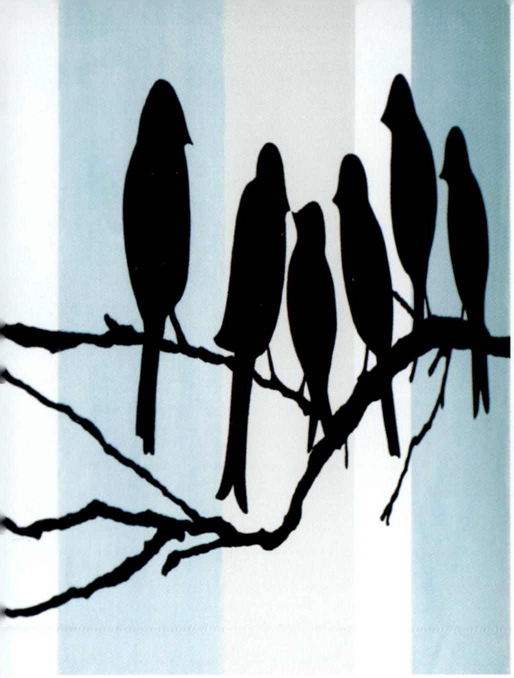

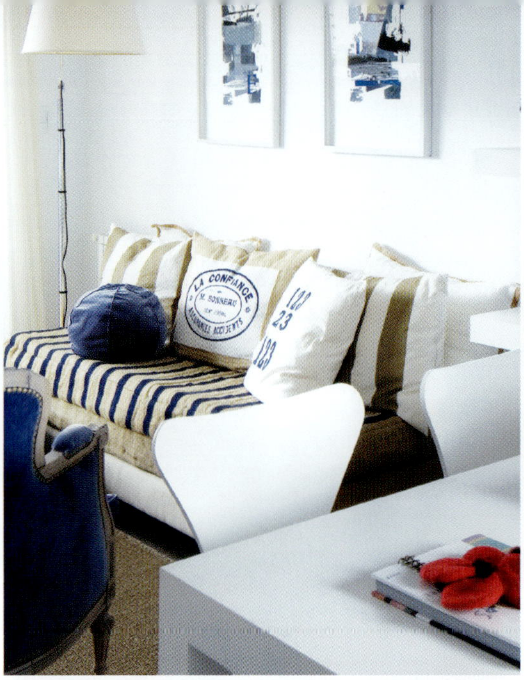

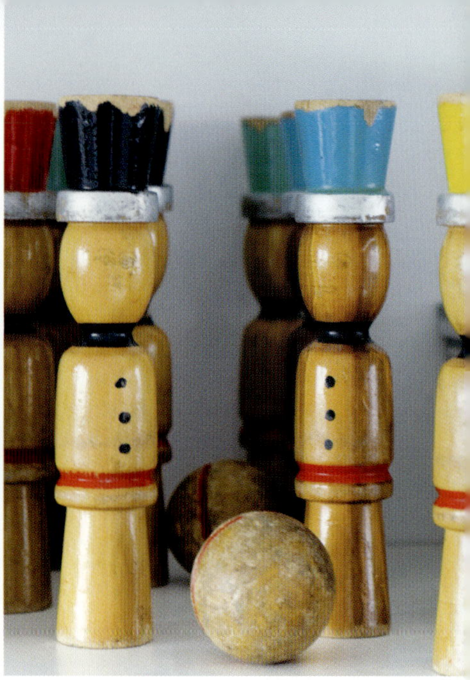

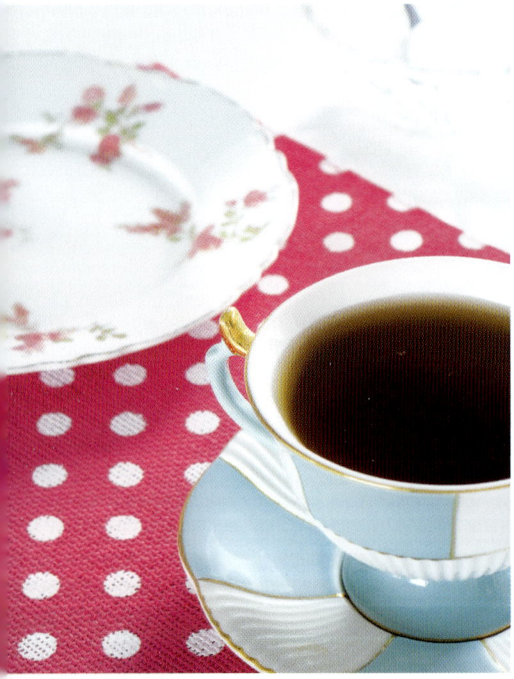

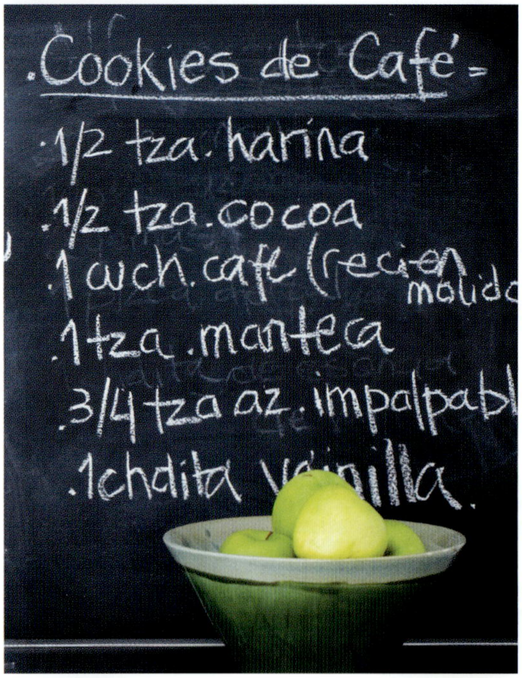
.Cookies de Café =
.1/2 tza. harina
.1/2 tza. cocoa
.1 cuch. cafe (recien
molid
.1tza. manteca
.3/4 tza az. impalpabl
.1chdita vainilla.

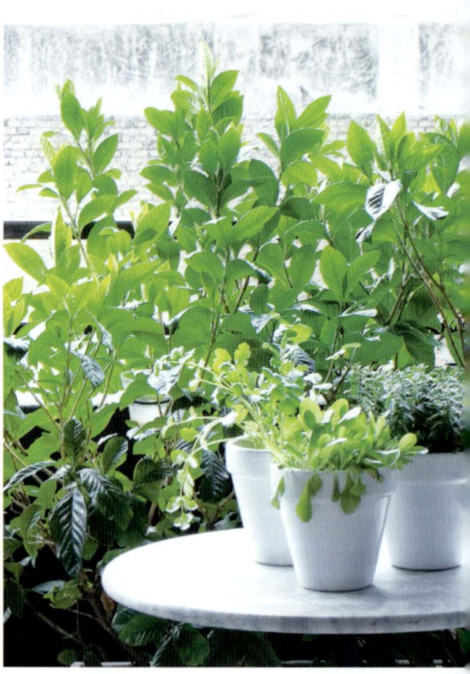

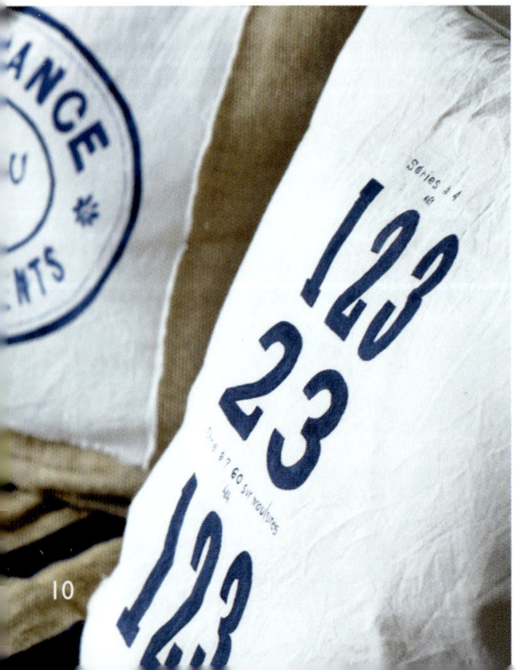
123
23
123

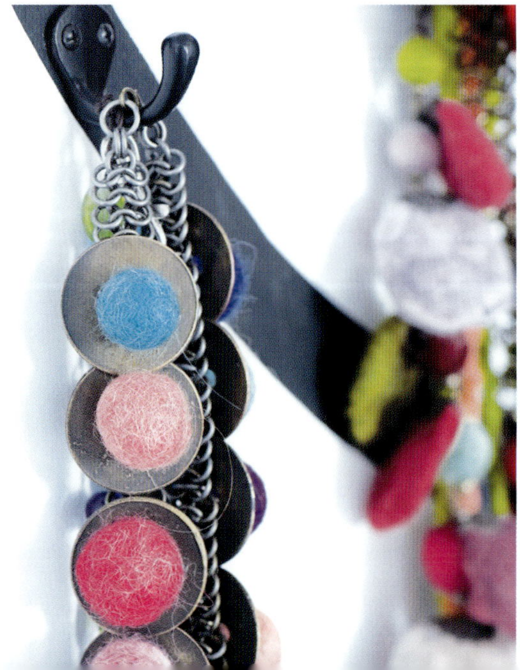

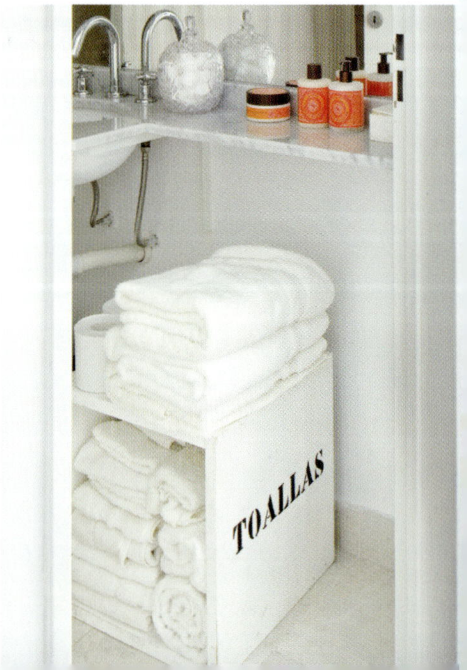
TOALLAS

thomas und martina in harmonie

Thomas und Martina lernten sich in New York kennen. Thomas arbeitete damals als junger aufstrebender Architekt im Team von Rafael Vinoly, Martina studierte an der Schule für Modedesign. Aufgeladen durch die Energie des Big Apples suchte sich das Paar ein gemeinsames Refugium, das ihm die Möglichkeit gab, seine unterschiedliche Auffassung von „Schönem Wohnen"unter einem Dach zu vereinen. Thomas, ganz Architekt, liebt Weiß und Designermöbel. Er mag es, wenn fast nichts im Raum steht außer einer Artemide Lampe und eines Cassina Sessels. Martina hingegen möchte es gemütlich haben, umgeben von den Dingen, die sie liebt und die sie im Laufe ihres Lebens gesammelt hat. Aber passt das wirklich zusammen? Thomas und Martina fanden „ja!" und einen Kompromiss, mit dem sie beide leben können. Als erstes suchten sie nach einer schlichten Neubauwohnung ohne Schnörkel, um einen neutralen Hintergrund für ihre Wohnbühne zu haben. Die heutige Eigentumswohnung umfasst 58 Quadratmeter und wartet auf kleinem Grundriss mit einem großzügigen Wohnraum, einem Schlafzimmer und einem Bad mit separater Toilette sowie einem Balkon auf. Die Küche wurde in das Wohnareal integriert, die Wand dazwischen eingerissen. Als Arbeitszimmer dient der Essbereich, dessen Tisch für die jeweilige Gegebenheit umfunktioniert wird. Weiße Möbel bilden den größten Teil des Interieurs, um die kleine Wohnung nicht überladen wirken zu lassen, denn schließlich bestand Martina auf ihre Lieblingsstücke, die trotz Reduktion alle einen Platz fanden. Zum Beispiel das alte Kegelspiel aus den 50er-Jahren, das zwischen Romanen und Fachliteratur im Bücherregal seinen großen Auftritt hat. Oder der samtbezogene französische Sessel, in dem sich Martinas Großmutter schon eine Auszeit gönnte. Oder die zarten englischen Teetassen, die vom Flohmarkt stammen. Die Neugestaltung der vorhandenen Einbauküche nahm Thomas ganz fachmännisch in die Hand. Er ließ die alten Kacheln abschlagen und dafür eine robuste Tafelwand anbringen. Das erzeugt optische Ruhe und ist zudem noch praktisch. Außerdem musste die gebrauchte Arbeitsplatte einer Auflage aus Carrara Marmor weichen. Um das Mini-Schlafzimmer optimal nutzen zu können, schraubte das Paar einfach das Rückenteil des Bettes ab und strich dafür die Wand dahinter in zartem Streifen-Look.

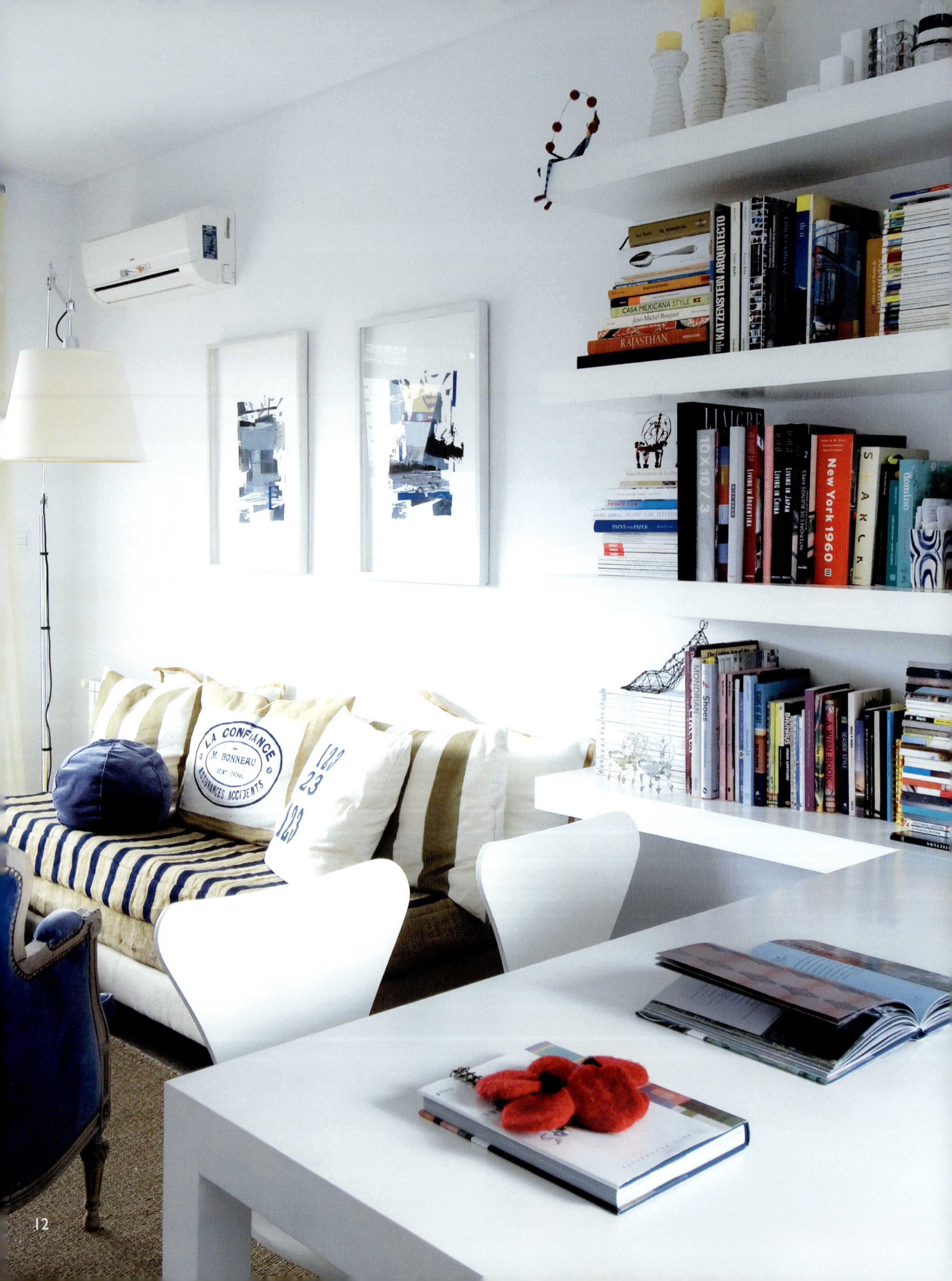
KATZENSTEIN ARQUITECTO
CASA MEXICANA STYLE
Jean-Michel Basquiat
RAJASTHAN
LIVING IN ARGENTINA
LIVING IN JAPAN
LIVING IN CHINA
New York 1960
10 X 10 / 3
PAINT AND PAPER
MONDRIAN
Shoes
A WISH BOOK
LA CONFIANCE
M. BONNEAU
ASSURANCES ACCIDENTS
123
23
123

reduziert

Bild rechte Seite: Der große Esstisch wird auch als Arbeitsplatz genutzt. Formschöne Stühle der Serie 3107 von Arne Jacobsen ergänzen perfekt das schlichtweiße Habitat. Wer eine Pause braucht, kann auf dem benachbarten Sofa die Beine hochlegen.

Bild unten links: Das englische Teeservice ist ein gekonnter Stilbruch. Hinsichtlich des sonst so modernen Ambientes schlägt es eine Brücke zwischen Alt und Neu. Martina erstand das zarte Geschirr auf einem Trödelmarkt.

Bild unten rechts: Die Schreibtischleuchte Tolomeo von Artemide ist ein Muss für jeden Lampenfan. Sie gilt trotz ihres jungen Alters (entworfen 1987) bereits als Designklassiker. Die dicken Regalböden von IKEA schraubt man einfach direkt an die Wand.

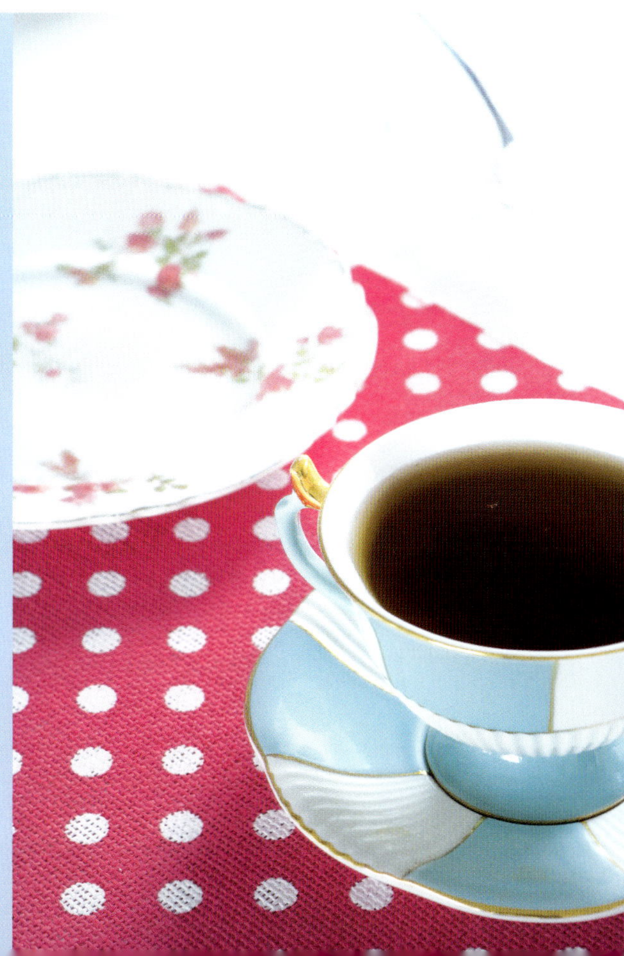

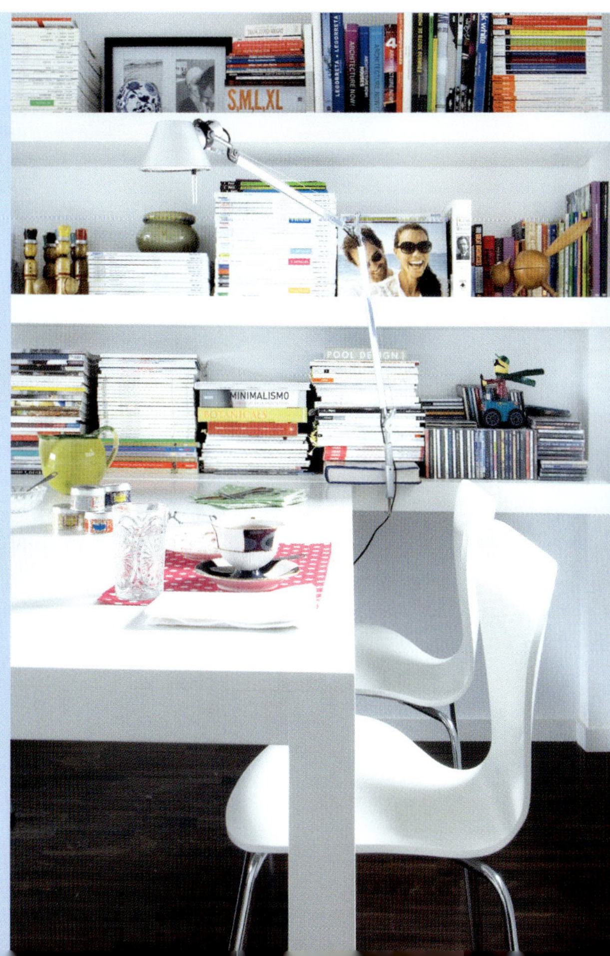

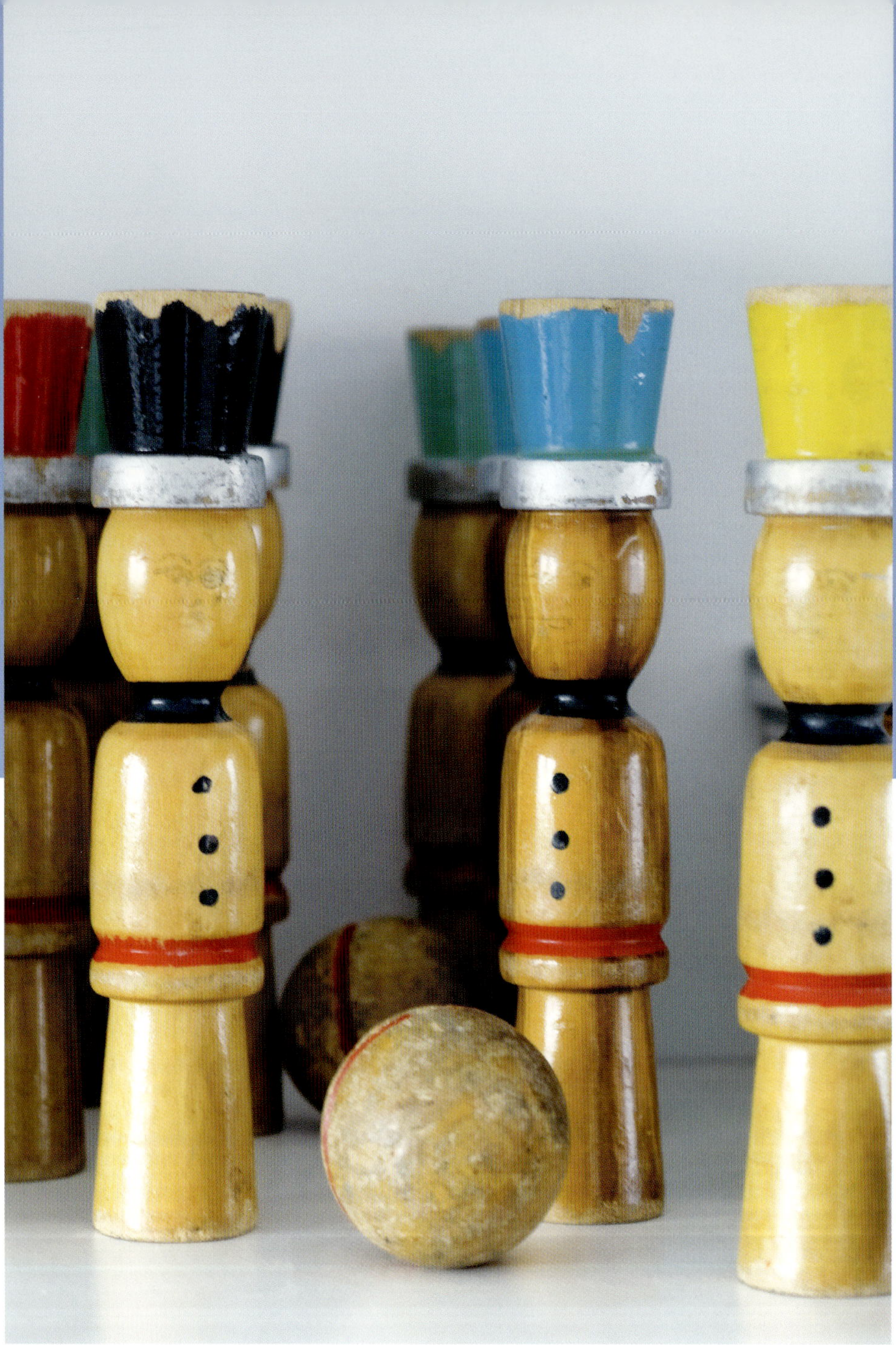

Das Kegelspiel aus Holz stammt aus den 50er-Jahren und zählt zu Martinas Lieblingen (Bild oben). Auf der rechten Seite beweisen Martina und Thomas, dass Harmonie auch auf engstem Raum funktioniert: Sie teilen fröhlich Tisch und Bett. Wohnlich haben sie eine gemeinsame Linie gefunden. Thomas mag es schlicht, Martina gemütlich. Dass das eine das andere nicht ausschließt, zeigt ihr modernes Refugium mit seinen beschaulichen Wohlfühlecken.

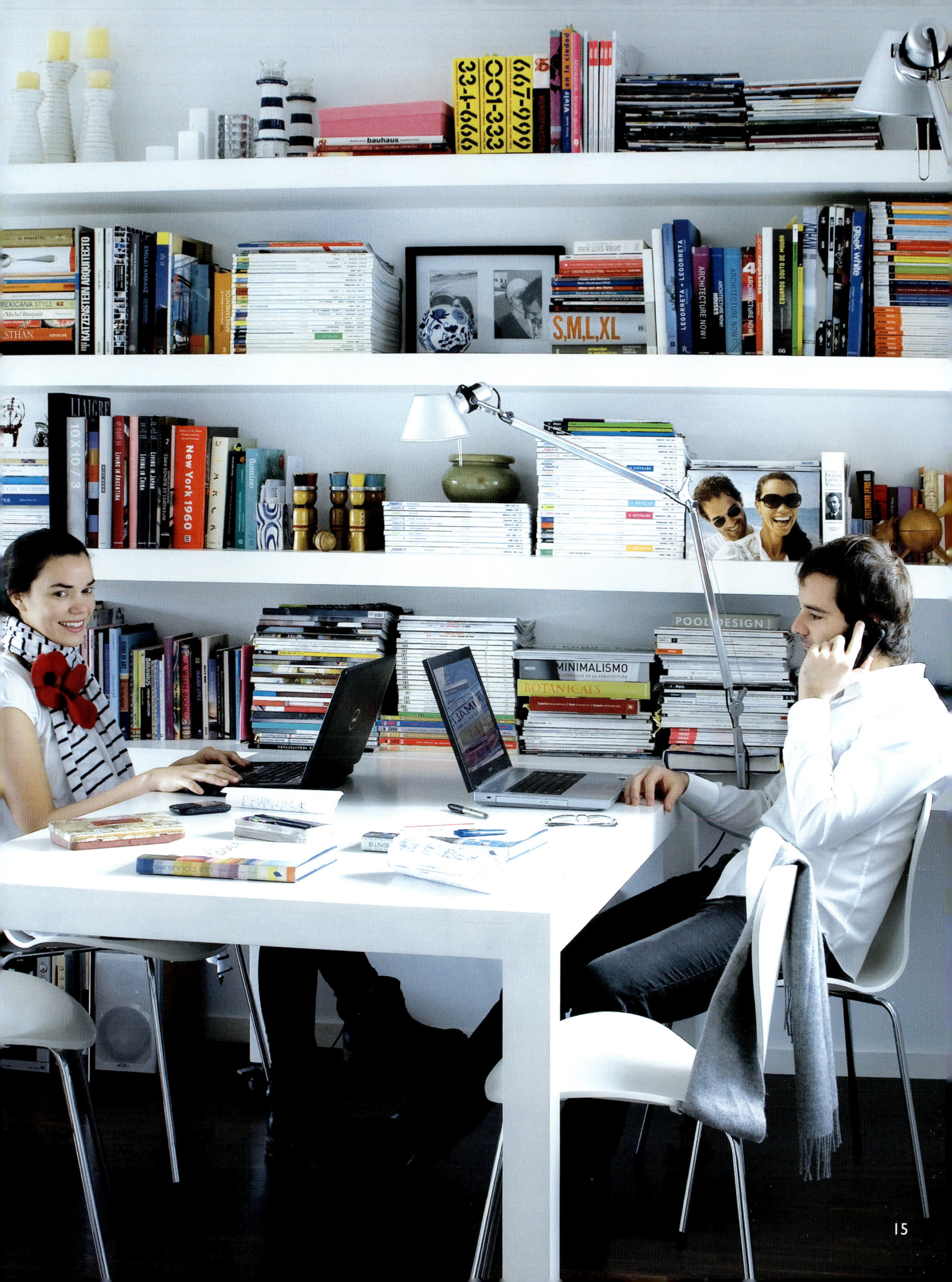

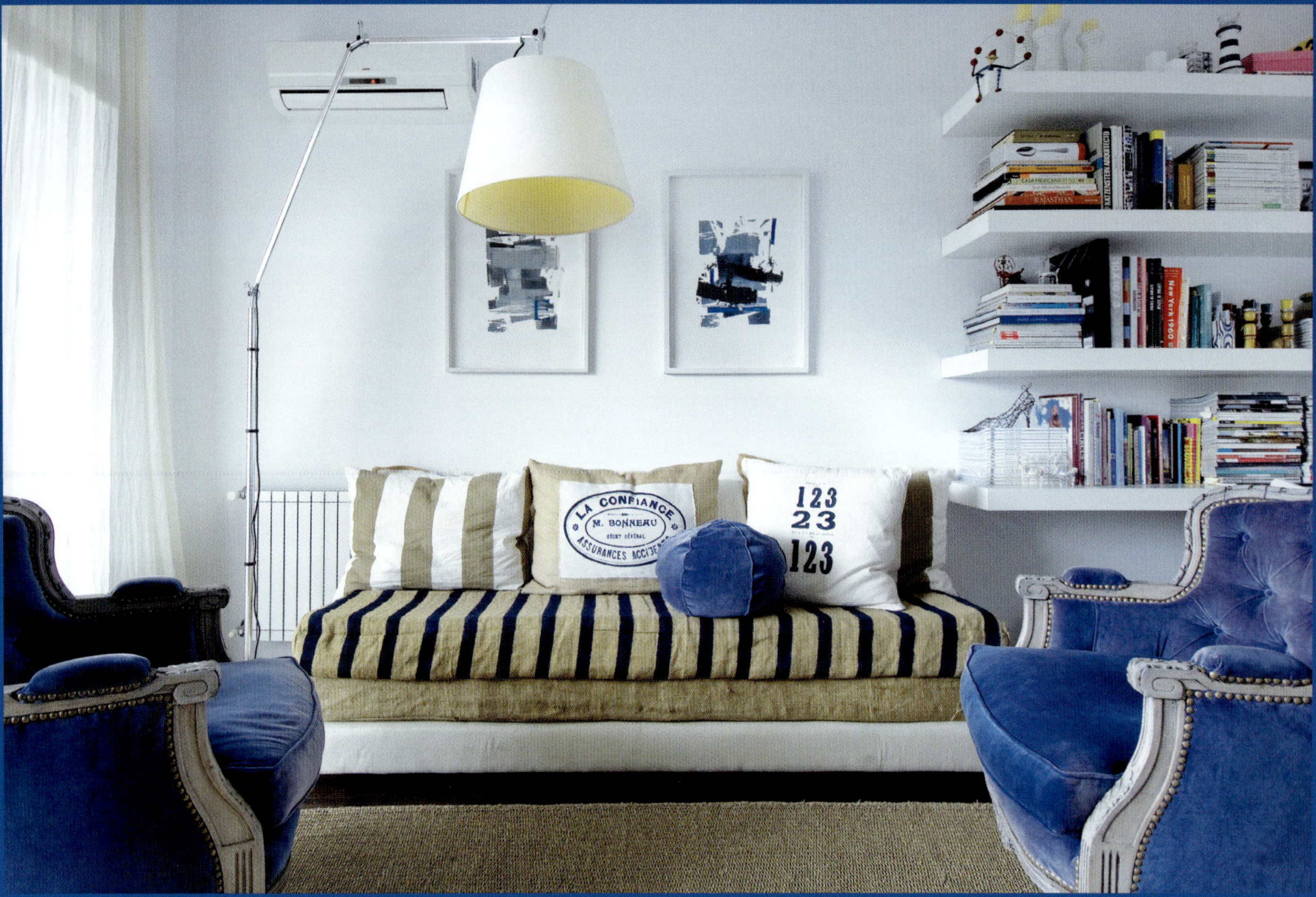

Die Leinenkissen (oben und rechts im Detail) kaufte Martina passend zum Leinenüberwurf, der die Ausziehcouch bedeckt. Mediterranes Weißblau sorgt für Urlaubsstimmung.

Der kleine Sisalteppich (rechte Seite) kommt auf dem dunklen Parkett gut zur Geltung. Thomas ließ den Boden neu verlegen, da dort vor dem Einzug ein Teppichboden auslag.

Bild nächste Doppelseite: Der Hausherr entschied sich anstelle der alten Fliesen für eine Tafelplatte an der Rückwand der Küchenzeile. Sie ist abwischbar und dadurch praktisch und pflegeleicht. Rezepte und andere Notizen können einfach mit Kreide darauf geschrieben werden. Im Vordergrund sieht man die neue Arbeitsplatte aus Carrara Marmor.

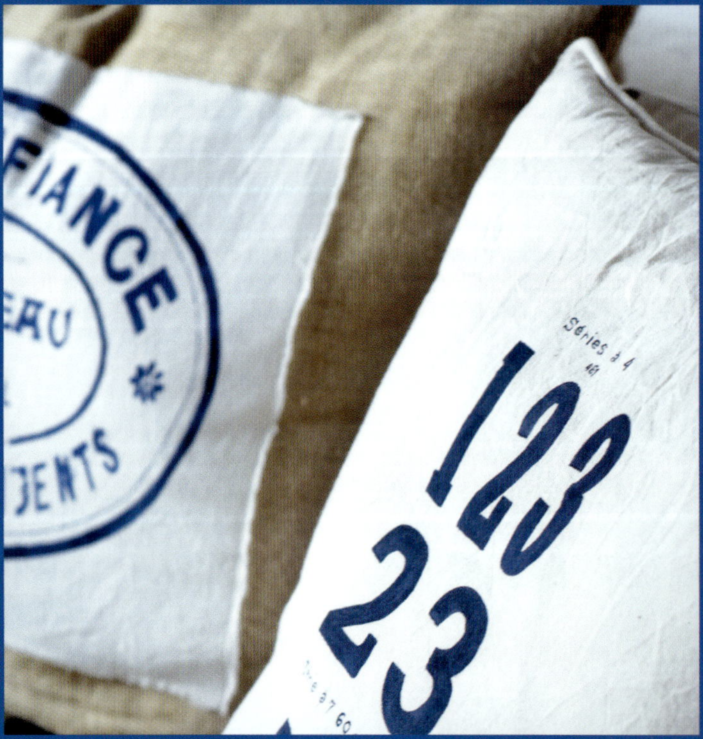

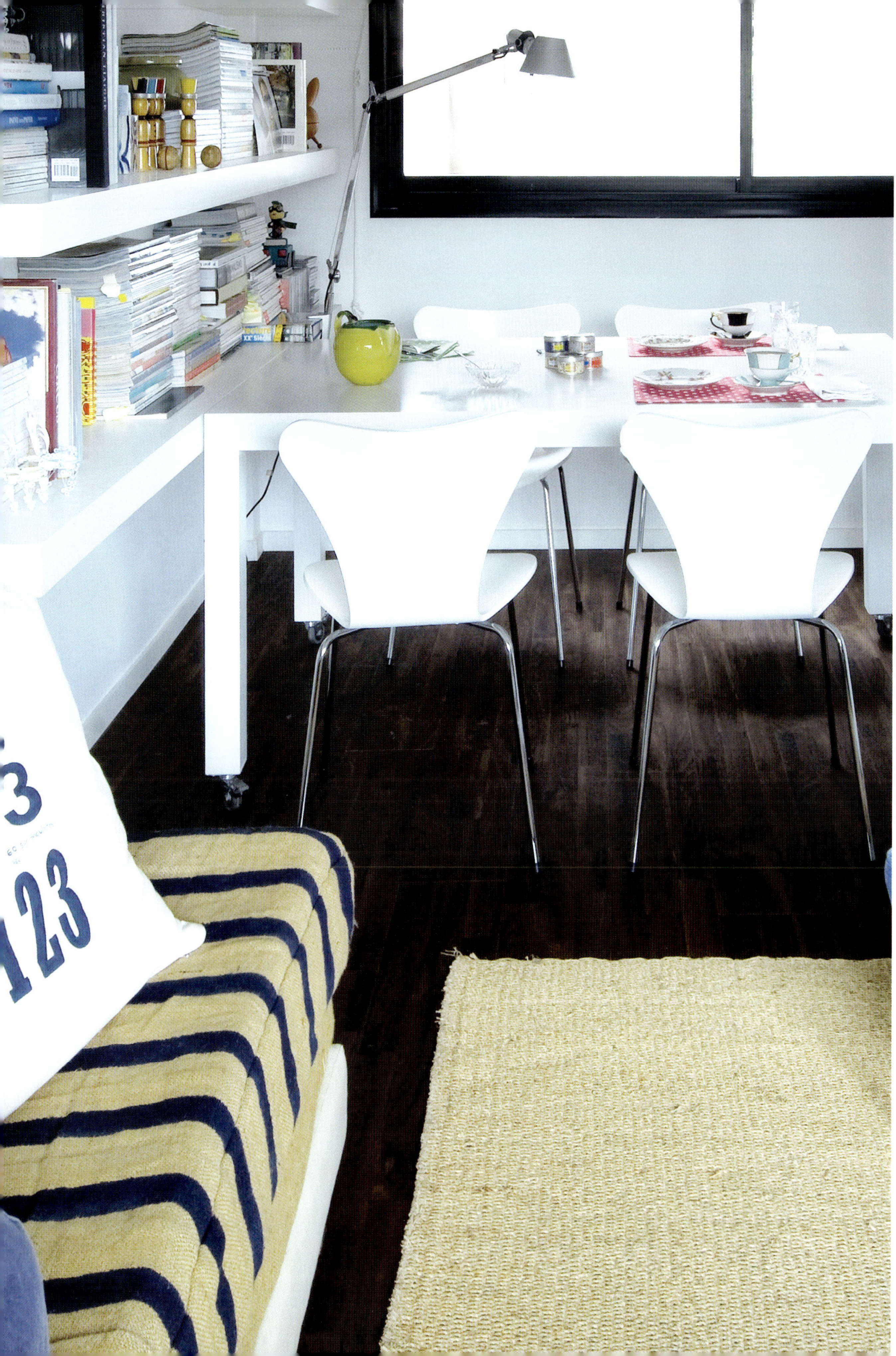

leinen, holz und polyacryl ergeben ein ideales trio

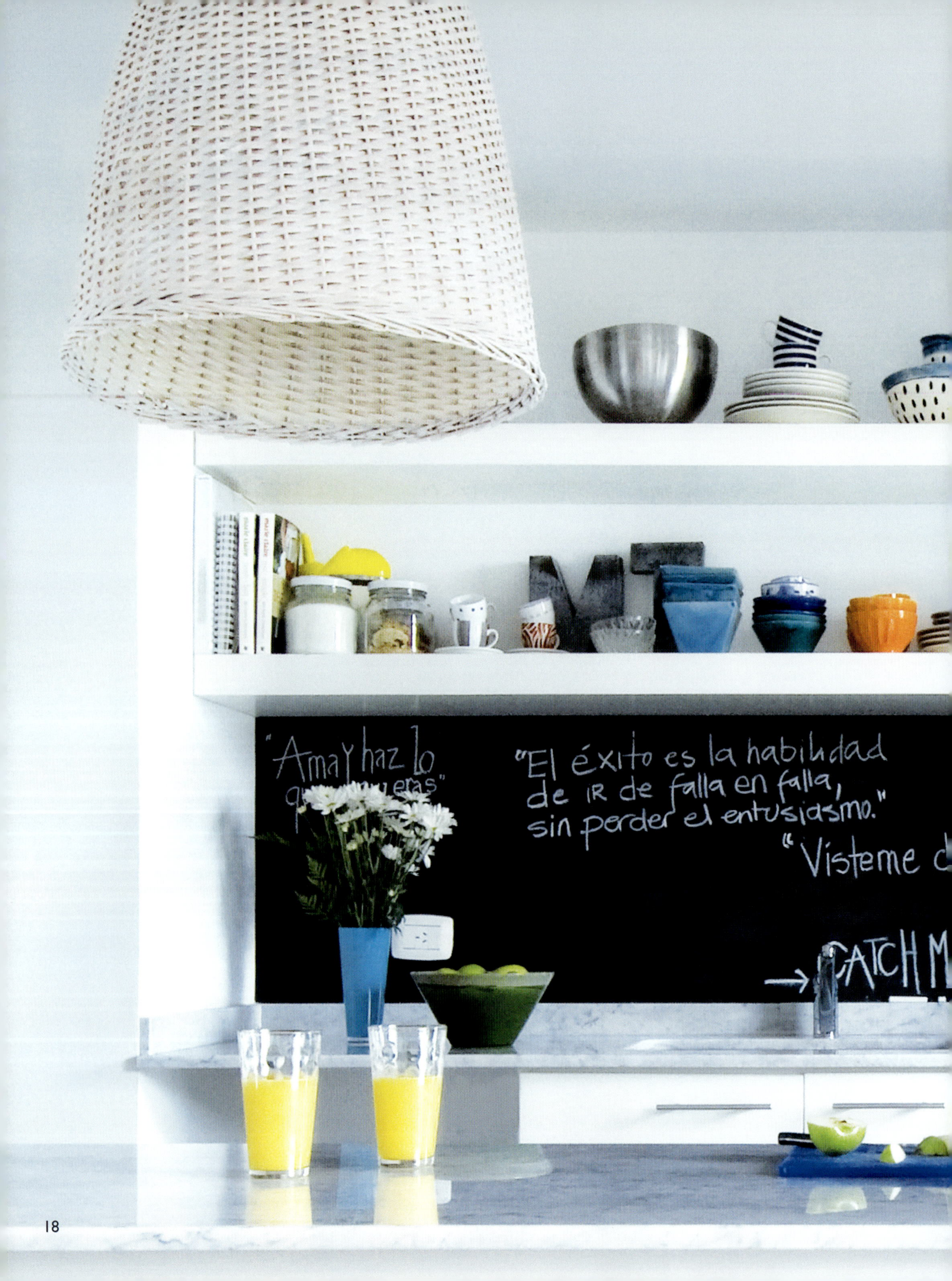
"Ama y haz lo
"El éxito es la habilidad
de ir de falla en falla,
sin perder el entusiasmo."
"Visteme
CATCH

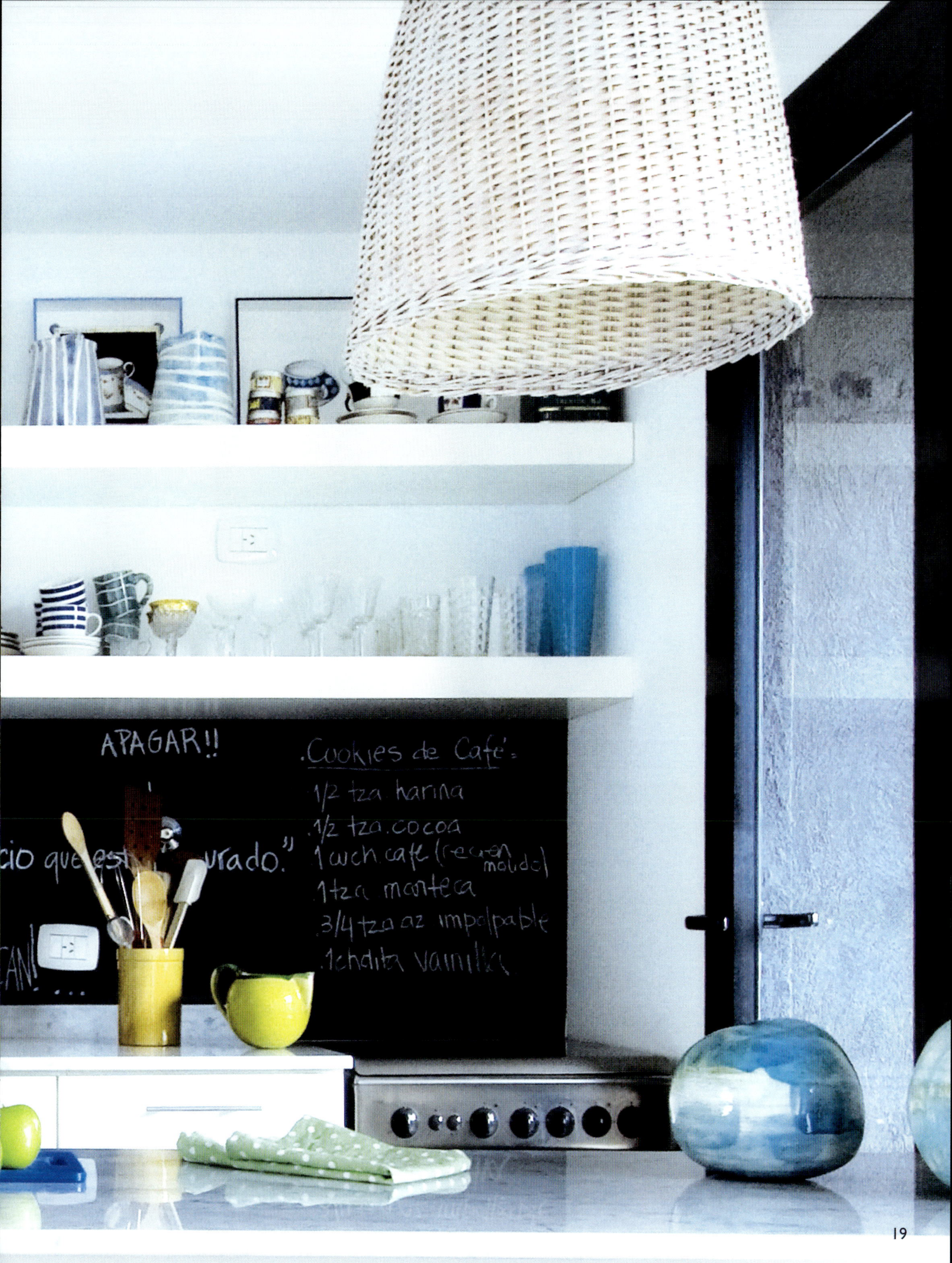
APAGAR!!
Cookies de Café:
1/2 tza. harina
1/2 tza. cocoa
1 cuch. café (recien molido)
1 tza manteca
3/4 tza az impalpable
1 chdita vainilla
urado."

tafelfreuden

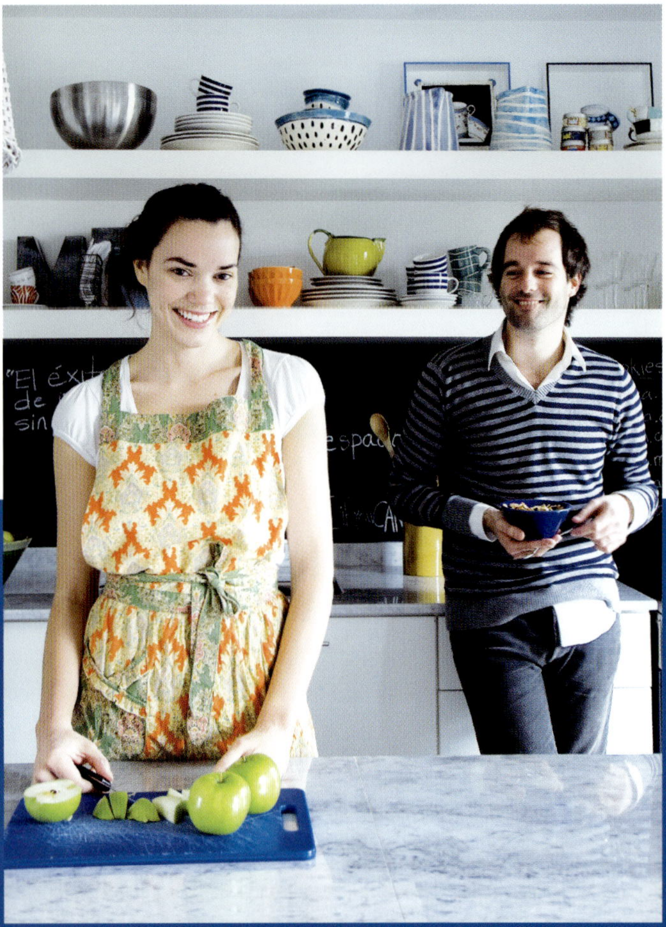

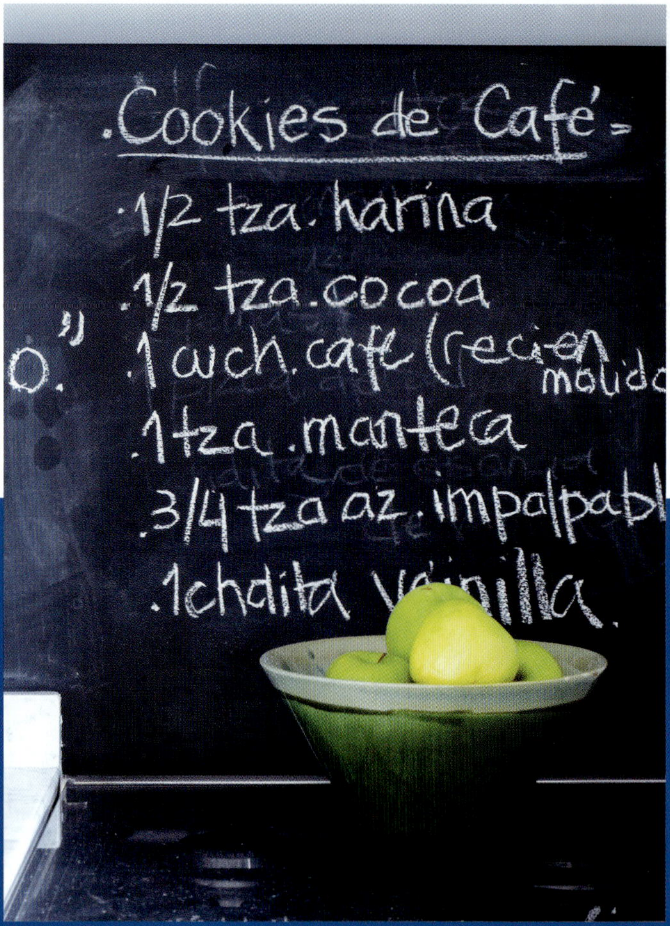

Martina und Thomas kochen leidenschaftlich gerne. Umso mehr freuen sie sich, dass die offene Küche nun zentraler Mittelpunkt ihrer gemeinsamen Wohnung ist.

Aktuelle Rezeptideen schreibt Martina einfach schnell an die Wand. So hat sie die nötigen Zutaten immer im Blick und muss nicht erst im Kochbuch herumblättern.

Bild rechte Seite: Frische Kräuter dürfen in einer Küche natürlich nicht fehlen. Schon optisch ein Genuss, verfeinern sie jedes Gericht. Das zweigeteilte Spülbecken wurde in die teure Marmorplatte von einem Fachmann passgenau eingebaut.

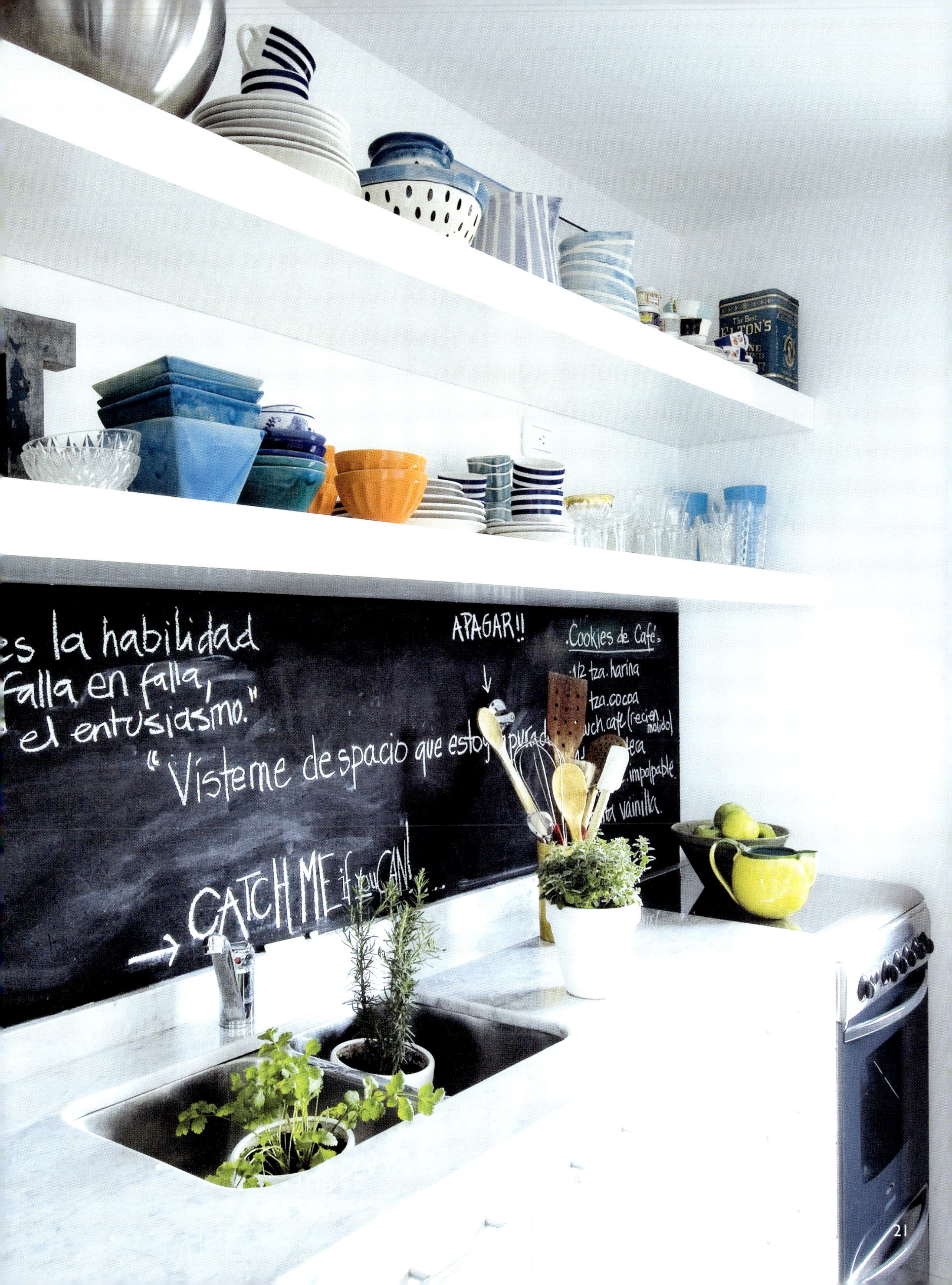
es la habilidad
falla en falla,
el entusiasmo."
"Visteme despacio que esto
APAGAR!!
Cookies de Café
1/2 tza. harina
tza. cocoa
impalpable
CATCH ME if you CAN!...

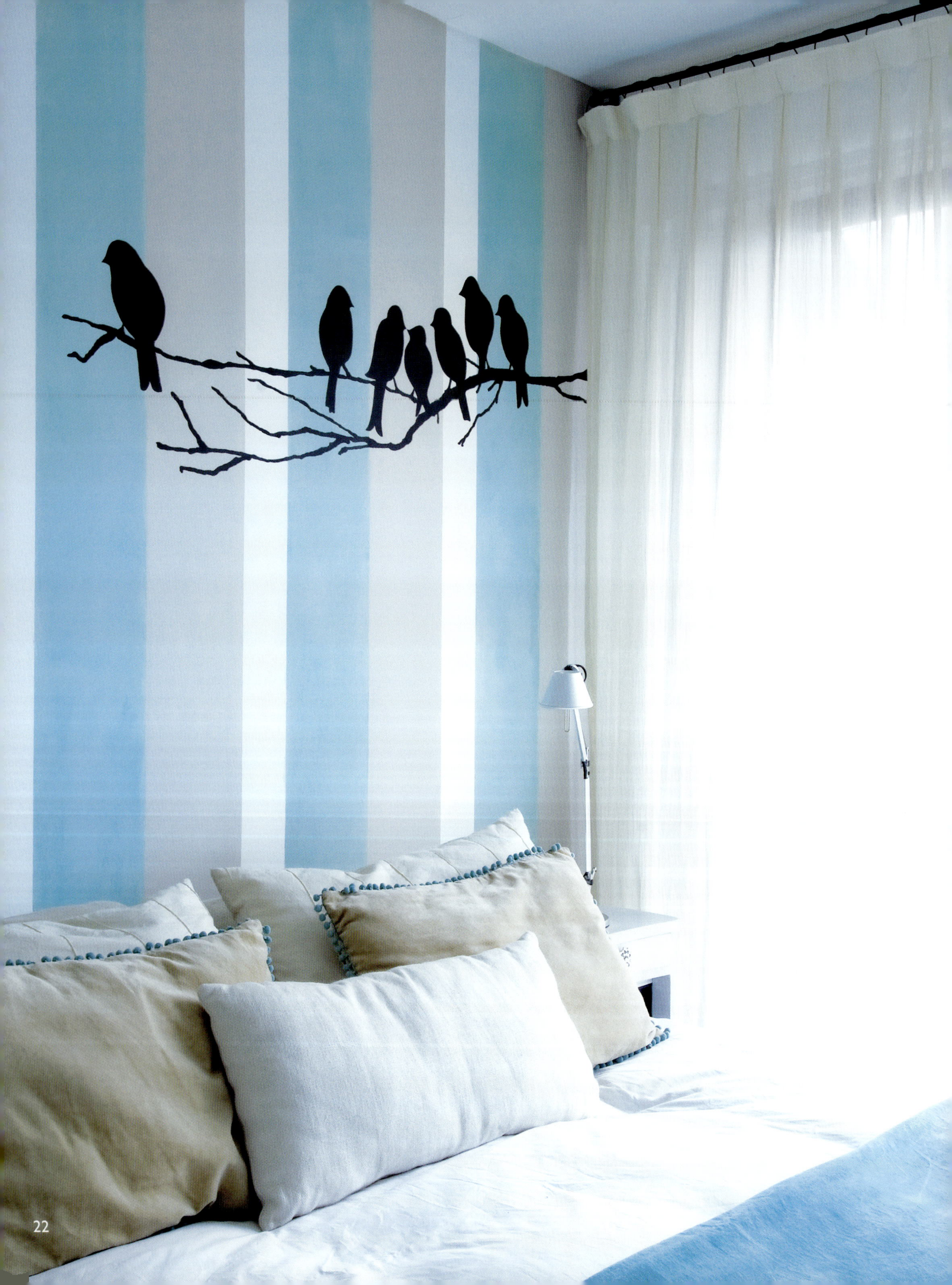

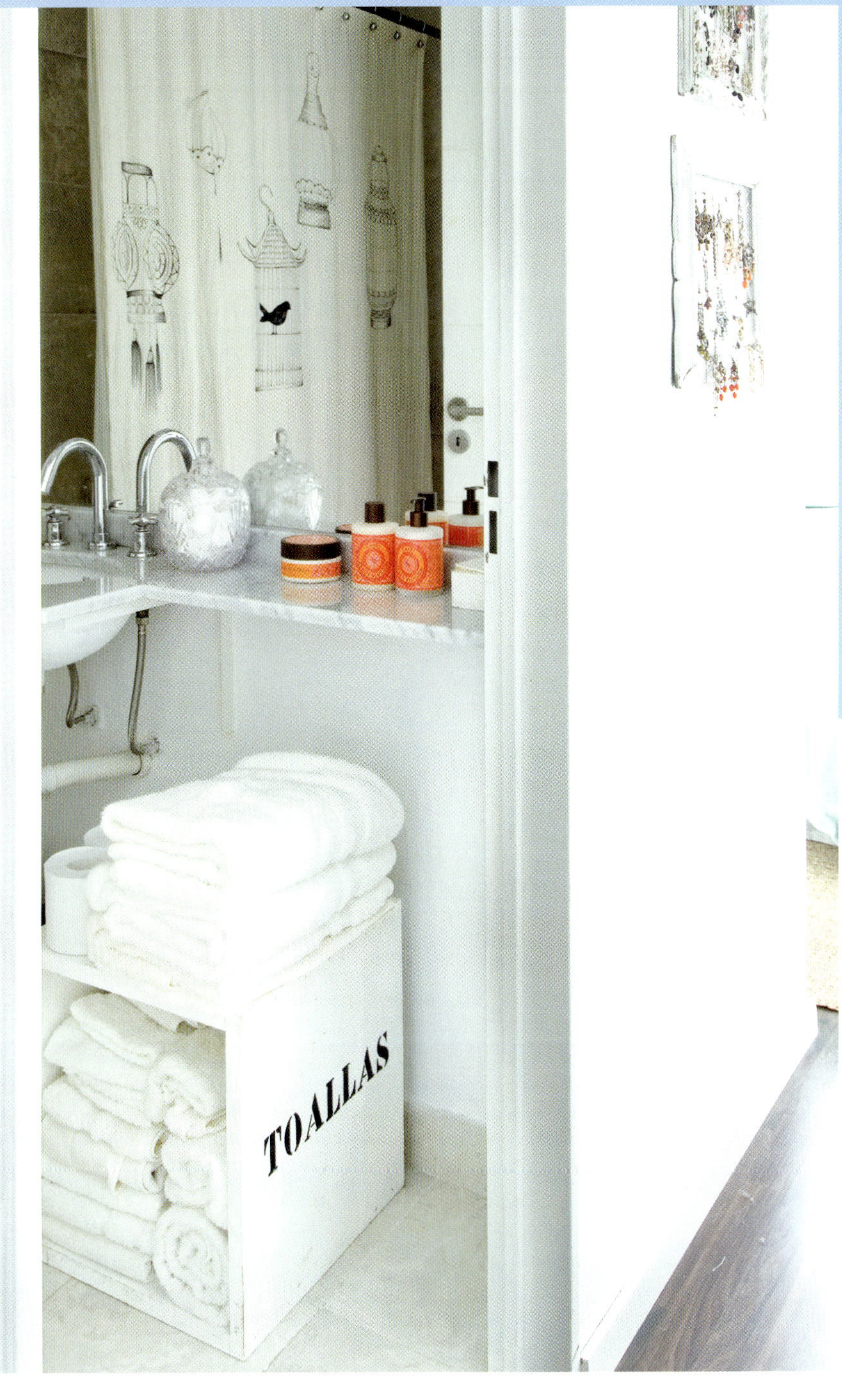

Im Schlafzimmer (Bild links) malte Martina verschiedenfarbige Streifen an die Wand. Die Vögel auf dem Ast wurden nachträglich aufgeklebt. Das Nachtkästchen erstand sie auf einem Flohmarkt. Es wurde von ihr sorgsam abgeschliffen und neu gestrichen. Die Lampe ist von Artemide. Im Bad (Bild oben) verwandelte die Hausherrin eine schlichte Holzkiste aus dem Baumarkt in ein einfaches Handtuchschränkchen: weißer Lack, schwarze Aufschrift, fertig!

sanfte farben und reines weiß sorgen für helligkeit

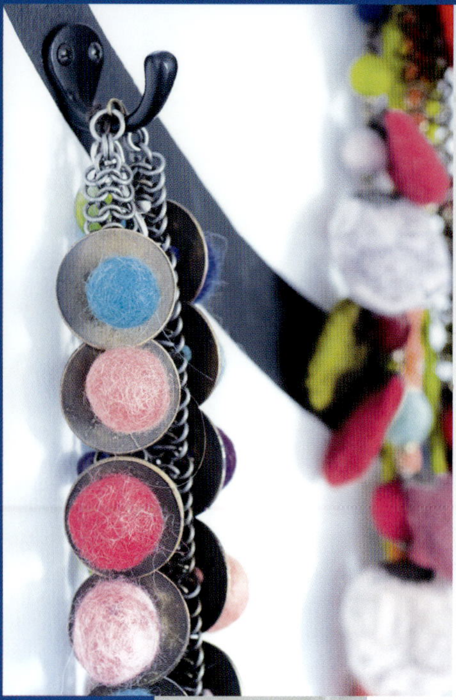

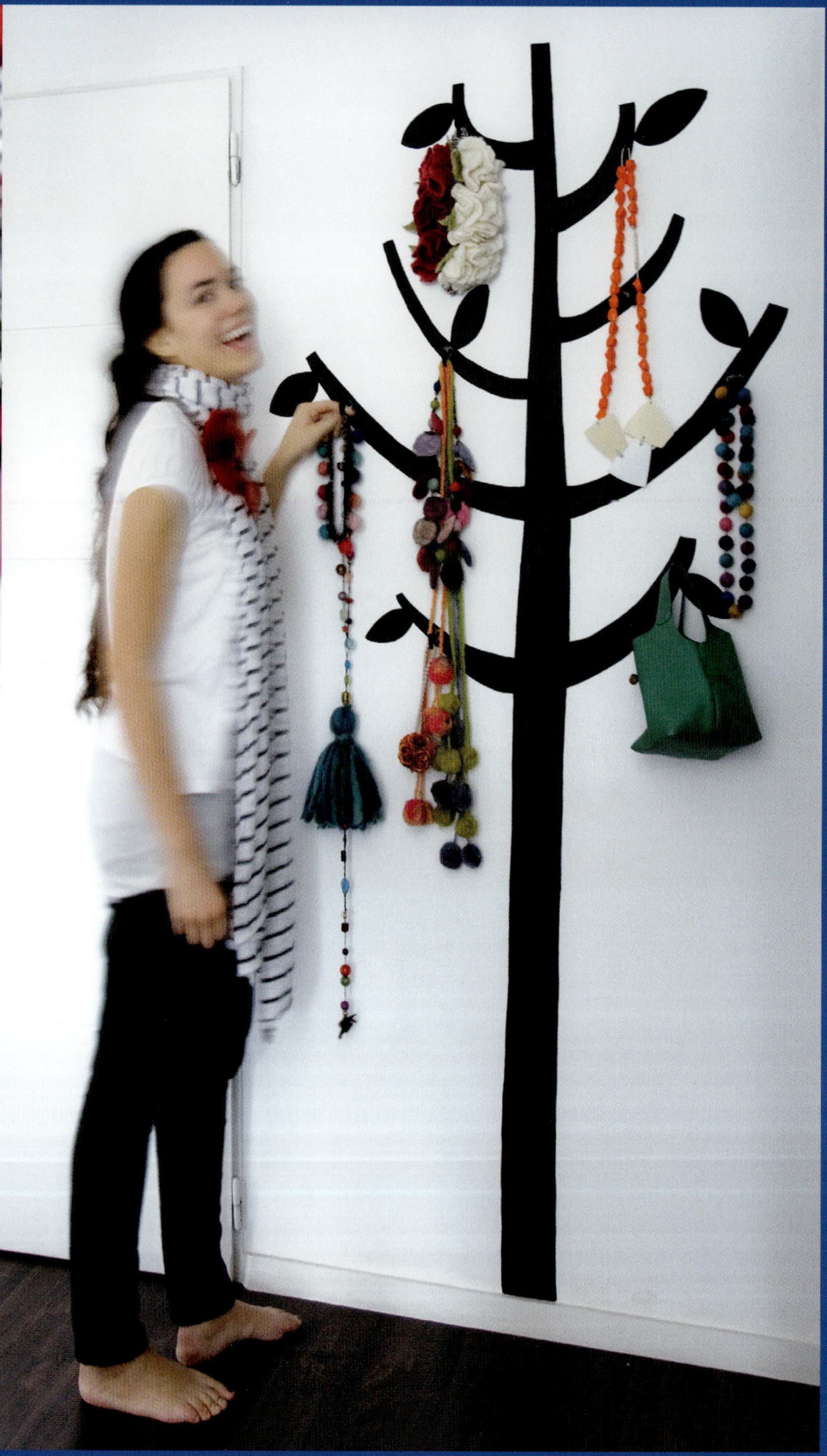

Martinas Kreativität kennt kaum Grenzen. So malte sie einen schwarzen Baum neben der Eingangstür an die Wand und schraubte darauf kleine Haken. Als dekorative Früchte hängt sie nach Lust und Laune hübsche Ketten und Taschen an die Selfmade-Garderobe. Natürlich dürfen auch Besucher dort ihre Jacken aufhängen.

Der Balkon trägt wiederum die Handschrift von Thomas. Die schweren Pflanztröge aus grauem Beton scheinen fest auf dem Natursteinboden verankert zu sein. Charme versprüht das legere Bistro-Ensemble.

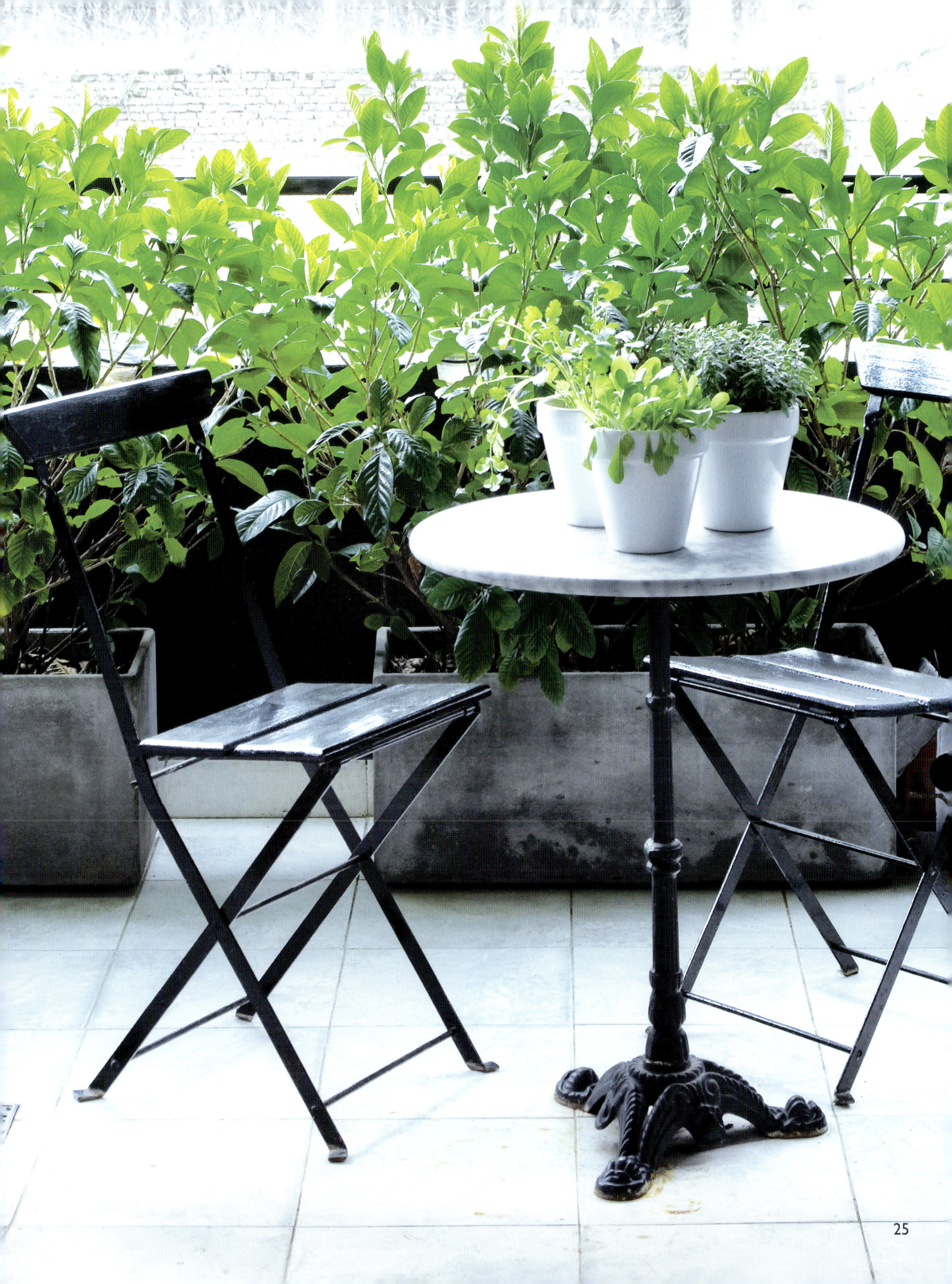

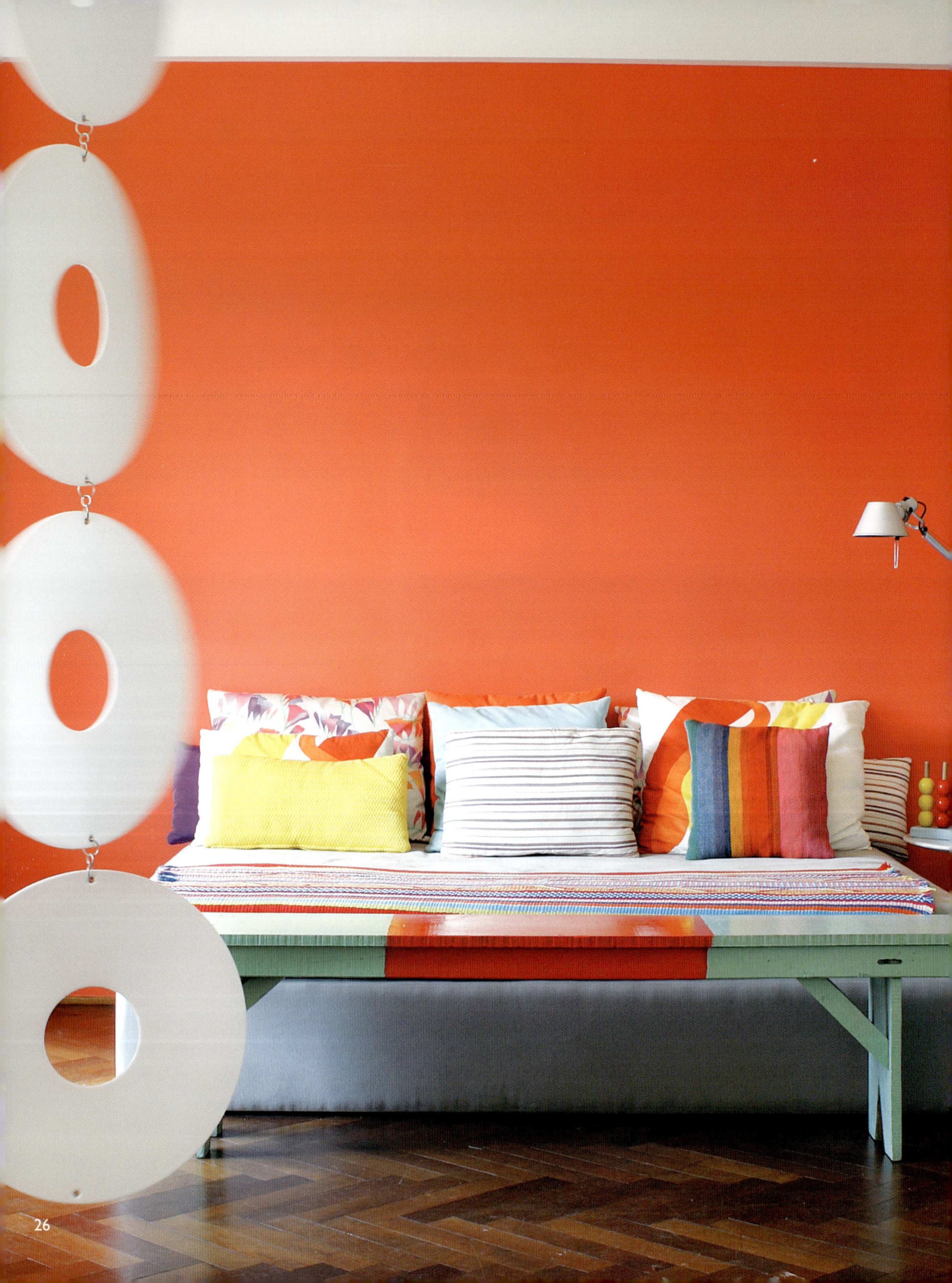

Retro Styling

witz und esprit
ist das geheimnis
dieses domizils

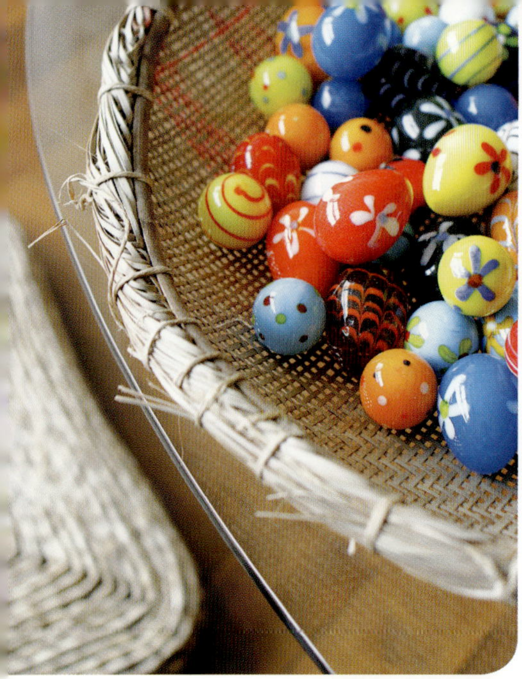

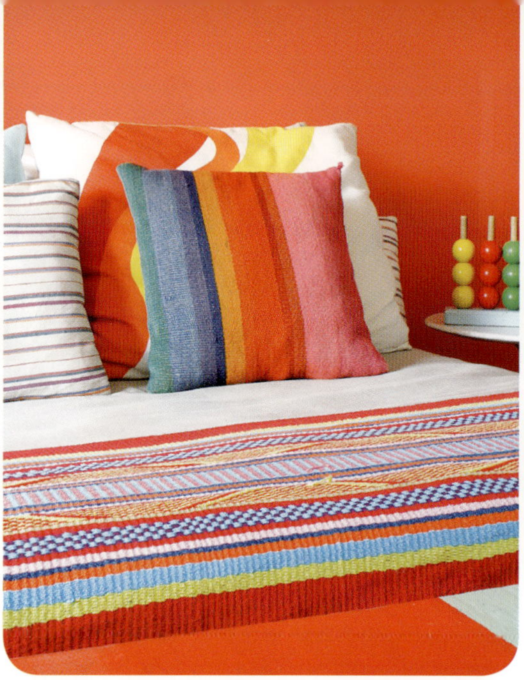

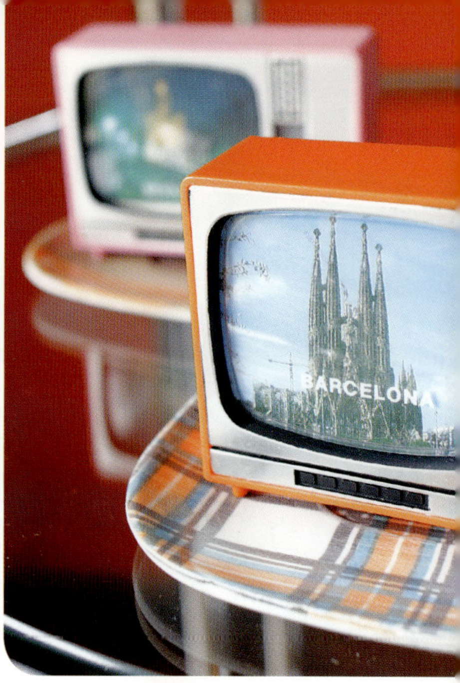
BARCELONA

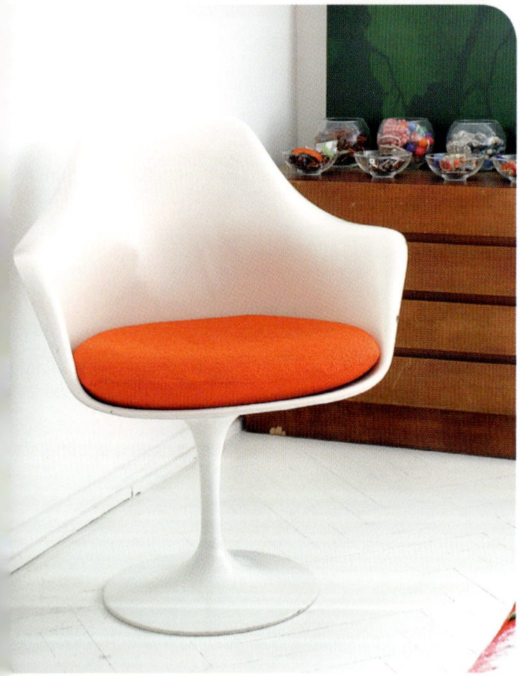

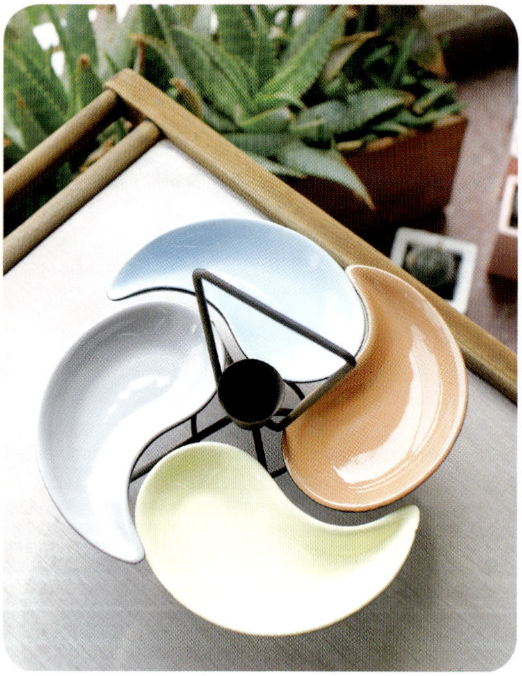

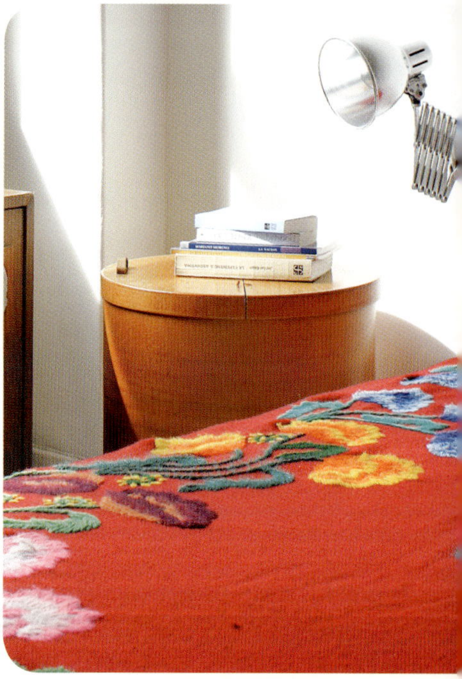

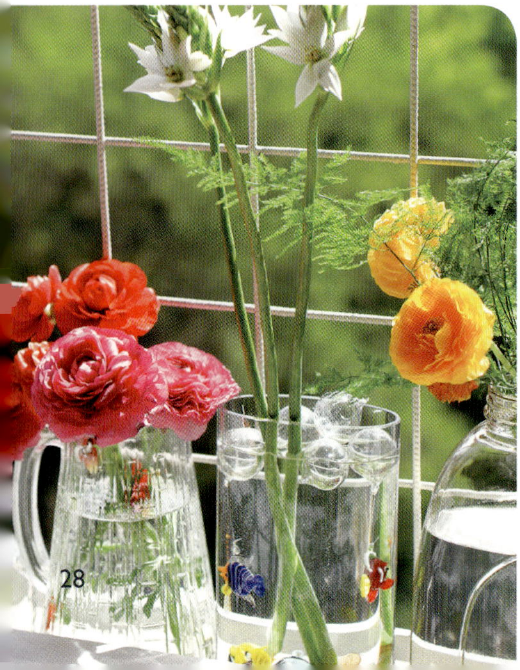

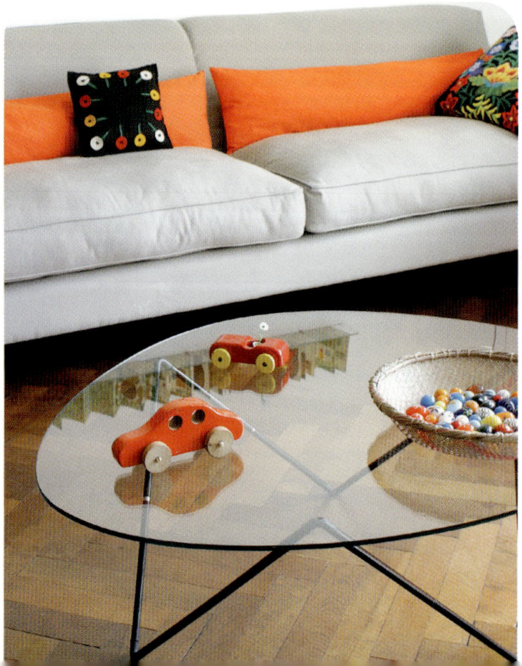

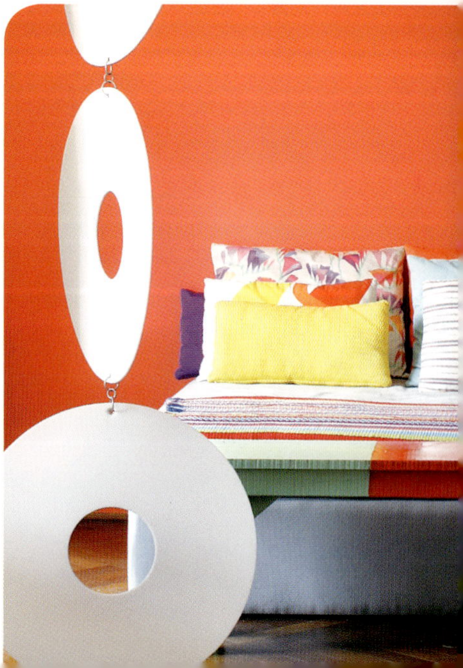

mishal und sebastian sammeln dinge aus den 60er-jahren

Mag sein, dass es für einige Menschen nur Nippes und Krimskrams ist, aber für Mishal und Sebastian sind es die wundervollsten Dinge der Welt. Ihre Leidenschaft ist das Sammeln von Objekten besonderer Art. Und so ist jeder Winkel ihrer 70 Quadratmeter großen Wohnung aus dem Baujahr 1938 angefüllt mit Kuriositäten und extravaganten Möbeln: Kleine Beistelltischchen aus Spanien, Matchboxautos aus Jugendzeiten, Fundstücke vom Trödler aus den 60er-Jahren, Souvenirs aus gemeinsamen Urlauben. Die Liste der Sachen, die Mishal und ihrem Freund wichtig sind, ist lang und ständig kommen neue dekorative Mitbewohner dazu. Am Wochenende bummelt das Paar gerne über Flohmärkte und kehrt nur selten ohne Kleinigkeiten im Handgepäck zurück. Daheim werden die Neuzugänge mit dem bestehenden Interieur kombiniert und ins rechte Licht gerückt. Mishal ist grundsätzlich der Meinung, dass ein statisches Zuhause, das nie verändert wird, auf Dauer langweilig ist. Also nimmt sie sich gerne die Zeit, alles regelmäßig nach Lust und Laune umzustellen und neu zu arrangieren. Sebastian ist zwar nicht ganz so umtriebig wie seine Freundin, pflichtet ihr aber bei, dass eine stetige Veränderung das wohnliche Umfeld lebendiger gestaltet. Als die beiden zusammenzogen, war er beruflich im Ausland. Also besprachen sie die wichtigen Dinge am Telefon und Sebastian ließ Mishal dann freie Hand bei der Umsetzung. Mit dem Ergebnis sind sie mehr als zufrieden. Schließlich spiegelt ihr Zuhause nun einen großen Teil ihrer individuellen Persönlichkeit wider. Und genau das ist auch das Geheimnis ihres unkonventionellen Wohnstils: Der plakative Mix, der Design mit Antikem, Teures mit Billigem und Elegantes mit Schrulligem verbindet – alles gewürzt mit einer Prise Humor. Schön, wenn daraus letztendlich ein so originelles Refugium wie dieses hervorgeht.

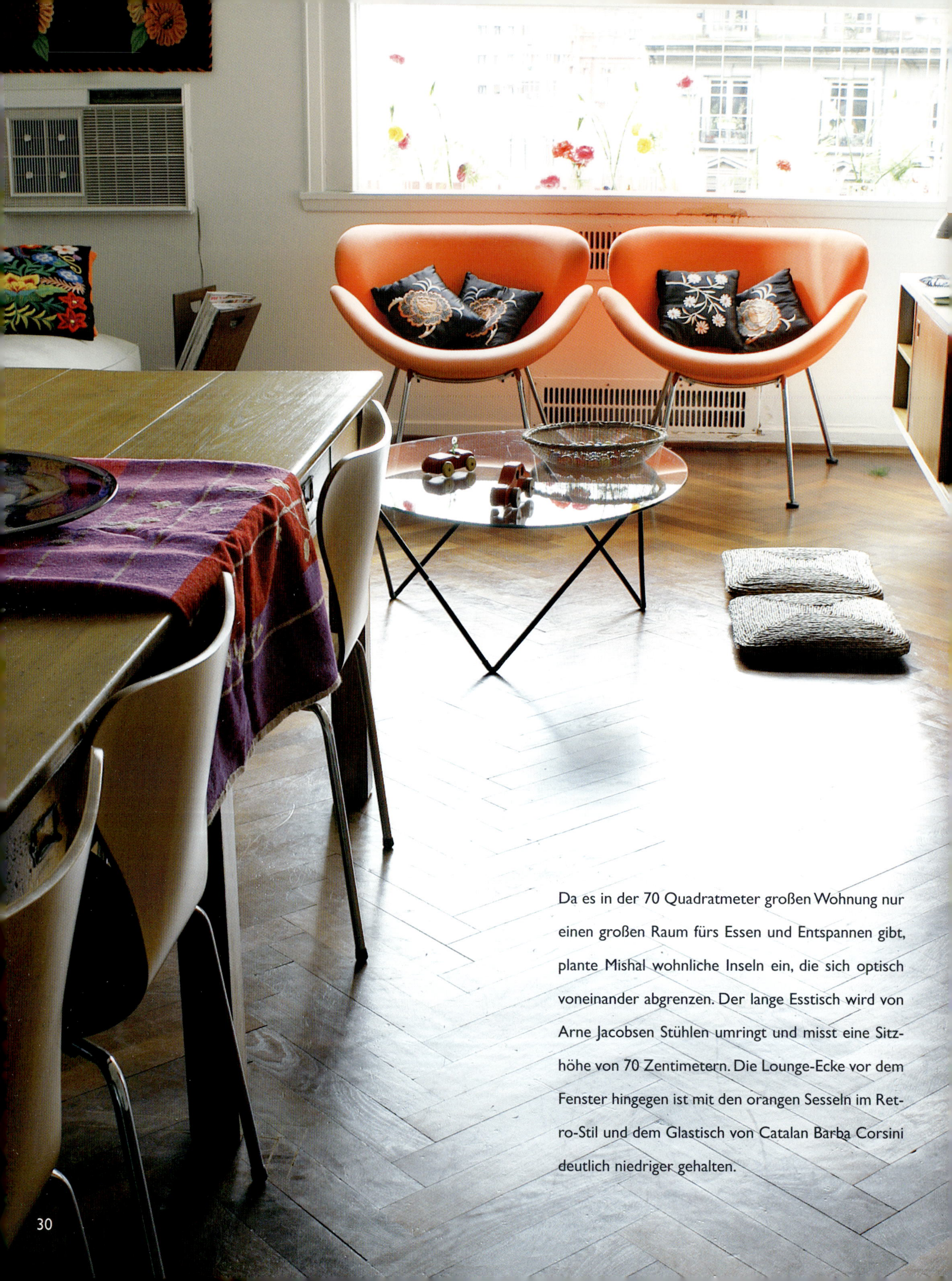

Da es in der 70 Quadratmeter großen Wohnung nur einen großen Raum fürs Essen und Entspannen gibt, plante Mishal wohnliche Inseln ein, die sich optisch voneinander abgrenzen. Der lange Esstisch wird von Arne Jacobsen Stühlen umringt und misst eine Sitzhöhe von 70 Zentimetern. Die Lounge-Ecke vor dem Fenster hingegen ist mit den orangen Sesseln im Retro-Stil und dem Glastisch von Catalan Barba Corsini deutlich niedriger gehalten.

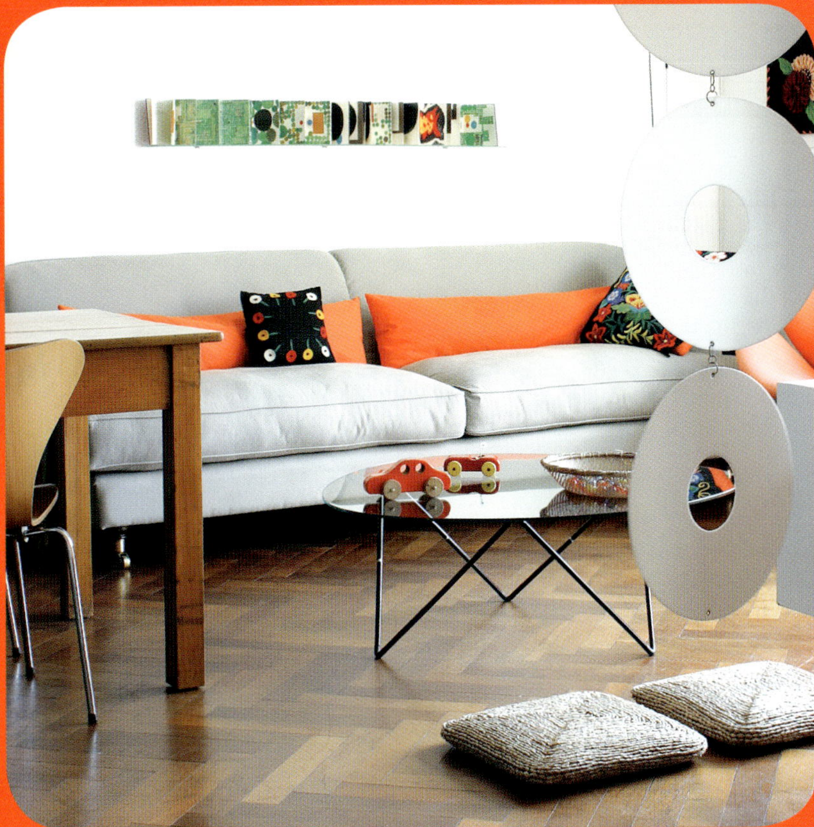

Das aufklappbare Rotkäppchen-Buch eines polnischen Künstlers ziert die Wand über der grauen Couch. Sebastian hat dafür eigens ein filigranes Glasbord angebracht, auf dem der Aufsteller ideal zur Geltung kommt. Im Vordergrund hängt ein Kunststoff-Mobile von EVA als imaginärer Raumteiler.

Wohnen mit Kuriositäten

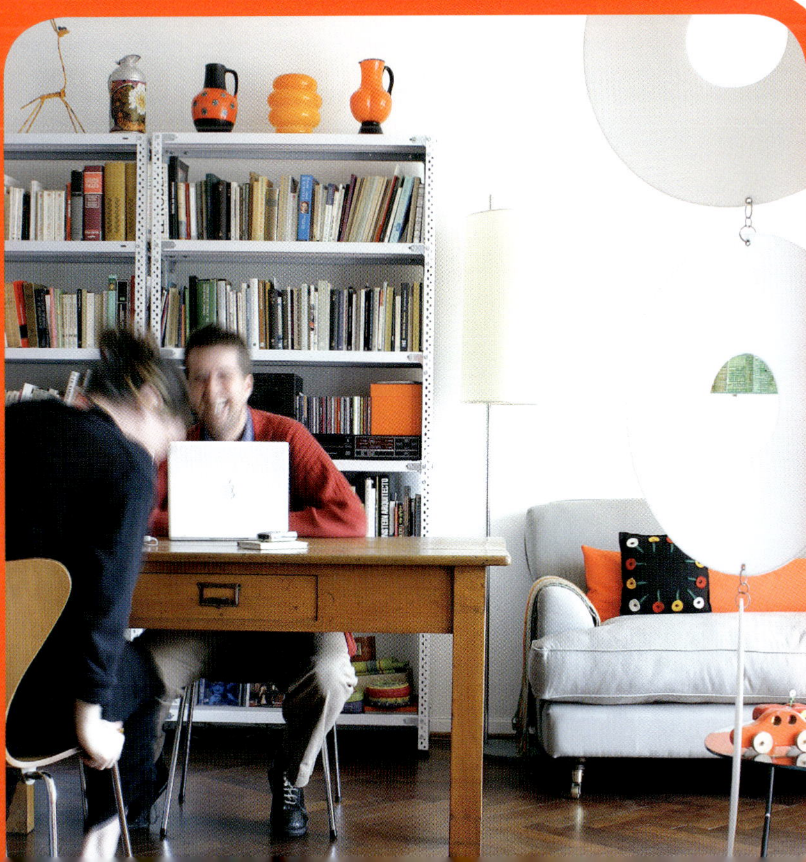

Mishal und Sebastian nutzen den großen Esstisch auch als Arbeitsplatz. Die beiden Architekten hegen eine Vorliebe für unkonventionelle Städteplanung. Mishal entwirft außerdem hübsche Accessoires für den Interieurbereich.

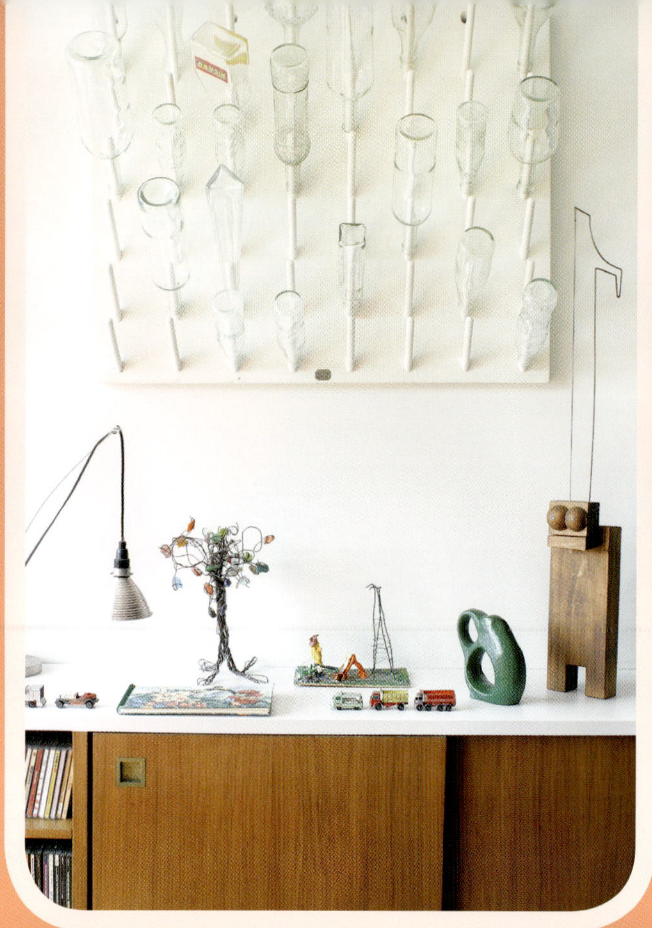

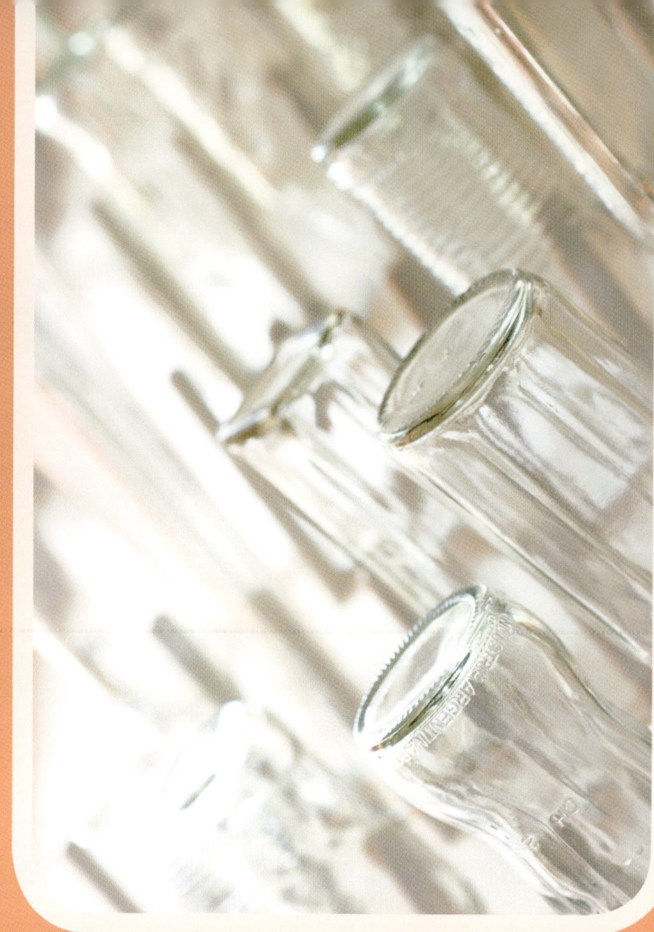

Sebastian strich die Spezialaufhängung an der Wand (Bild oben links), die eigentlich zum Trocknen für Reagenzgläser gedacht ist, schneeweiß und machte so daraus ein Kunstobjekt. Um seinen ursprünglichen Nutzen anklingen zu lassen, steckte er formschöne transparente Glasflaschen verschiedener Getränkemarken darauf (Detail oben rechts).

Der massive Tisch wurde von einem Schreiner für eine Schneiderei maßangefertigt (Bild rechte Seite). Hier wurden früher Stoffe zurechtgeschnitten und zusammengeheftet. Mishal erstand ihn bei einer Auktion. Das Tuch auf dem Holzriesen stammt aus Argentinien, darauf liegt eine glänzenden Schale von Viau. Der Kristallleuchter ist antik und ein Flohmarktfundstück. Die verschraubten Industrieregale im Hintergrund sind aus Metall und daher äußerst tragkräftig und robust. Sie stammen aus dem Baumarkt.

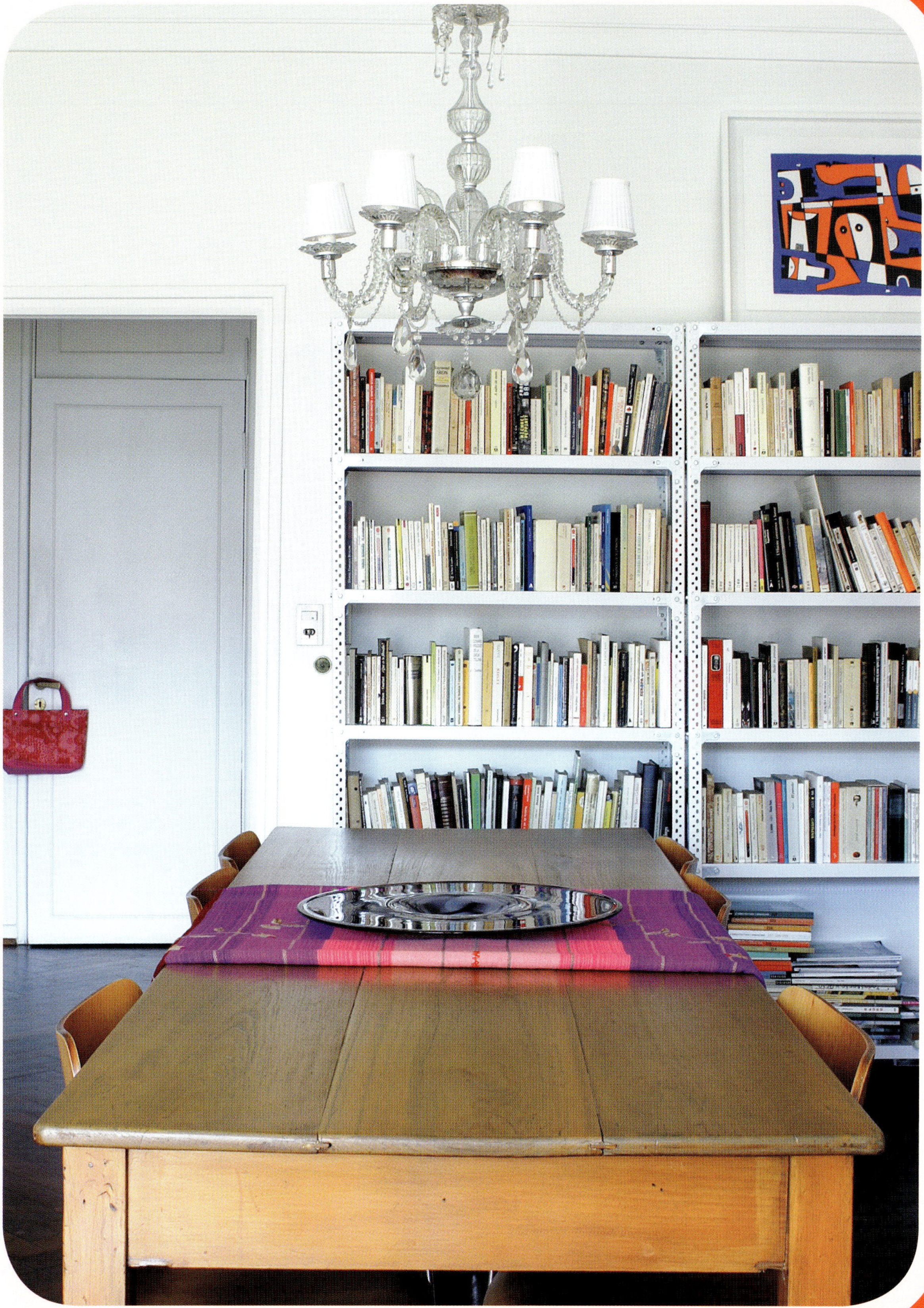

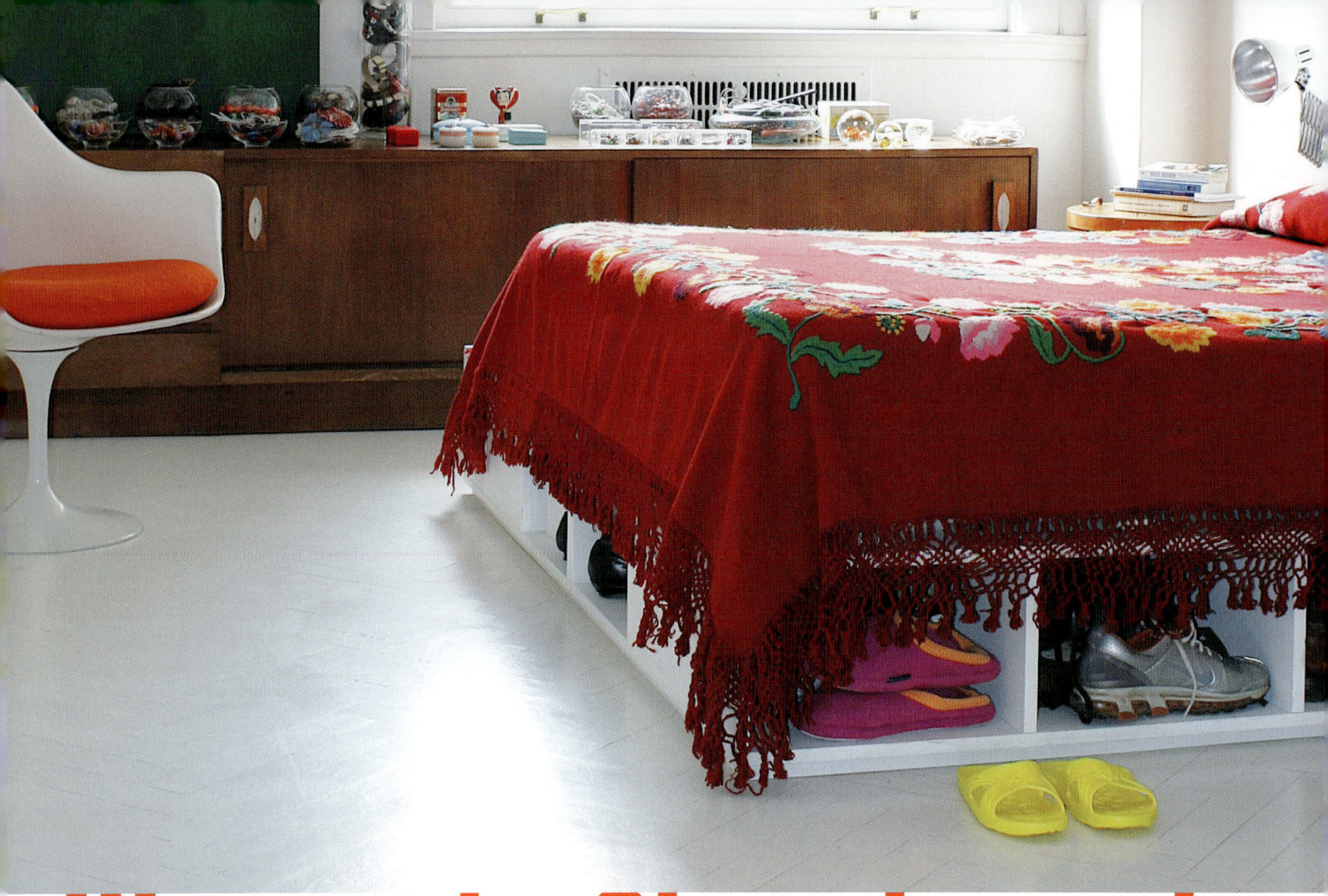

Wer mehr Platz braucht,

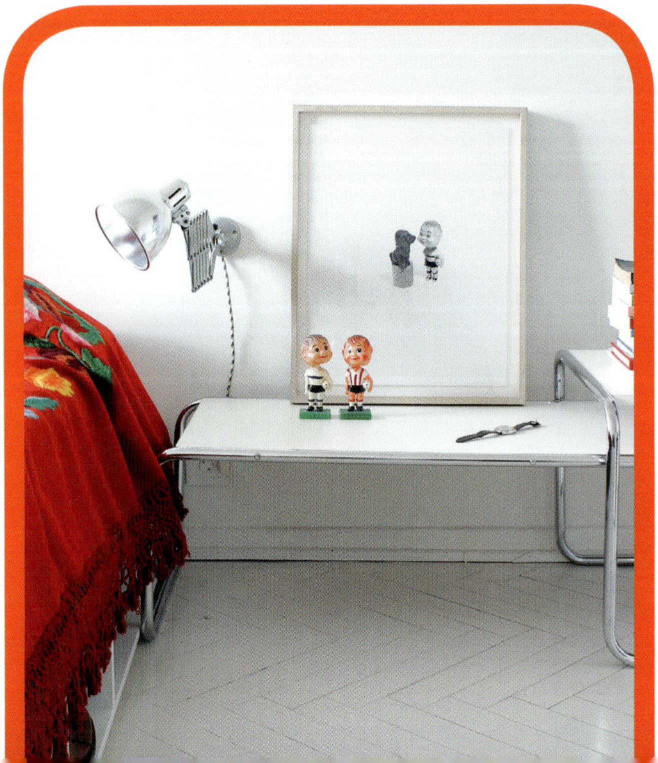

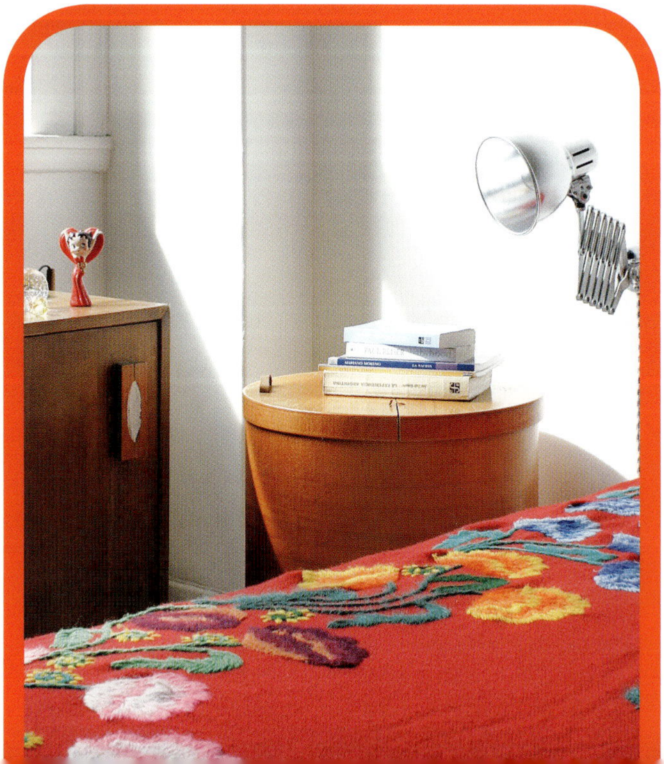

Bild links oben: Sebastian fertigte aus beschichteten Spanplatten das Bettgestell an. Darauf legte er den Lattenrost und die Matratze. Der Unterbau ist als offener Stauraum in Form eines Schuhregals gedacht. Man könnte aber auch noch weiße Klapptüren oben am Rahmen anbringen, die sich nach vorne öffnen lassen, damit die Konstruktion in sich geschlossen ist.

Bild unten links: Ein kombinierbares Couchtischduo von Formica dient als schlichtes „Nachtkästchen". Die Leselampe mit schwenkbarem Ziehharmonika-Auszug wurde direkt an die Wand geschraubt, um Platz zu sparen und so mehr Abstellfläche zu gewähren.

Bild unten links mitte: Auf der anderen Bettseite wurde eine runde hohe Holzbox mit Deckel als Beisteller platziert.

Bild unten rechts mitte: Der Eero Saarinen Stuhl aus dem Jahr 1956 ist ein Original. Dahinter reihen sich Glasschalen auf einer Anrichte aus den 60er-Jahren, die Mishals Modeschmuck-Sammlung beherbergen. Das Bild an der Wand ist von Juan José Cambre.

Bild unten rechts: Die handgewebte XXL-Tagesdecke aus Schafwolle stammt aus den Anden. Typisch für diese Region sind die fröhlich bunten Stickereien und die aufwendige Häkelborte (hier im Detail).

muss Stauräume schaffen

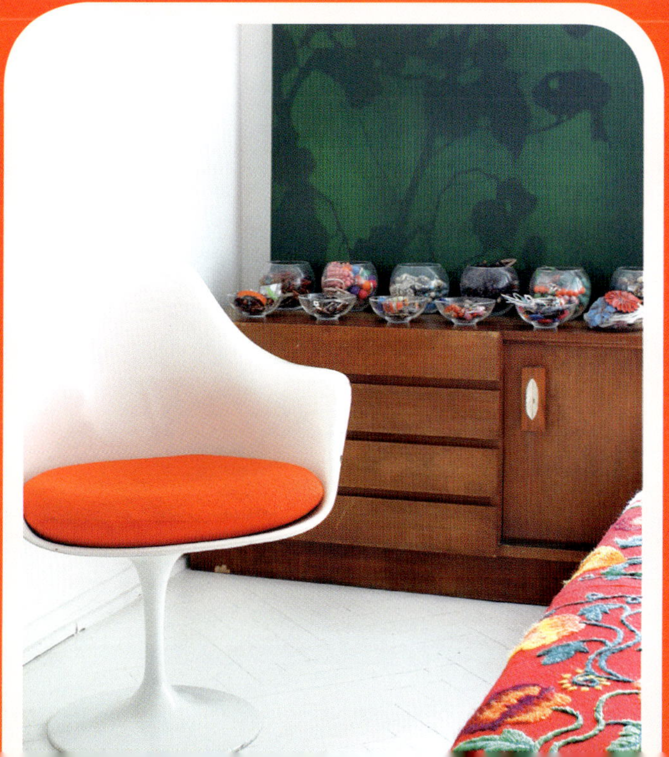

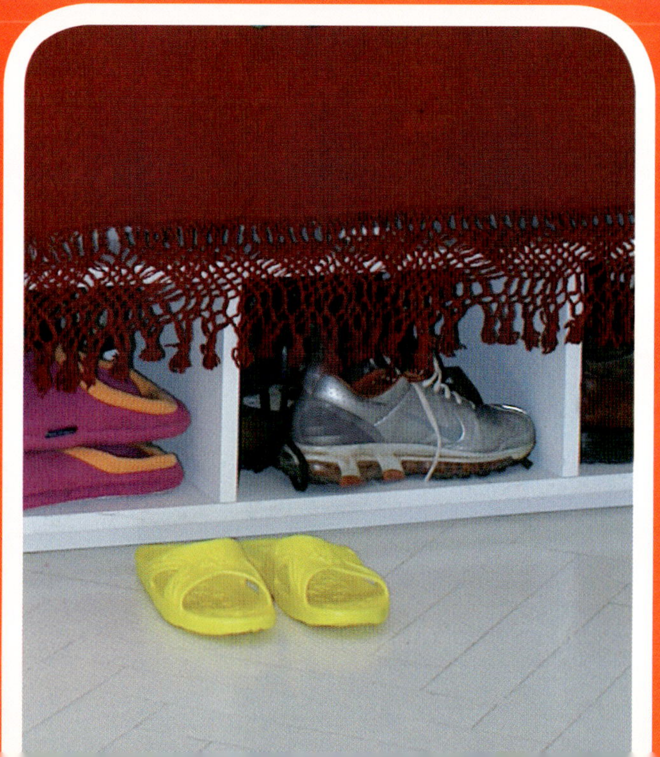

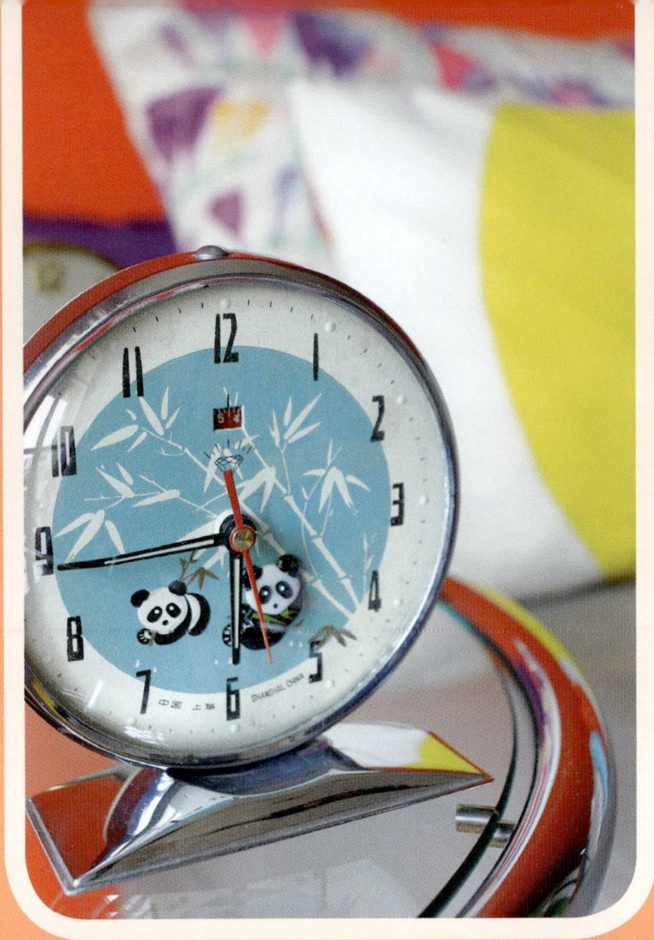

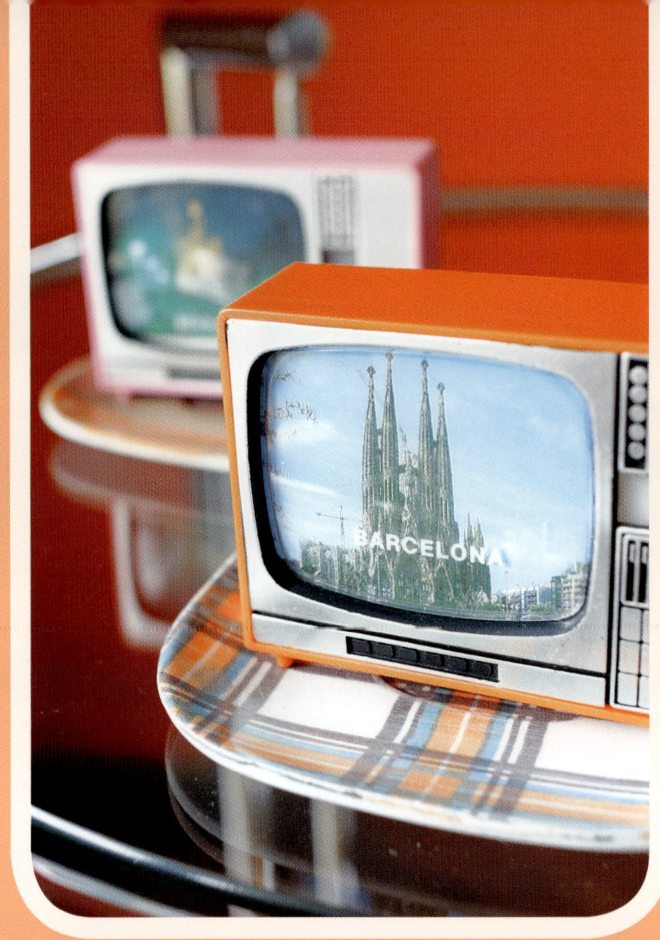

Der Wecker aus China mit Pandamotiv im Bild oben links ist zwar kein wertvolles Stück, den Besitzern aber dennoch lieb und teuer.

Ein gefragtes Sightseeing-Souvenir ist der Mini-Fernseher (Bild oben rechts), der auf Knopfdruck die schönsten Sehenswürdigkeiten im Diaformat zeigt. Mishal und Sebastian macht es Spaß, auf ihren Reisen nach derartigen Kuriositäten zu suchen.

Bild rechte Seite: Die Kissen auf der Ausziehcouch hat die Bewohnerin aus bunten Stoffresten genäht, die sie bei einem Lagerverkauf in Madrid fand. Die Wand strich sie in knalligem Orange, um dem Szenario mehr Intensität zu verleihen. Die positive Farbe gilt allgemein als Kraftspender und repräsentiert vitale Stärke und Lebensfreude. Sie symbolisiert Optimismus und wirkt aufbauend sowie gesundheitsfördernd. Kein Wunder also, dass Orange im Buddhismus die Farbe der höchsten Stufe der menschlichen Erleuchtung ist.

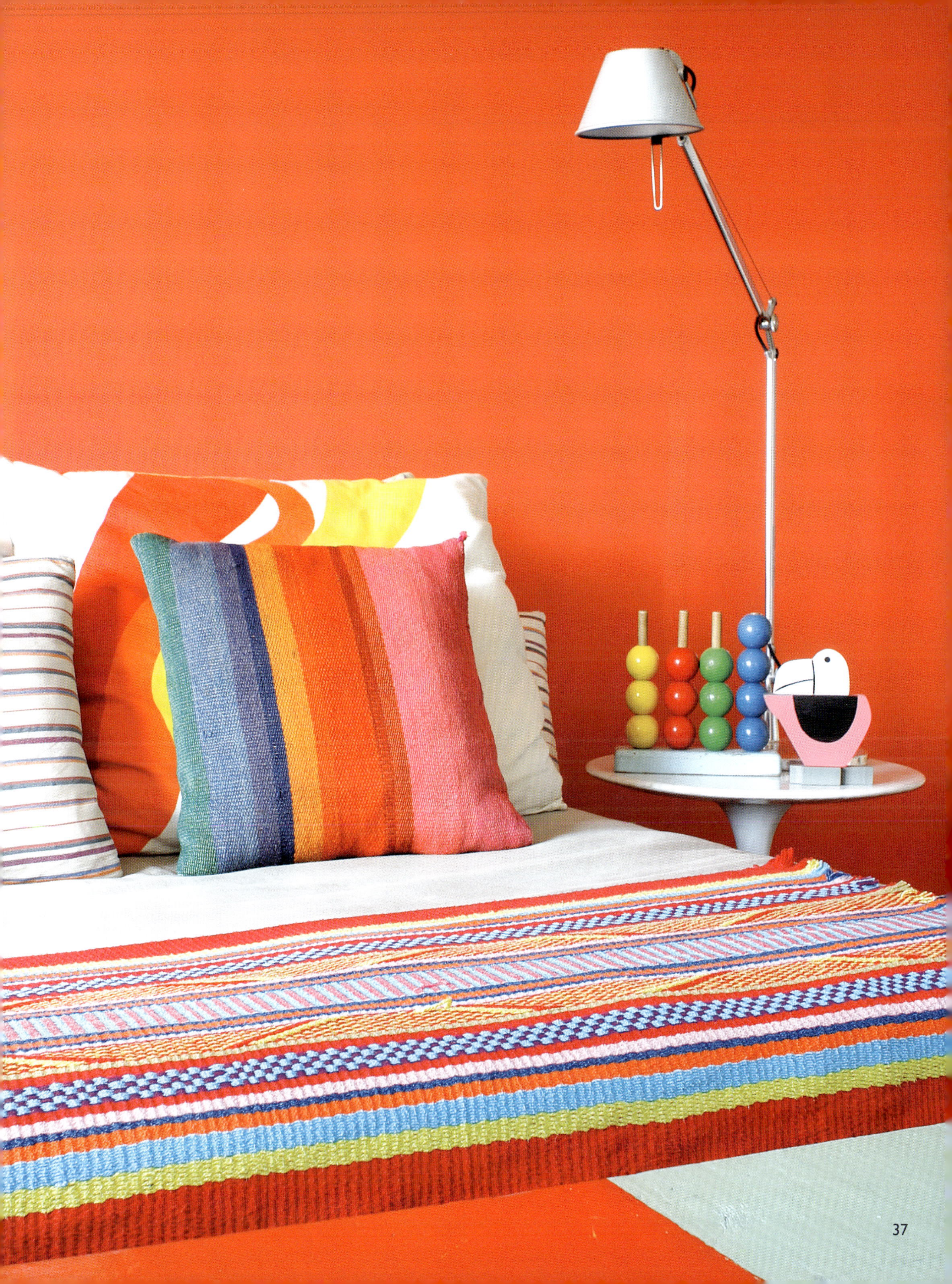

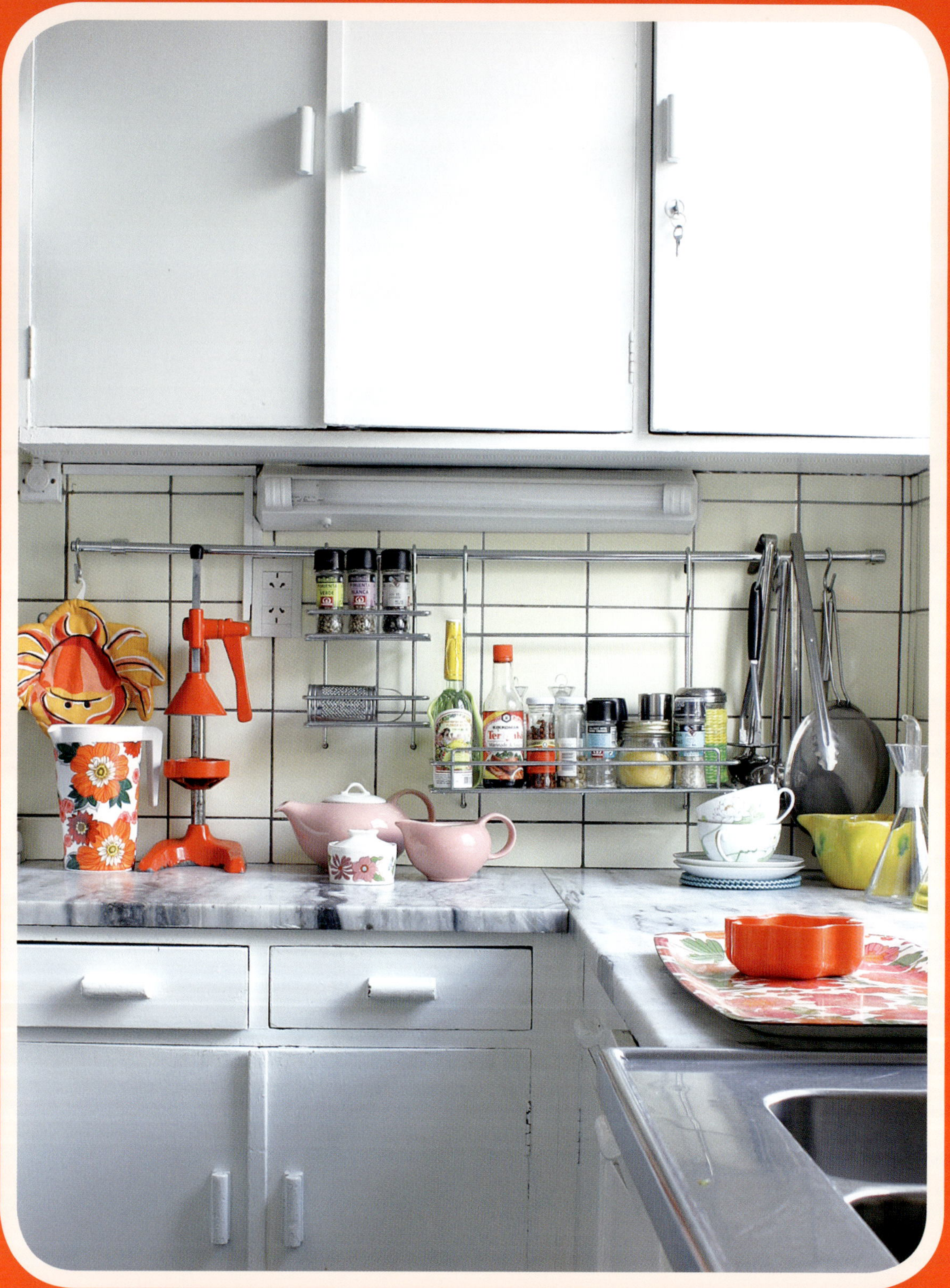

In der kleinen einfachen Einbauküche tummelt sich auf der Marmorarbeitsplatte allerlei Melamin-Geschirr aus den Wirtschaftswunderjahren. Die Fronten, vom Vormieter einst dunkelbraun gewählt, erhielten einen frischen neuen Anstrich in Weiß. Wer dunkle Fugen zwischen alten Fliesen wieder aufhellen möchte, kann sie mit einer Zahnbürste und Waschpulver (am besten für weiße Gardinen) abschrubben oder mit Fugenweiß bemalen.

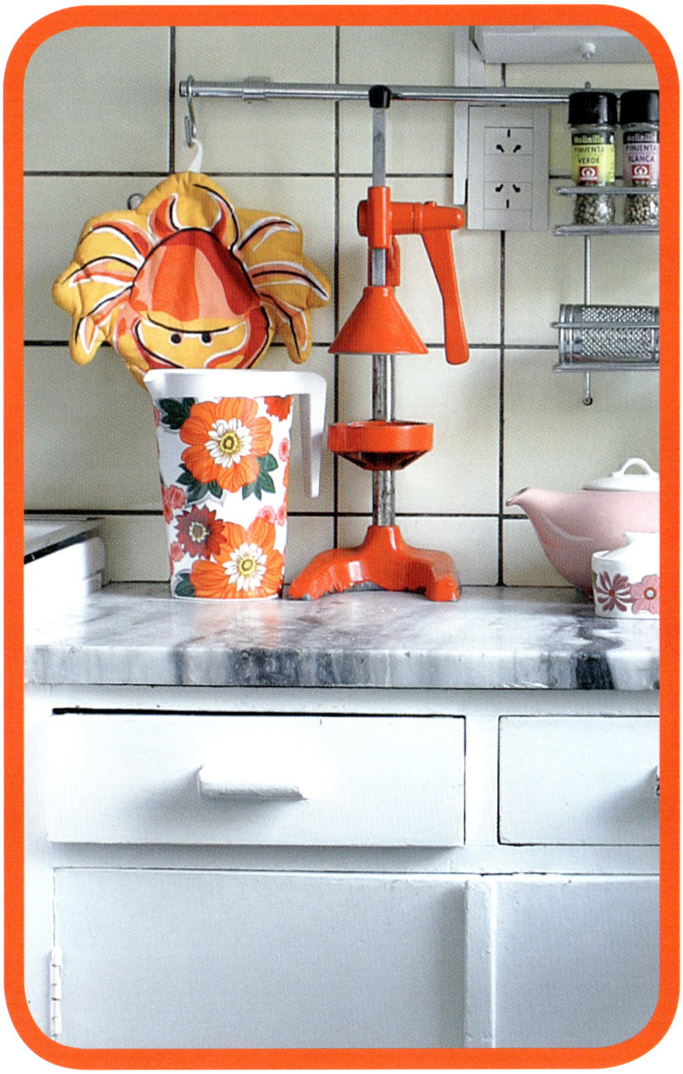

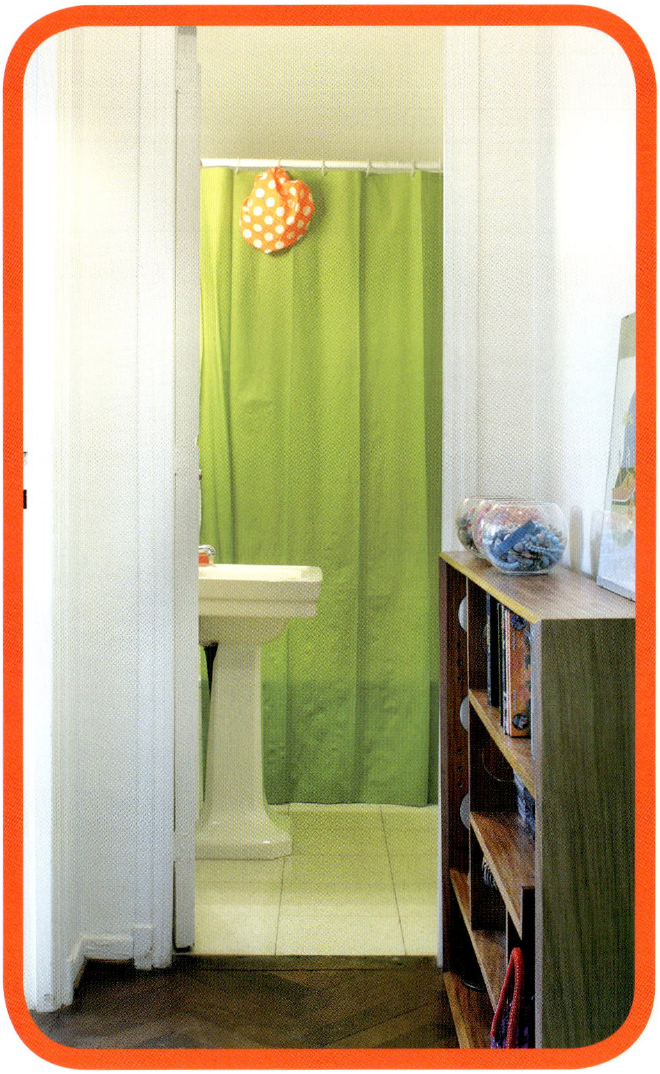

Bild oben links: Die Vintage-Saftpresse für Zitrusfrüchte erbte Mishal von ihren Eltern. Der Geräteklassiker durfte in den 70er-Jahren in keinem modernen Haushalt fehlen und ist dank seines robusten Handhebels immer noch einwandfrei zu gebrauchen.

Bild oben rechts: Auf dem schmalen Bücherregal im Vordergrund haben kleine Modeaccessoires in Goldfischgläsern Platz gefunden. Da es sich um ein gemietetes Apartment handelt, entschieden sich Mishal und Sebastian gegen eine Badrenovierung. Dafür strichen sie die Wände mit einer Spezialfarbe, die dem Wasserdampf standhält. Besonders in Räumen ohne Fenster ist darauf zu achten, dass eine Feuchtraumfarbe verwendet wird. Alternativ kann auch eine Acrylat-Latexfarbe verstrichen werden, die eine hohe Nassabriebbeständigkeit aufweist. Ein trendiger Duschvorhang komplettiert das „Aus Alt mach Neu"-Projekt.

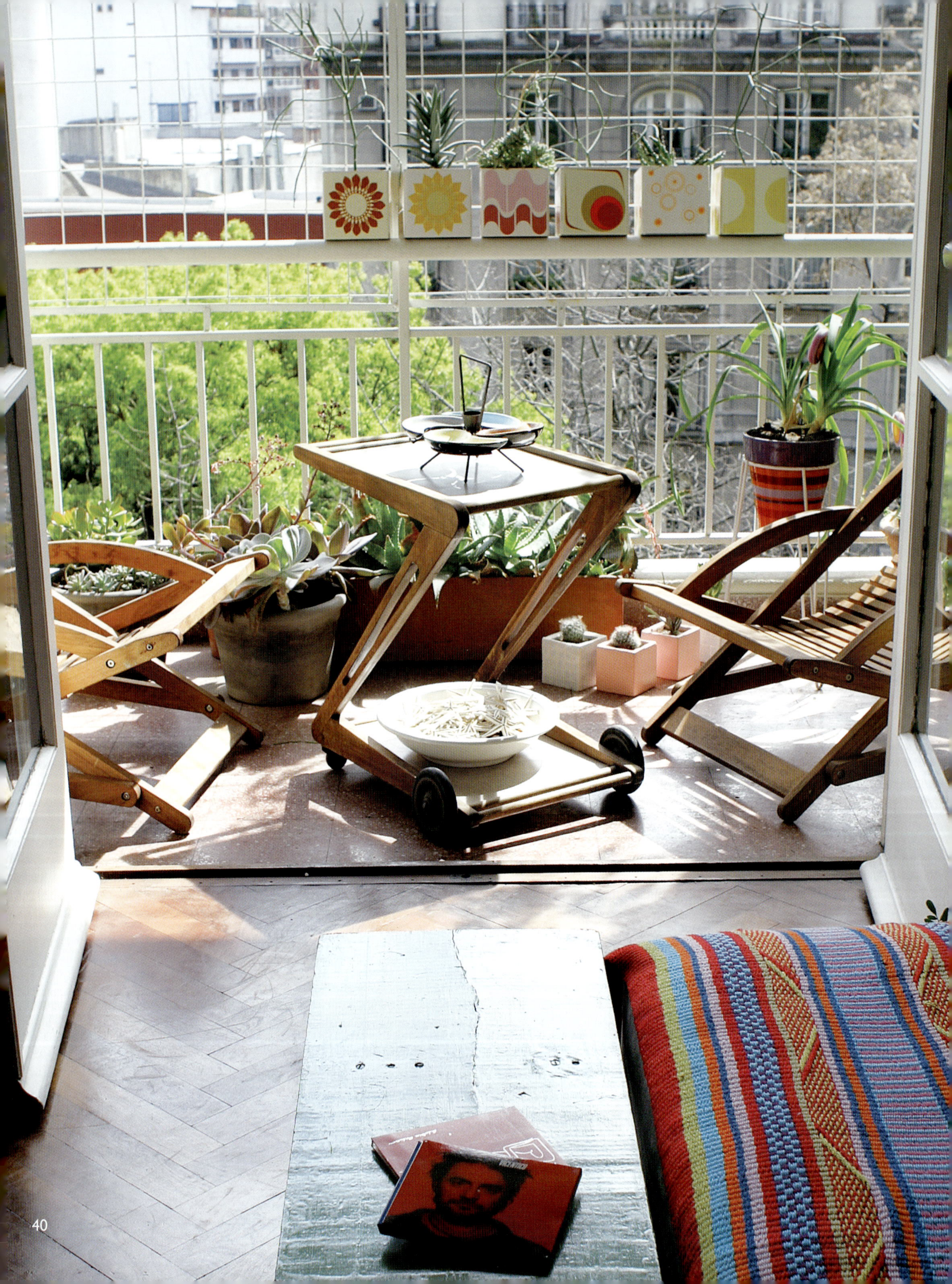

Klappbare Outdoormöbel sind auf einem kleine Balkon das A und O. Wie im Bild auf der linken Seite zu sehen, haben die Bewohner ihre grüne Oase mit zwei Bambusliegestühlen und einem Servierwagen ausgestattet. Alles kann bei Bedarf schnell und platzsparend an die Wand gestellt werden. Die quadratischen Übertöpfe mit Retromustern sind von Azahares. Schnittblumen finden in klaren Glasbehältnissen (Bild unten rechts) einen geeigneten Entfaltungsspielraum.

Bild unten links: Kakteenpflanzen sind pflegeleicht und überstehen auch längere Hitzeperioden ohne Nass. Grundsätzlich gilt: Kakteen und Sukkulenten dürfen nie im Wasser stehen, 1 – 2 Mal in der Woche Gießen ist vollkommen ausreichend. Eine spezielle Kakteenerde ist von Vorteil, da sie genau auf die Bedürfnisse der Pflanze abgestimmt ist. Außerdem sollte ein Über- und Untertopf verwendet werden, um Staunässe vorzubeugen. Ein sonniger Balkon ist während der warmen Monate der ideale Standort, im Winter müssen Kakteen kühl, trocken und luftig stehen (nicht auf der Heizung), damit sie ganz ungestört ihren Winterschlaf halten können.

Der Blick in ein Zuhause ist ein Einblick in die Seele

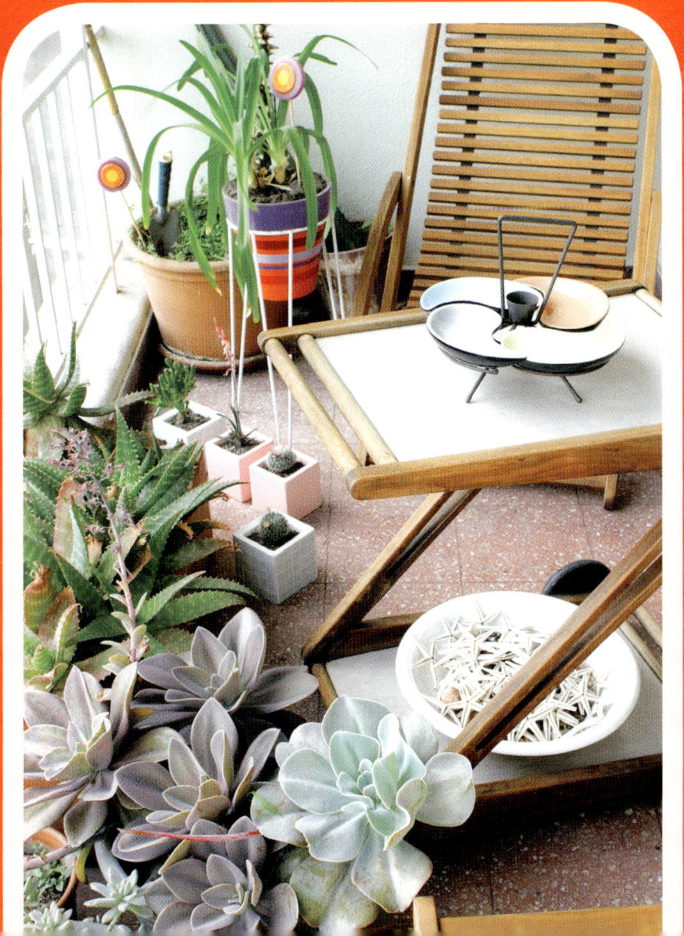

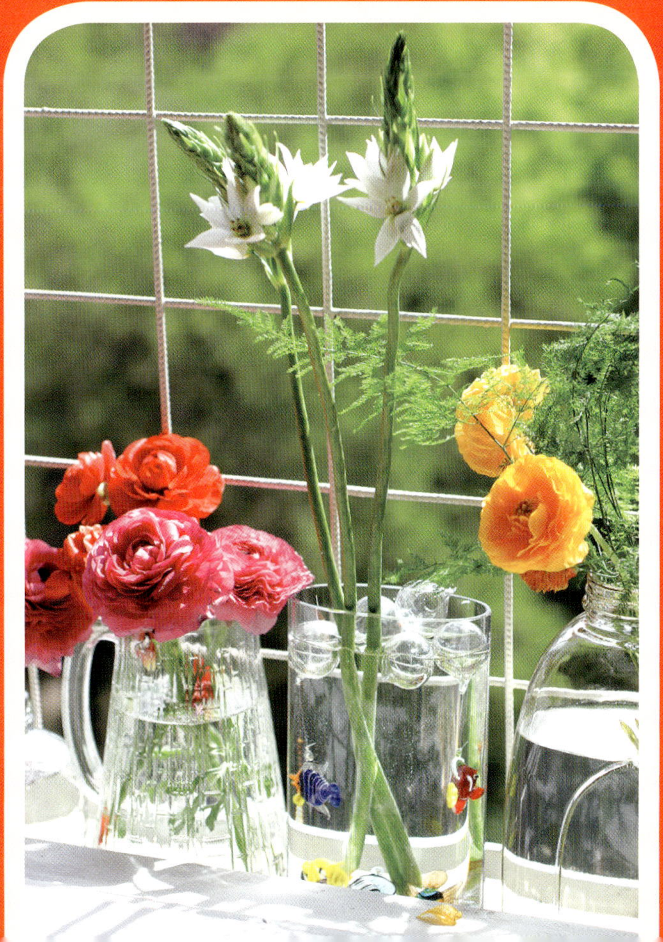

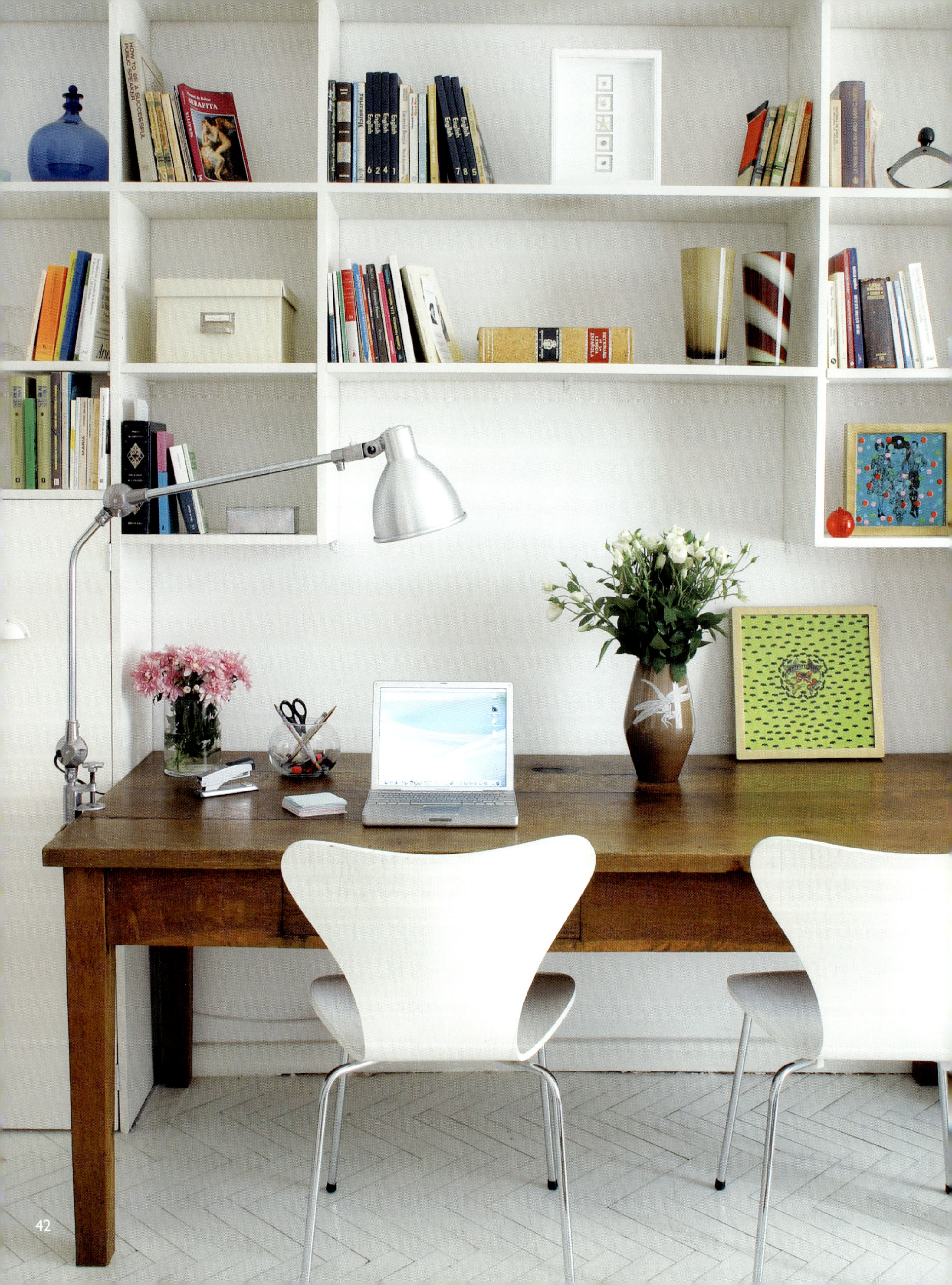
HOW TO BE A SUCCESSFUL PUBLIC SPEAKER
SERAFITA

URBANES REICH

ine zweitwohnung mit persönlichkeit

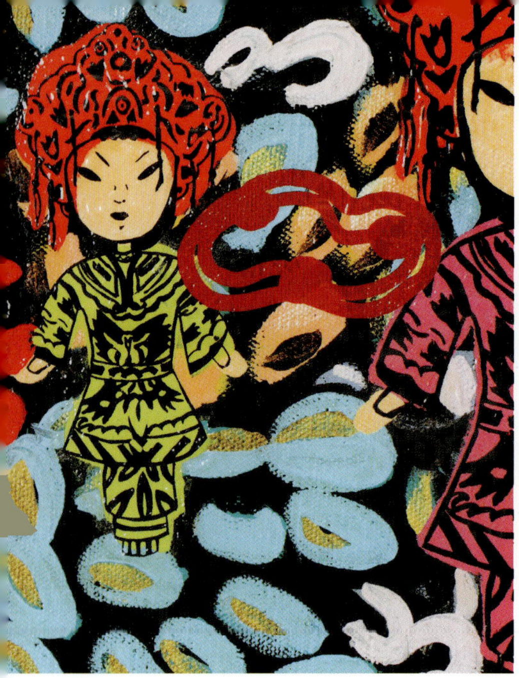
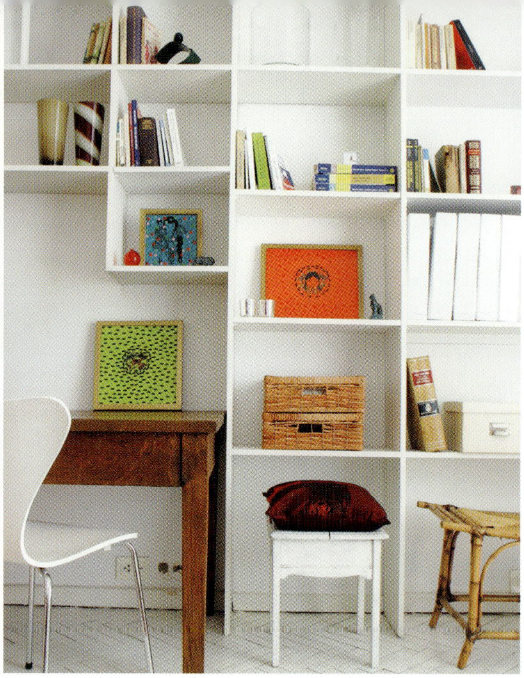
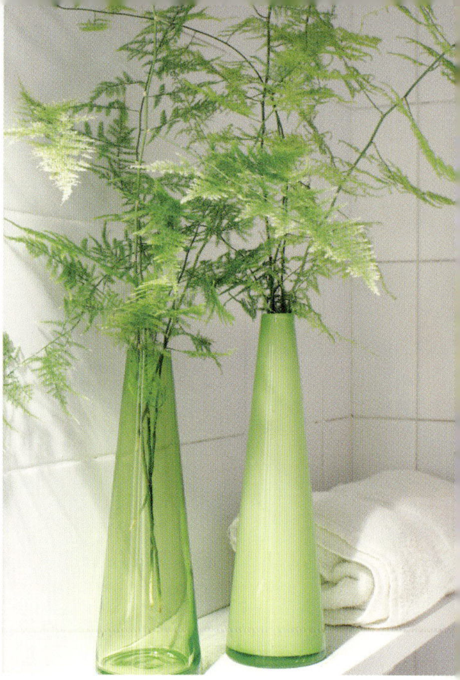
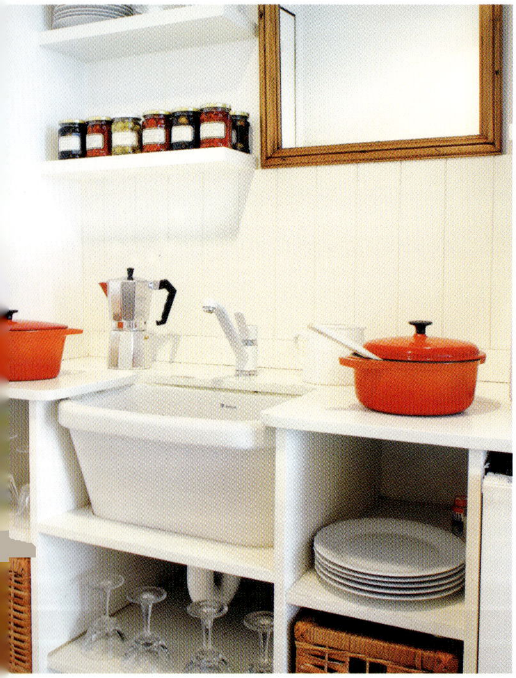
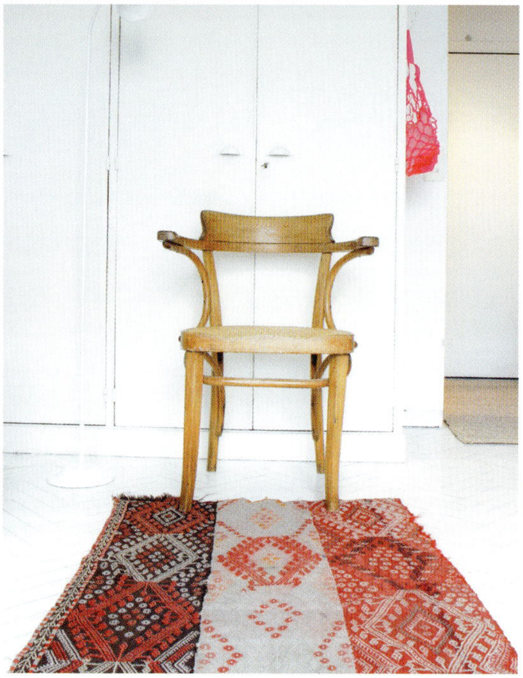
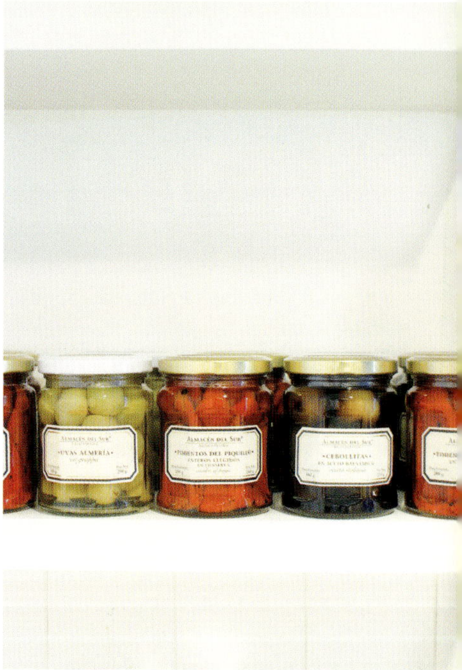
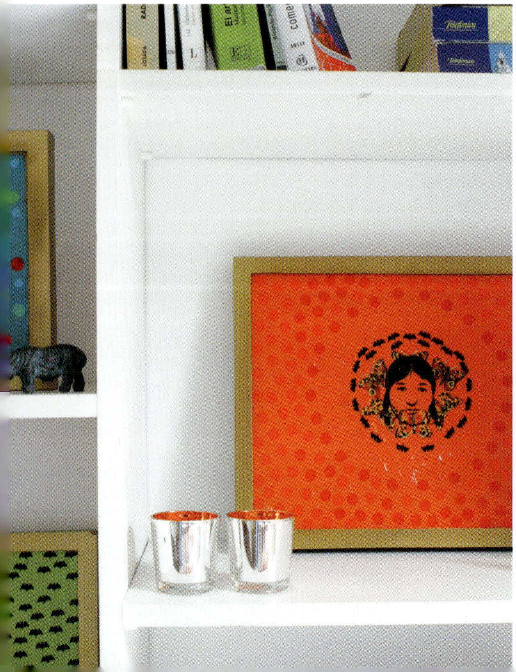
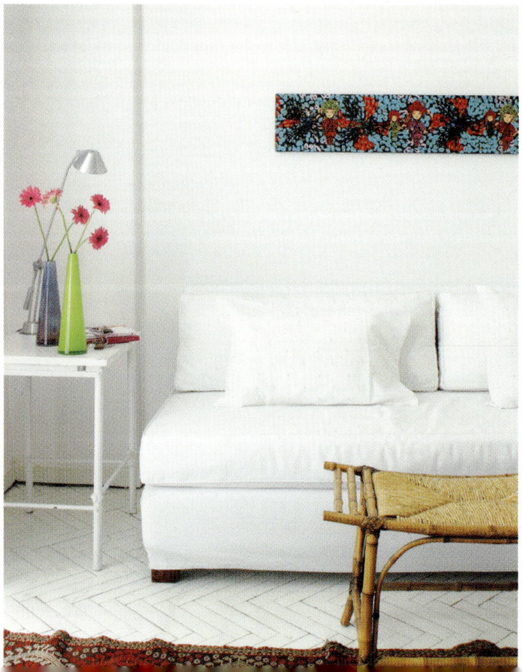
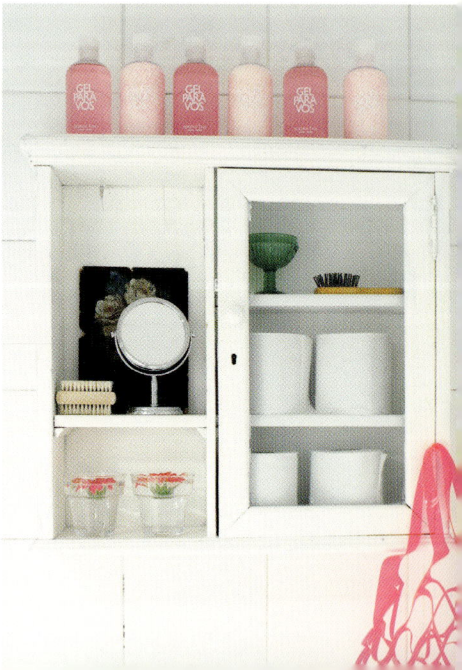
GEL PARA VOS

elena findet ihr „privathotel" ideal

Die Zimmer waren dunkel, die Farbe blätterte großflächig von den Wänden und die Böden waren aus billigem Laminat. Alles in allem war das 24 Quadratmeter große Apartment in einem sehr desolaten Zustand und dennoch kaufte es Elena vor zehn Jahren. Die Gründe dafür lagen auf der Hand: Der Kaufpreis war sensationell günstig, die Lage perfekt und Elena hatte nicht die Zeit und Lust, sich wochenlang nach einem eventuell ebenfalls passenden Zuhause umzusehen. Außerdem sollte die Zweitwohnung in der Nähe der Universität liegen, damit auch die Kinder eine Übernachtungsmöglichkeit haben, wenn sie spät von einer Vorlesung kommen und nicht mehr in ihre WG am Stadtrand fahren möchten. Dass das Apartment zudem zu einem Gebäudekomplex gehört, der in den 50er-Jahren einmal ein angesagtes hippes Hotel war, machte die Liste der Punkte, die alle für einen Zuschlag sprachen, vollkommen. Außerdem mangelt es Elena nicht an Fantasie. Sie konnte sich bei der ersten Besichtigung sehr wohl vorstellen, wie alles nach einer Renovierung aussehen würde. Darum nahm sie auch die Sanierungs- und Umbaumaßnahmen alle selbst in die Hand und ging dabei überlegt in Etappen vor. Zuerst riss sie alle Böden heraus und ließ ein neues Parkett verlegen, dann schmirgelte sie die alte Farbe von den Wänden ab und strich alles in strahlendem Weiß. Im Bad wurden das Waschbecken und die Badewanne neu emailliert, zudem wurde der Raum neu gefliest. Der Austausch der Fenster durch große Glasfronten brachte zusätzlich Licht ins Dunkel. Anschließend kamen die Einbauten und Stauräume dran. Im Eingangsbereich wurde auf der einen Seite eine Garderobe eingepasst, auf der gegenüberliegenden Seite die kleine Küchenzeile. Offene Regale für Kochutensilien und Geschirr, eine Mikrowelle und ein Kühlschrank komplettieren die Nische. Im Wohnraum wünschte sich Elena vom Schreiner ein riesiges Regal, das sich nun über die gesamte Wandlänge erstreckt und alles beherbergt, was griffbereit sein und gut verstaut werden soll. Der antike Holztisch davor dient der Eigentümerin als Arbeits- und Esstisch in einem. Das weiße Ausziehsofa auf der anderen Seite des Zimmers kann mit nur wenigen Handgriffen zu einer gemütlichen Schlafinsel umfunktioniert werden. Farbenfrohe Bilder und Fotos ihrer Kinder sowie jede Menge bunte Accessoires verleihen Elenas lichtdurchflutetem Minirefugium die Persönlichkeit und Individualität, die sie in einem gewöhnlichen Hotelapartment nicht gehabt hätte.

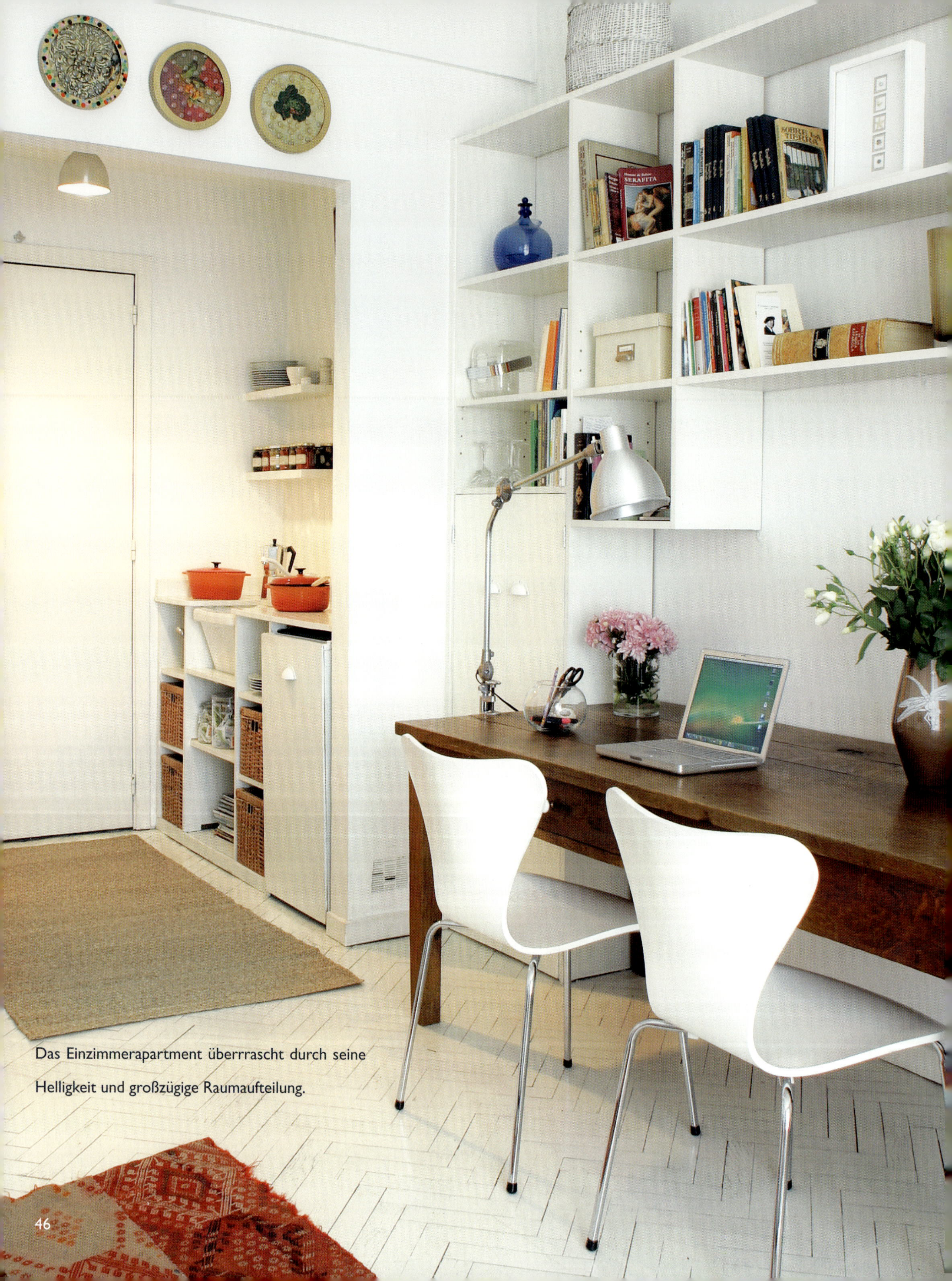

Das Einzimmerapartment überrascht durch seine Helligkeit und großzügige Raumaufteilung.

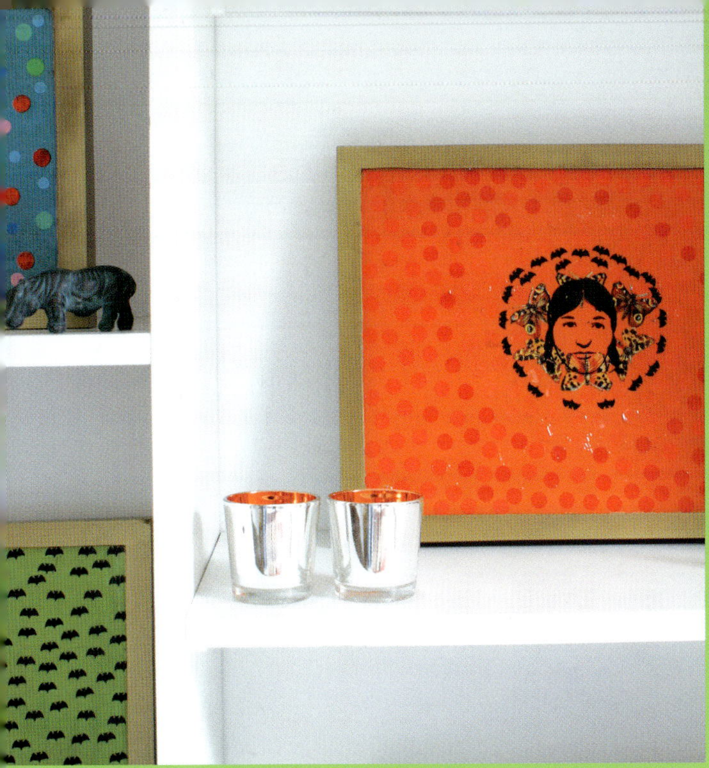

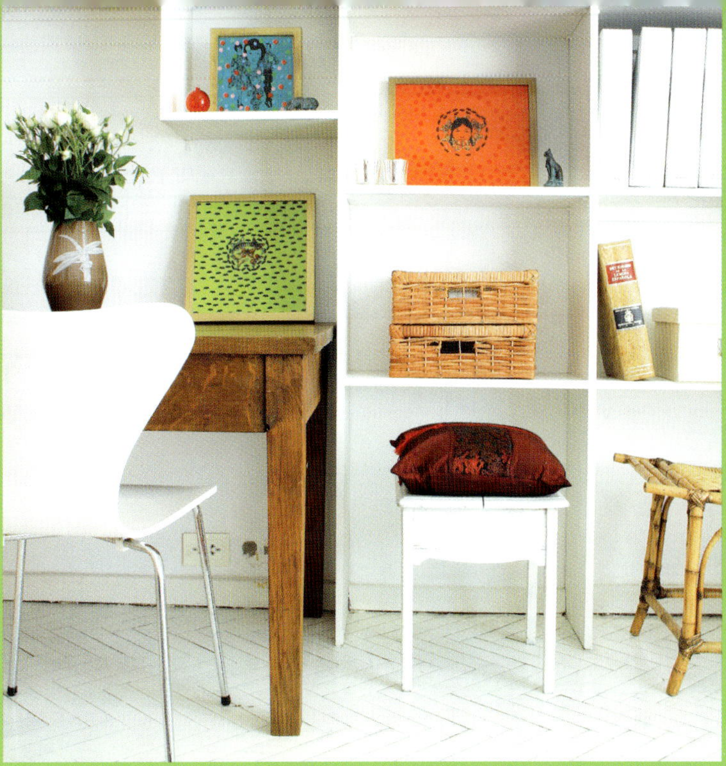

lebensqualität auf kleinstem raum

Die ausdrucksstarken Bilder, wie hier oben links zu sehen, malte Elena selbst, um deren Kolorit auf die Einrichtung der Wohnung abzustimmen. Dafür suchte sie schlichte Holzrahmen aus, die sie mit Goldlack ansprühte. Die einfachen Motive malte sie mit Plakafarbe direkt auf buntes Tonpapier, welches sie vorher exakt auf die Größe des jeweiligen Bilderrahmens passend zuschnitt.

Wie das Bild oben rechts zeigt, dient Elena der antike Holztisch (hier an die Wand geschoben) als Arbeitsplatz. Das maßangefertigte Regal aus weiß beschichteten MDF-Platten wurde von einem Fachmann so geplant, dass im untersten Bereich offene Einschübe bleiben, um die Hocker verstauen zu können, die bei Bedarf von der Bewohnerin zum Essen um den Tisch gestellt werden.

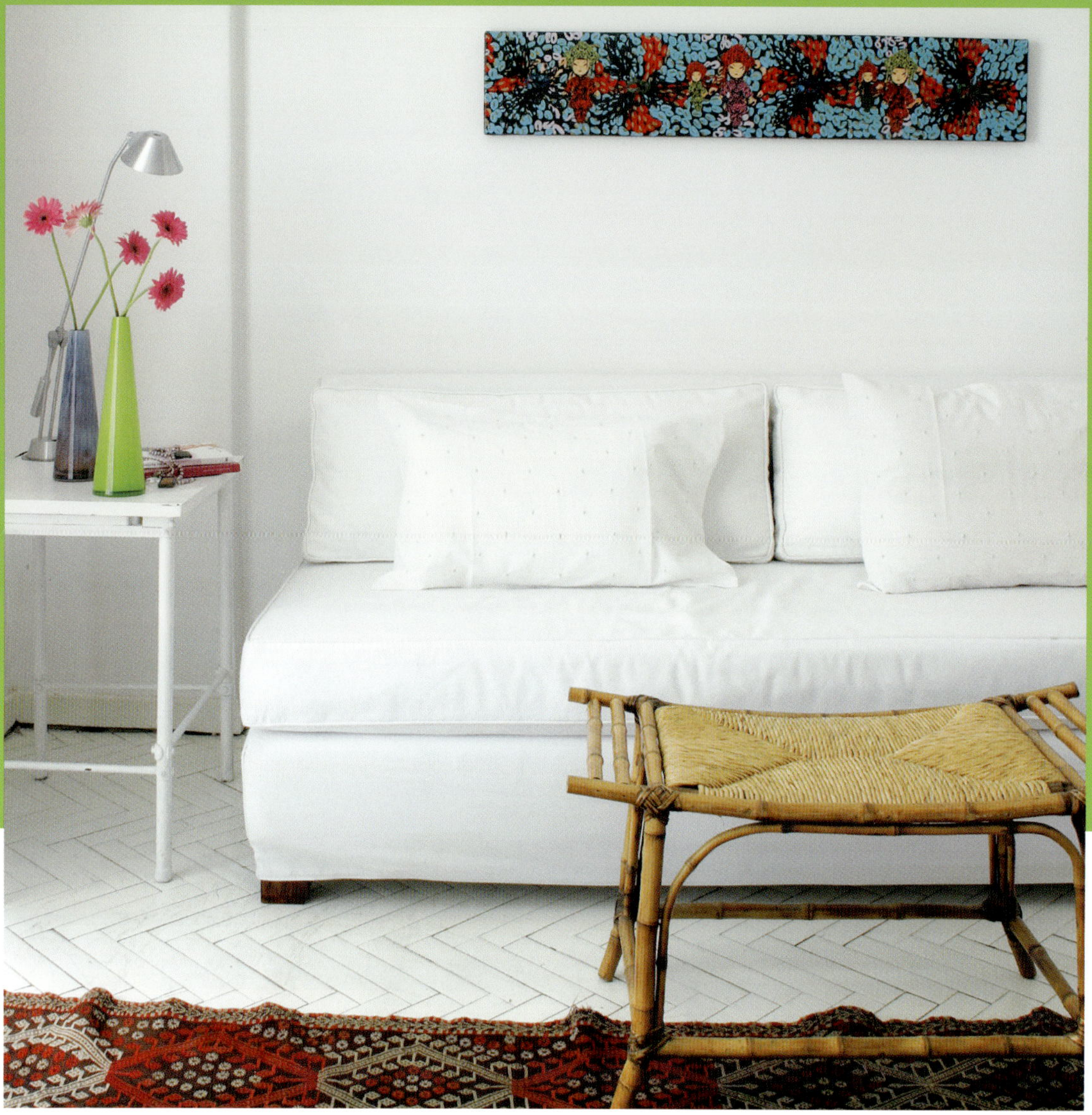

Bild oben und rechte Seite oben links: Die Schlafcouch mit weißem abziehbarem Leinenbezug ist kinderleicht zu handhaben und kann schnell zum bequemen Bett umfunktioniert werden. Der rustikale Hocker schafft Wohnlichkeit und dient als Beisteller oder zusätzliche Sitzgelegenheit.

Bild rechte Seite oben rechts: Das Gemälde von Carolina Antoniadis interpretiert asiatische Motive neu.

Bild rechte Seite unten links: Pinke Gerbera-Blüten kommen einzeln oder paarweise in schmalen Vasen besonders gut zur Geltung. Sie stammen ursprünglich aus Südafrika und Madagaskar.

Bild rechte Seite unten rechts: Der Kelim-Teppich kann sich auf weißem Untergund wunderbar entfalten.

SIMPLE WOHNBÜHNE

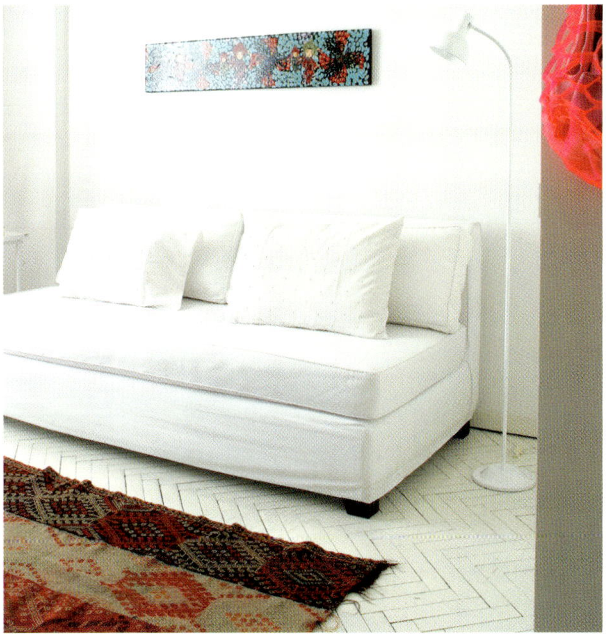

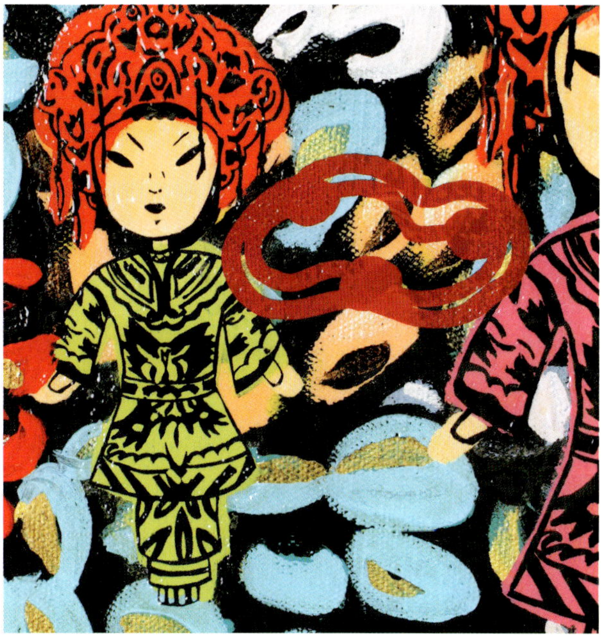

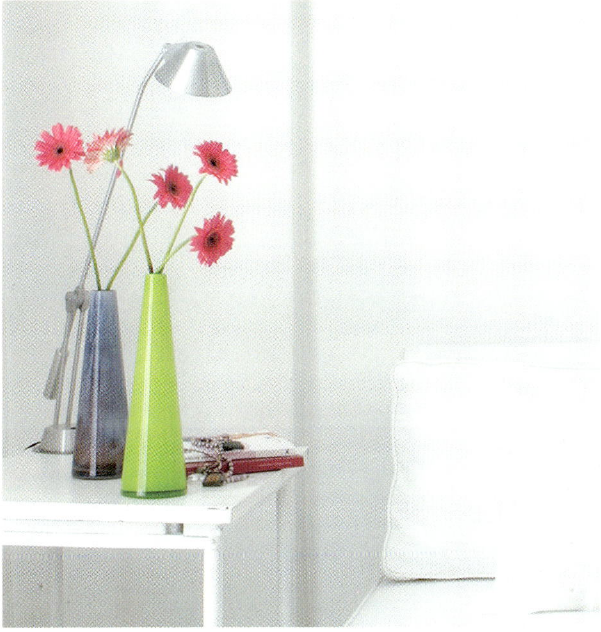

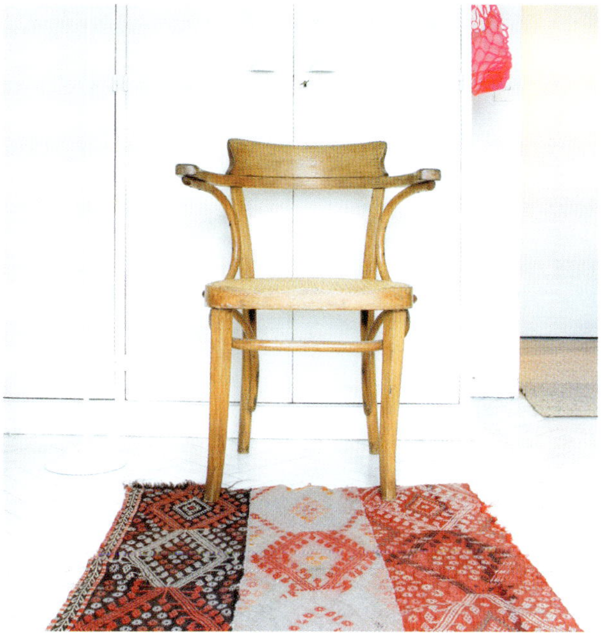

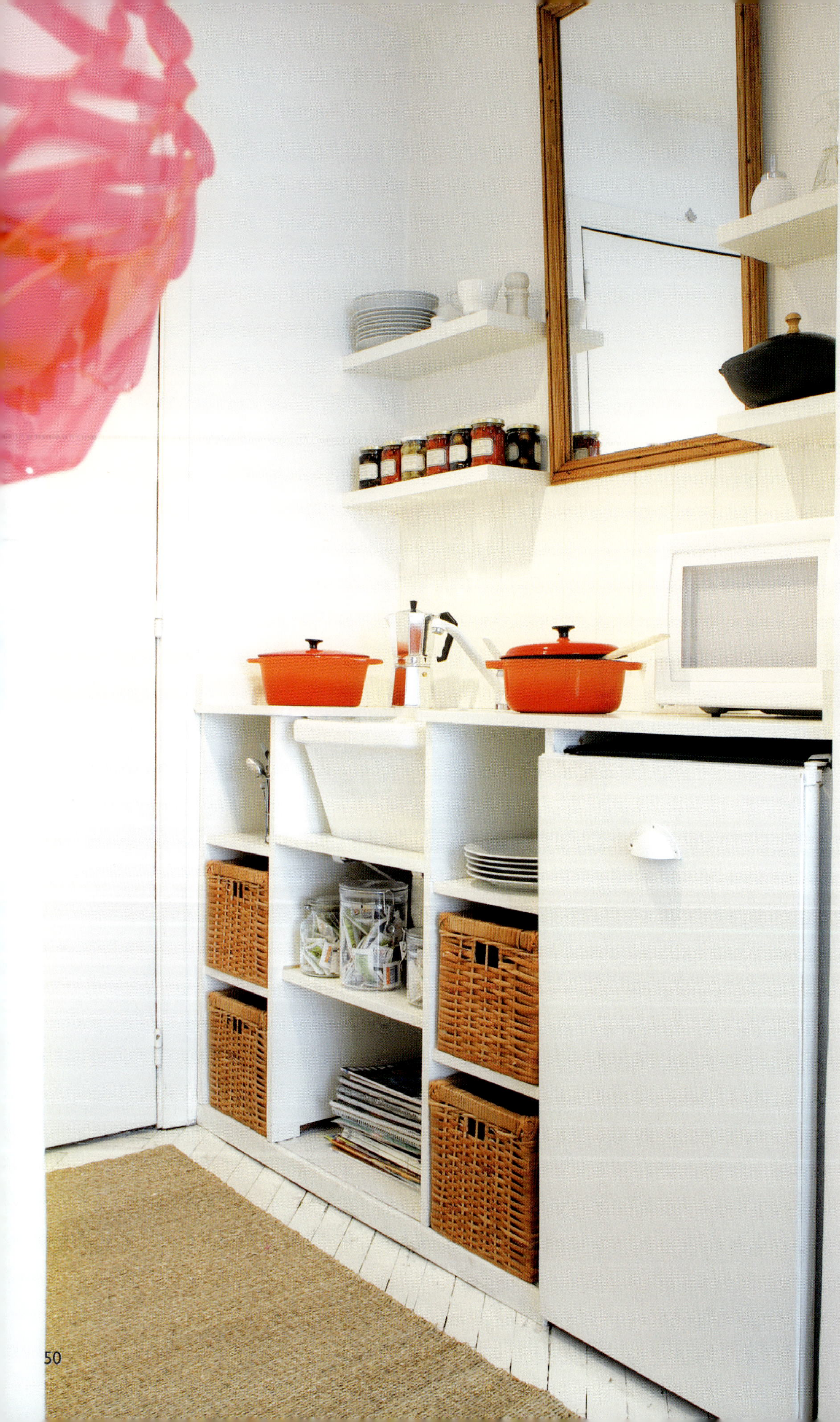

ausreichend platz ist hier in der schmalsten nische

Die übersichtliche Küchenzeile im Bild auf der linken Seite wurde von einem Schreiner angefertigt und eingebaut. Die Regale sind bewusst offen gewählt, da übliche Türfronten bei so schmalem Raum unpraktisch wären und in geöffnetem Zustand nur im Weg sein würden. Körbe reichen hier vollkommen aus, um Utensilien aus dem Sichtfeld verschwinden zu lassen. Das Spülbecken wurde schlicht auf einem Regalboden aufgesetzt und angeschlossen.

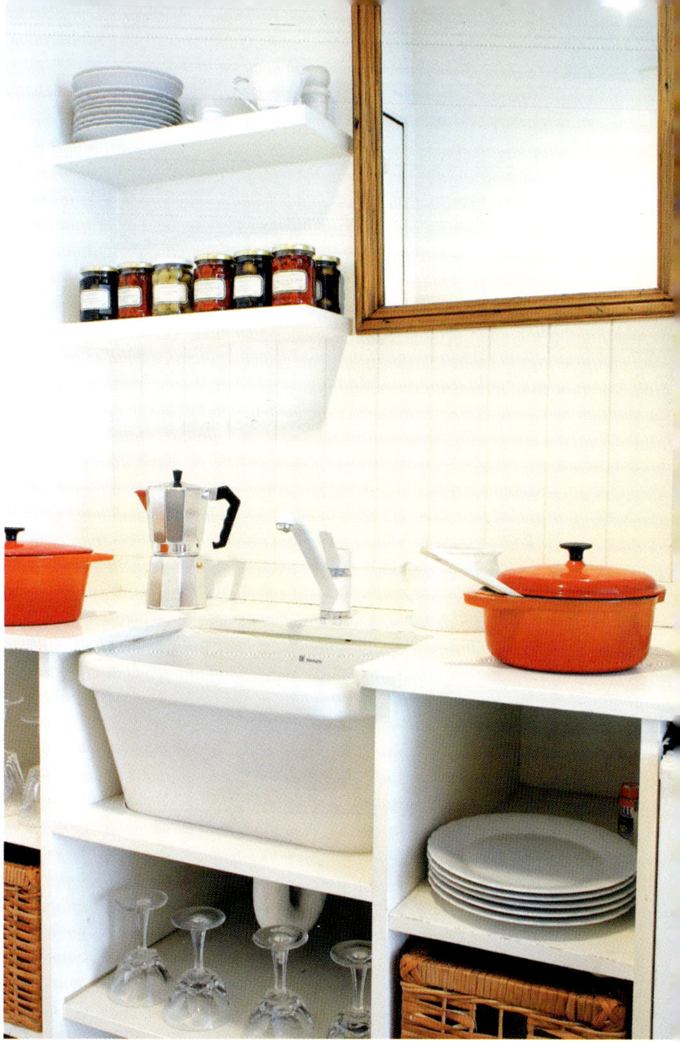

Der große Spiegel über der Spüle im Bild oben rechts dient nicht nur zur optischen Raumerweiterung, sondern auch noch zum Zähneputzen und Schminken, wenn das Bad einmal von einer anderen Person besetzt ist.

Kommt Elena einmal spät abends nach Hause und findet einen leeren Kühlschrank vor, macht sie sich einfach eines der griffbereiten Einmachgläser (Bild unten rechts) auf.

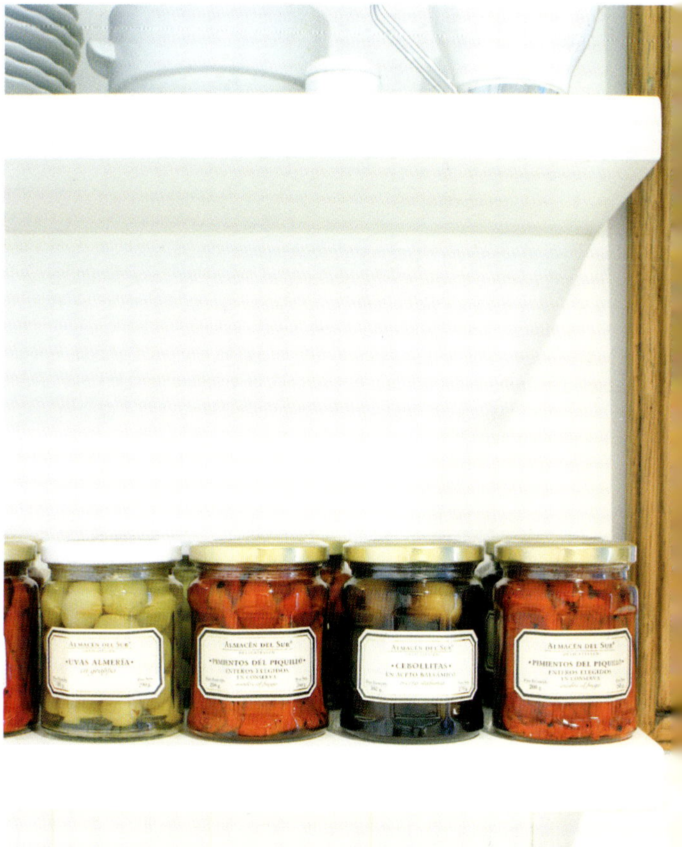

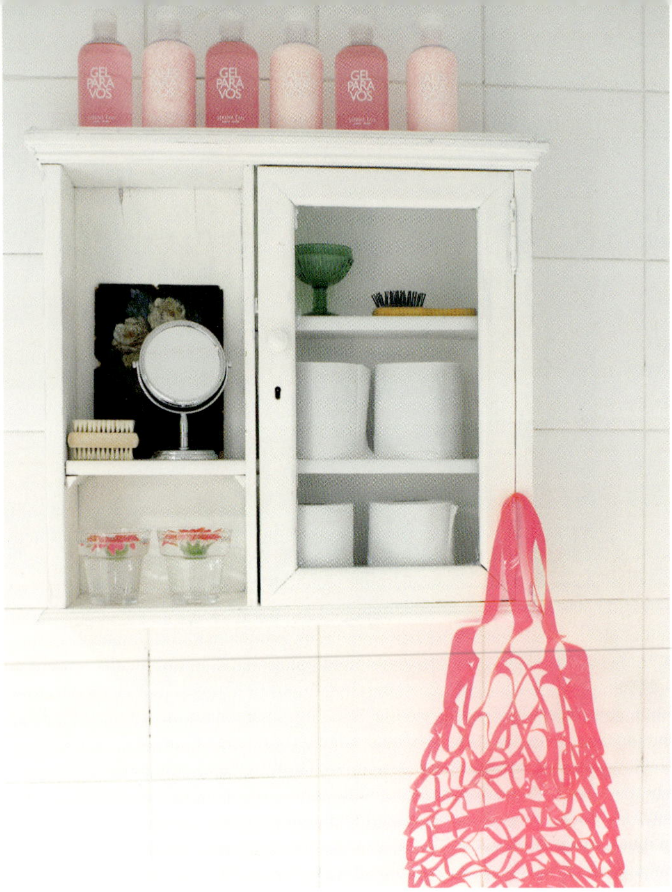

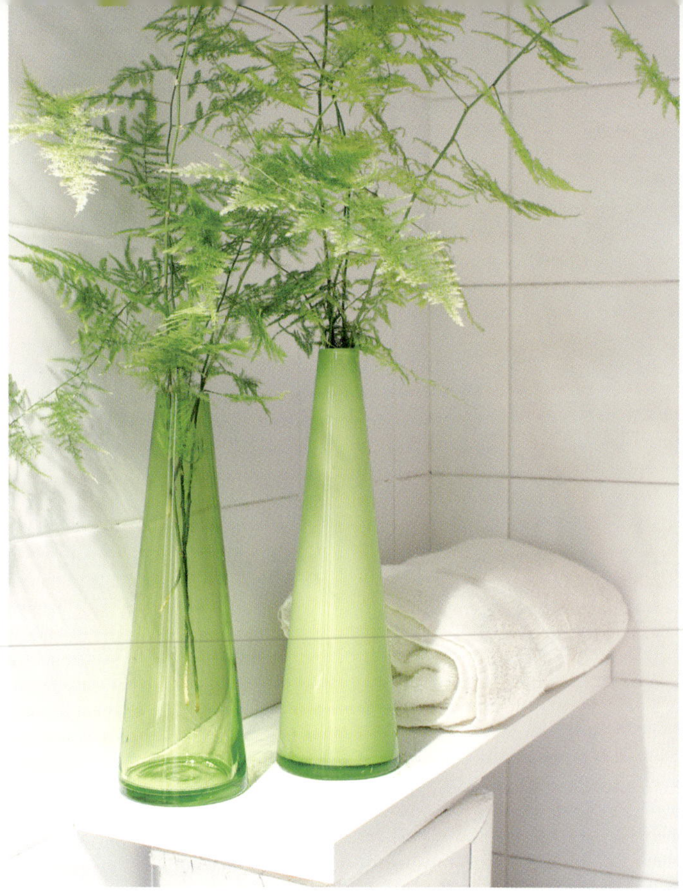

Bild oben links: Das hübsche Wandschränkchen vom Flohmarkt strich Elena weiß an. Es bietet genügend Platz für Toilettenartikel.

Bild oben rechts: Die pastellgrünen Vasen von Planas Viau bringen frische Farben ins Badezimmer. Die Farnzweige holen die Natur dazu.

Bild rechte Seite: Das Bad wurde komplett weiß gefliest. Das Waschbecken und die Badewanne ließ Elena neu emaillieren. Dieses Beschichtungsverfahren ist zwar aufwendig, aber billiger als neue Sanitäreinrichtungen. Toll ist auch, dass die Technik eine echte Alternative zur Totalsanierung darstellt, da die Arbeit an nur einem einzigen Tag ausgeführt werden kann. Das Bad ist schnell wieder benutzbar und es entstehen keine zusätzlichen Fliesenarbeiten. Nur die Toilette sollte man, wie in diesem Fall, aus Hygienegründen austauschen.

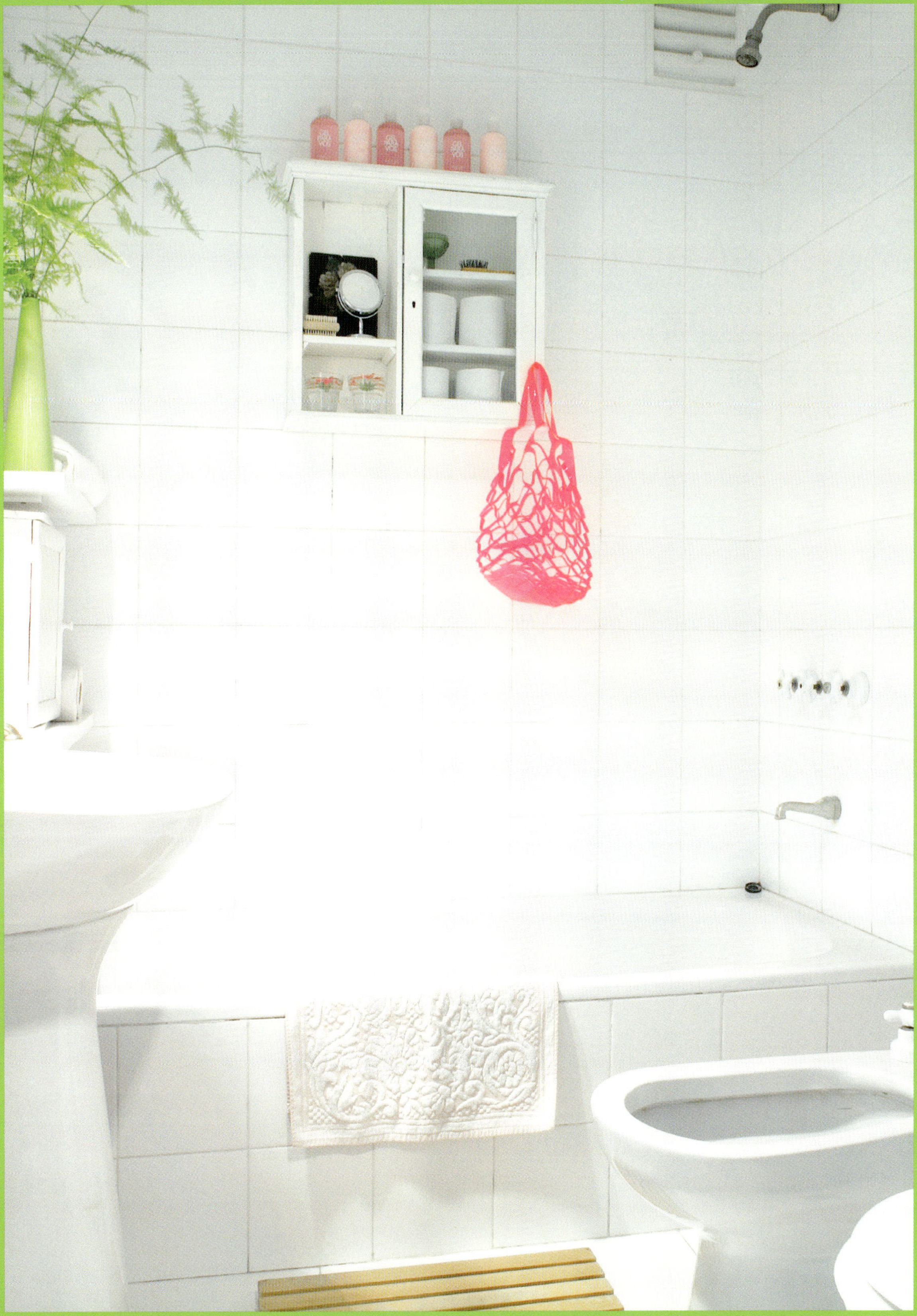

NEUE RAUMFRISCHE

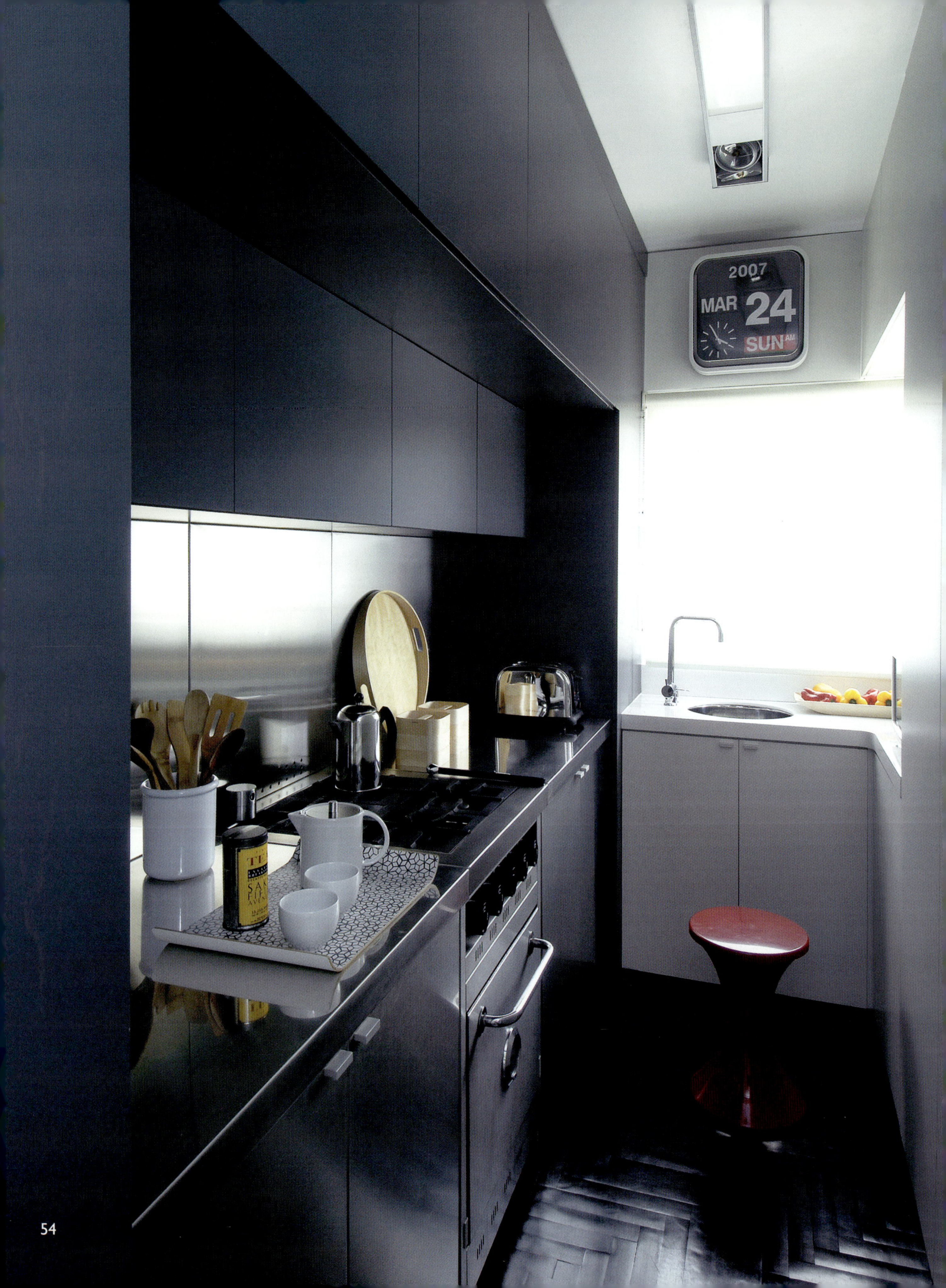
2007
MAR 24
SUN AM

KLEINES WUNDER

so wohnt es sich auf 45 quadratmetern

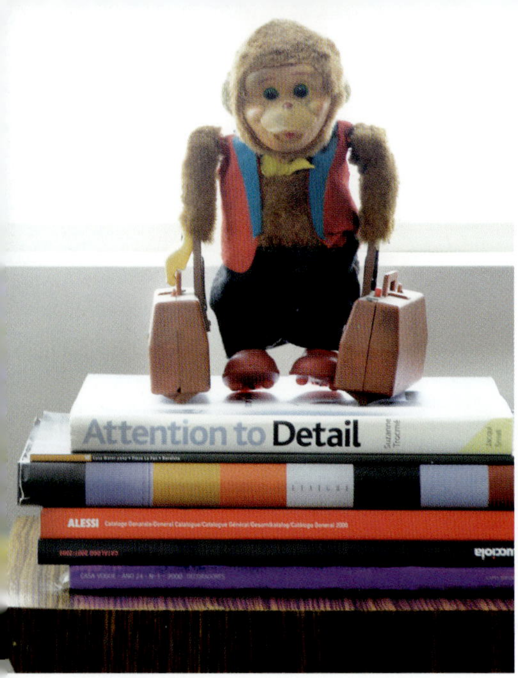
Attention to Detail
ALESSI

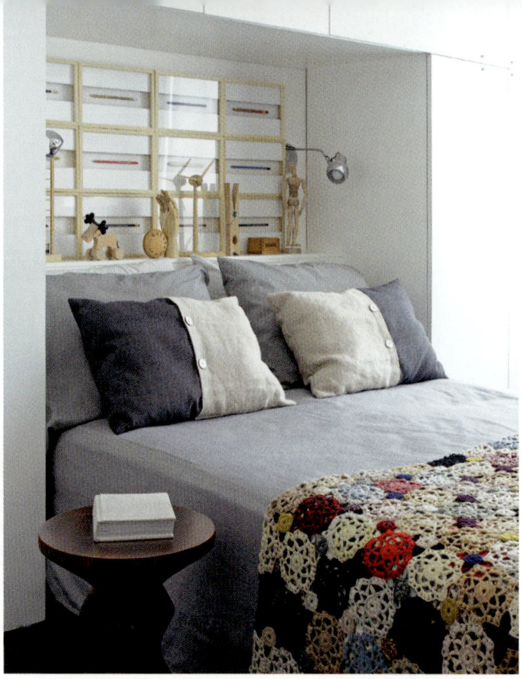

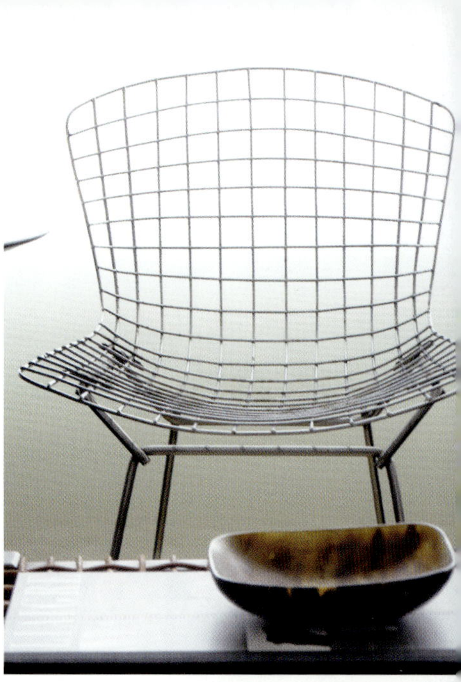

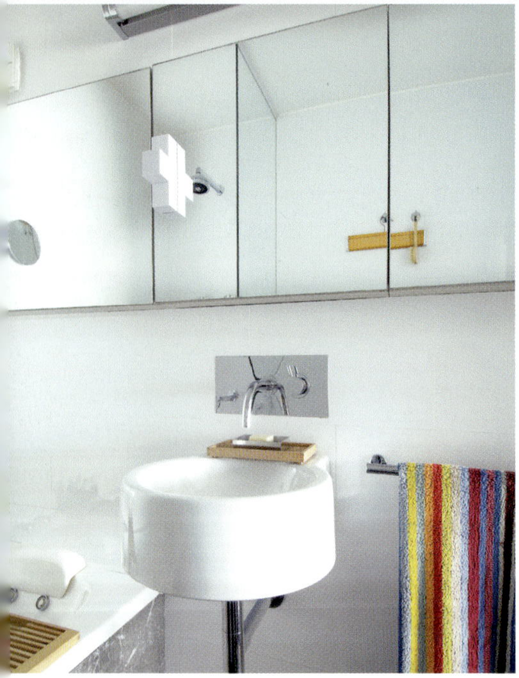

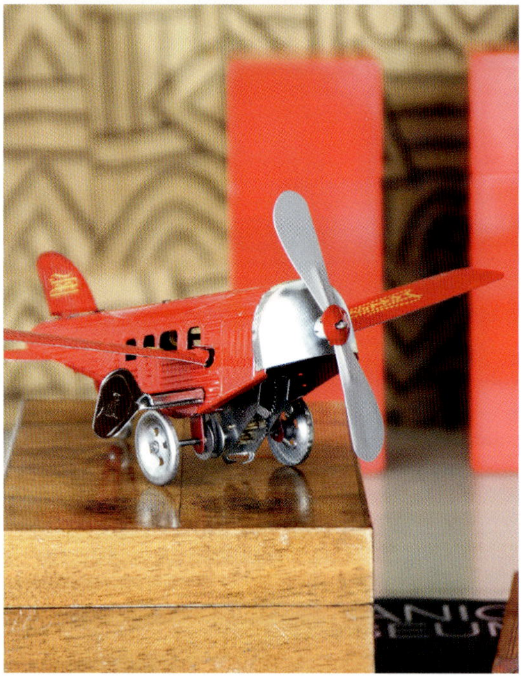

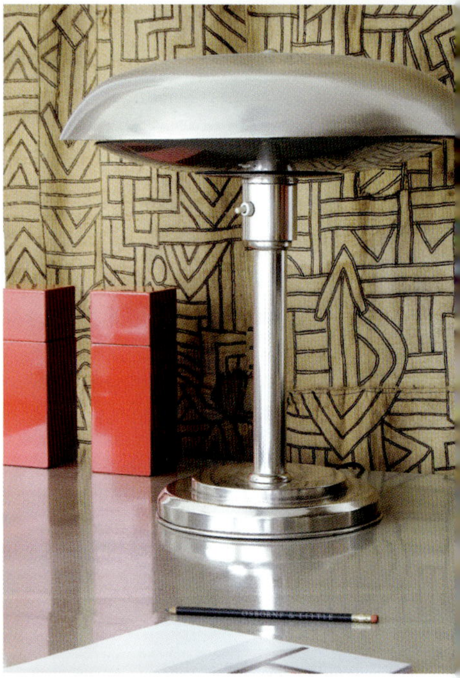

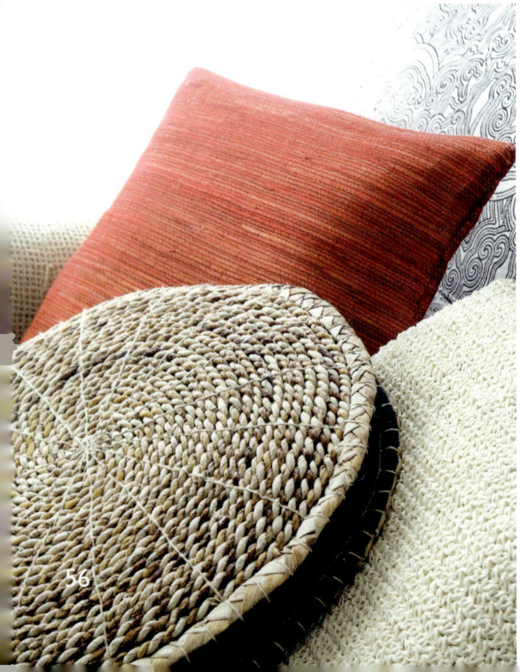

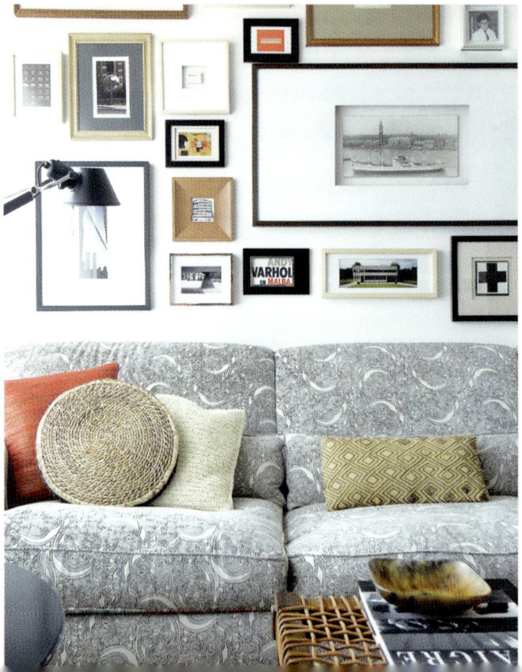

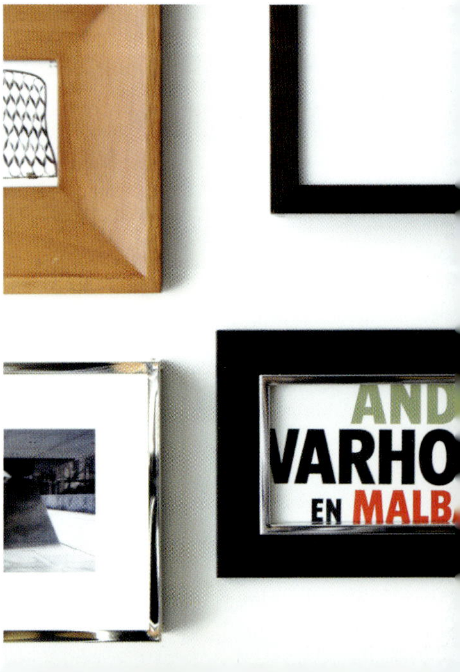
AND
VARHO
EN MALB

jürgen ist ein raumkünstler

Natürlich erwartet man von einem Innenarchitekten, dass er sein Handwerk versteht. Und natürlich auch, dass es in diesem Berufszweig geniale Köpfe gibt, die ihr Fach mit Perfektion ausüben. Einer dieser Perfektionisten ist Jürgen. Und wenn bei ihm die Erwartungen noch so hoch liegen mögen, da er schon viele internationale Preise eingeheimst hat, ist es dennoch erstaunlich, welches Wunder ihm auf knapp 45 Quadratmetern gelang. Der Interior Designer übertraf sich bei der Gestaltung seiner eigenen Immobilie wahrlich selbst. Als er die Räumlichkeiten zum ersten Mal betrat, gefielen ihm besonders die Klarheit und der intensive Lichteinfall. Der Neubau schien Jürgen ideal geeignet zu sein, um ihm den nötigen Spielraum zu geben, seinen kreativen Ideen ohne Einschränkungen nachzugehen. Die einzige Einschränkung war lediglich die räumliche, die aber für den Fachmann, wie man heute mit Staunen anerkennen muss, kein wirkliches Hinderniss darstellte. Alles wirkt großzügig, weil es optimal auf den engen Grundriss abgestimmt wurde. Sein Hauptaugenmerk legte der Hausherr auf die konsequente Schaffung von Stauräumen, die hinter geschlossenen Fronten verschwinden und so das Auge des Betrachters nicht stören. Außerdem verzichtete Jürgen auf Möbel und Dinge, die er nicht unbedingt braucht. Im Schlafzimmer hatte er die geniale Idee, von einem Schreiner einen ultraschmalen Schreibtisch einpassen zu lassen, der ihm gerade soviel Platz bietet, dass er mit seinem Laptop bequem daran arbeiten kann, mehr aber auch nicht. Das Bett umrahmt ein ebenfalls maßgefertigter Einbauschrank für Kleidung und Schuhe. Auch die Küchenplanung zeugt von Cleverness. Der schmale Schlauch wurde optimal ausgenutzt und wirkt durch die klaren Fronten und den Hell-Dunkel-Kontrast aufgeräumt. Das große Fenster am Raumende sorgt für genügend Helligkeit auch ohne künstliches Licht. Im Wohnraum positionierte Jürgen die Sitzlandschaft und den Esstisch jeweils an der gegenüberliegenden Wand und stimmte die Möbel optisch aufeinander ab. Bei der Farbauswahl hielt sich Jürgen bewusst an ein reduziertes Schema und wählte daher sanfte Grau- und Brauntöne, um so ein ruhiges Szenario zu schaffen. Außergewöhnliche Accessoires wie gehäkelte Kissen und Plaids sowie formschöne Designklassiker wie der Y-Chair von Hans J. Wegner sorgen für ein stilvolles, harmonisches Gesamtbild.

CL

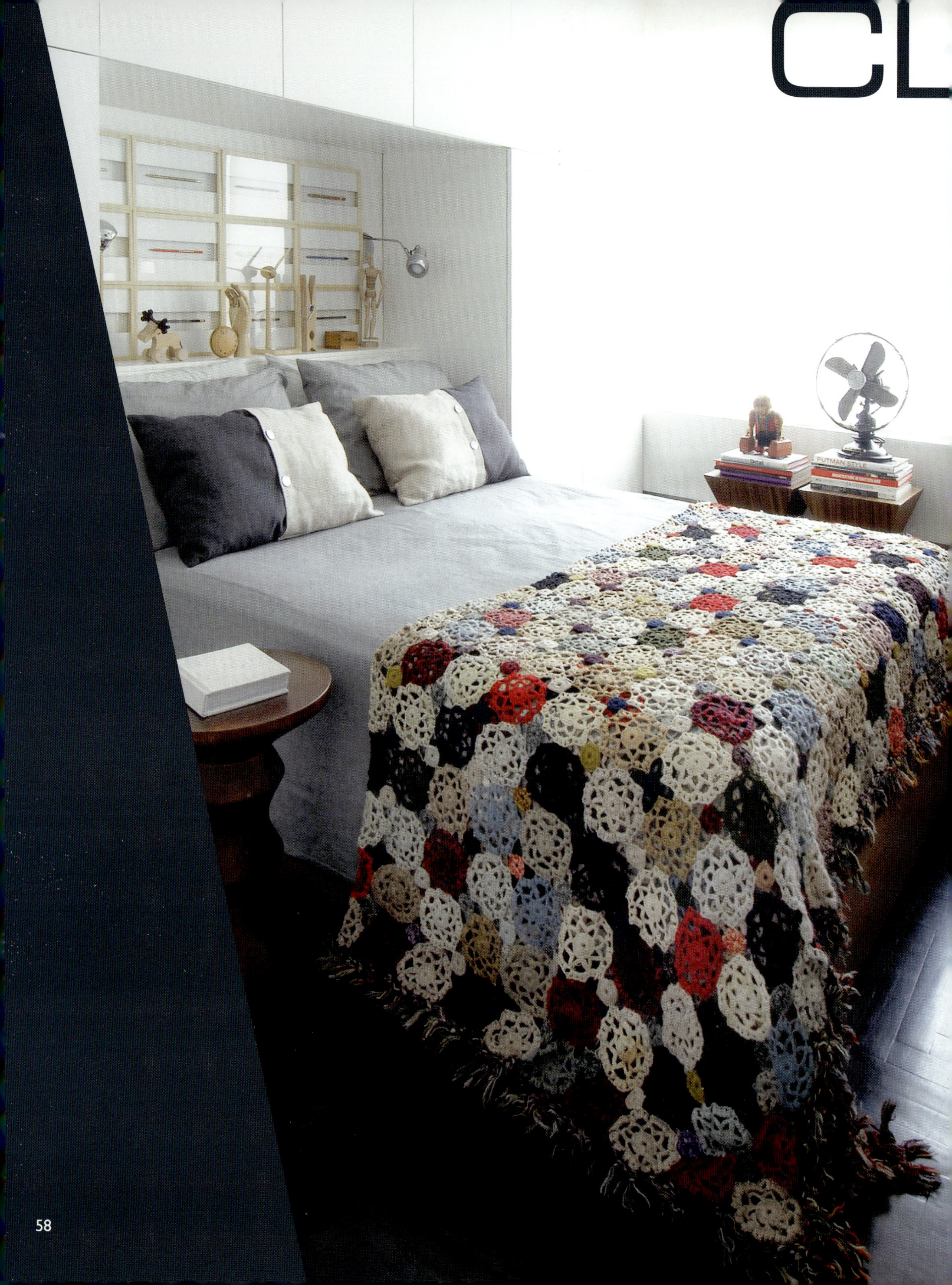

VER GELÖST

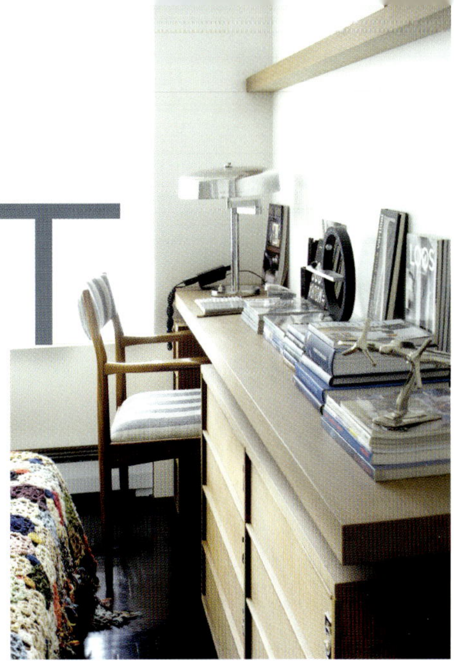

Um das Bett im Bild links wurde ein geräumiger Kleiderschrank von einem Schreiner passgenau eingebaut. Auf der Ablagefläche am Kopfende kommt Jürgens Sammlung witziger Holzobjekte gut zur Geltung. Gut dazu passen die holzgerahmten Bilder. Die unterschiedlich grauen Leinenbezüge und die bunte Häkeldecke beleben das durchgestylte Ambiente und verleihen dem Gesamtbild eine maskuline Note. Platzsparende Beisteller sind für diesen Raum ideal.

Im Bild oben rechts sieht man den ultraschmalen Schreibtisch aus Lapachoholz, der ebenfalls eigens angefertigt wurde. Er bietet ausreichend Platz für Bücher und einen Laptop sowie die schöne Chromlampe vom Flohmarkt.

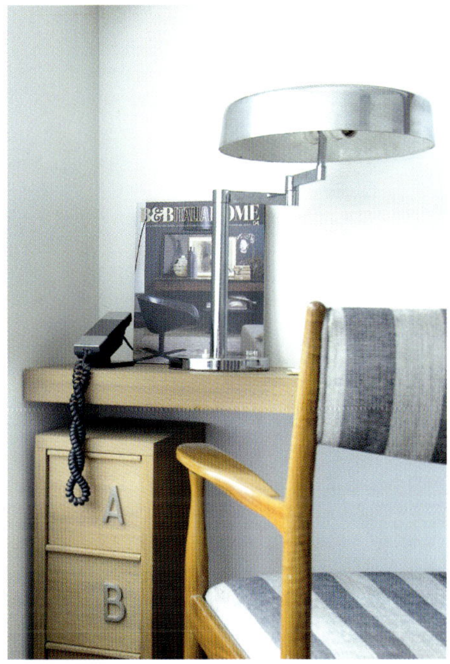

Den Eames Stuhl im Bild mitte rechts ließ Jürgen mit einem grauweiß gestreiften Stoff beziehen. Das geradlinige Dessin verleiht dem skandinavischen Designklassiker ein modernes Aussehen und passt wunderbar zum übrigen Interieur.

Warum eine Zahlenreihe immer nur mit 1, 2, 3 beginnen? Der Innenarchitekt entschied sich als Dekor auf den Schubladen für eine andere Variante (wie im Bild unten rechts zu sehen ist) und schmunzelt stillschweigend, wenn er gefragt wird, ob die Nummern etwas Besonderes zu bedeuten haben.

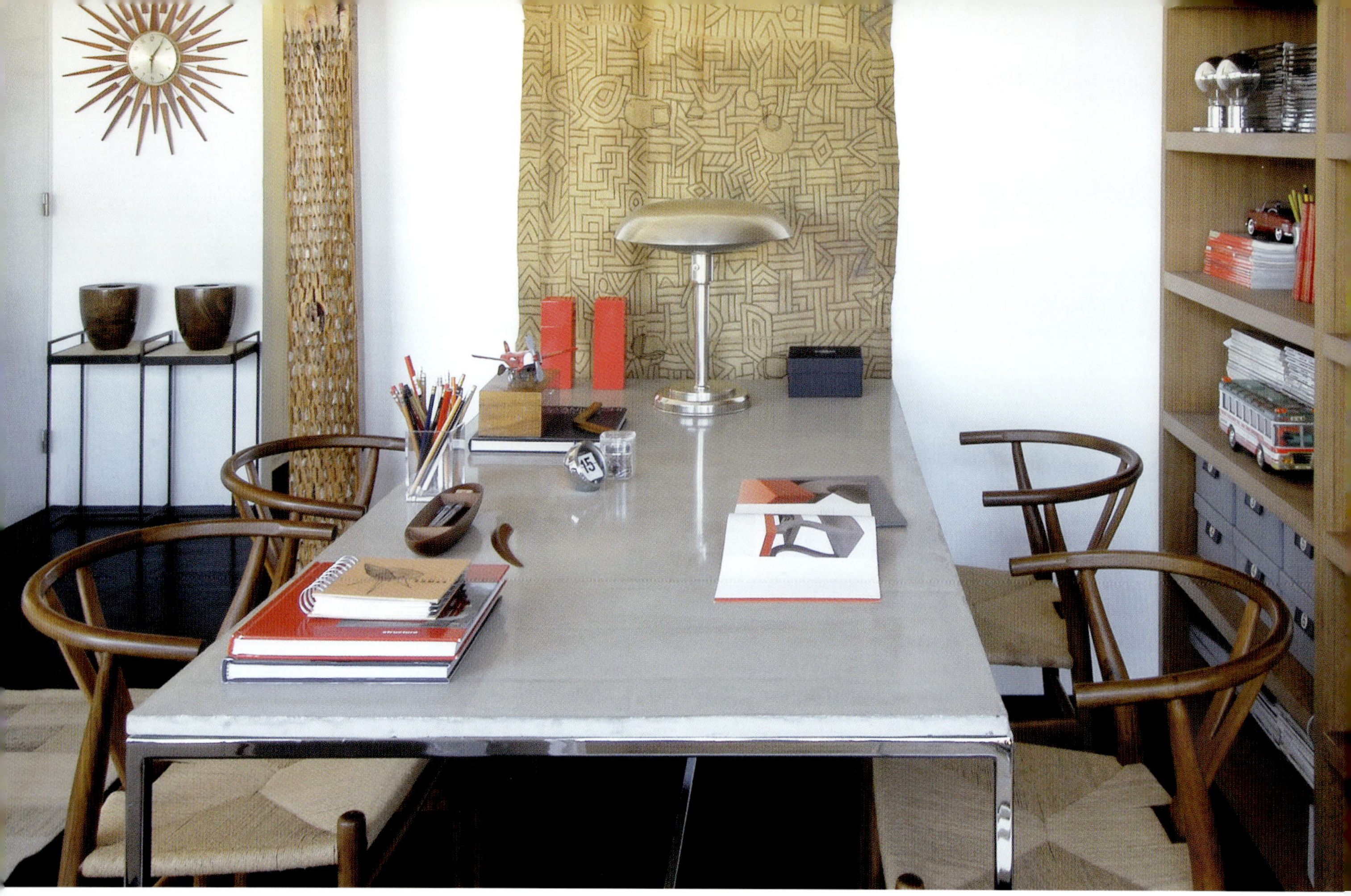

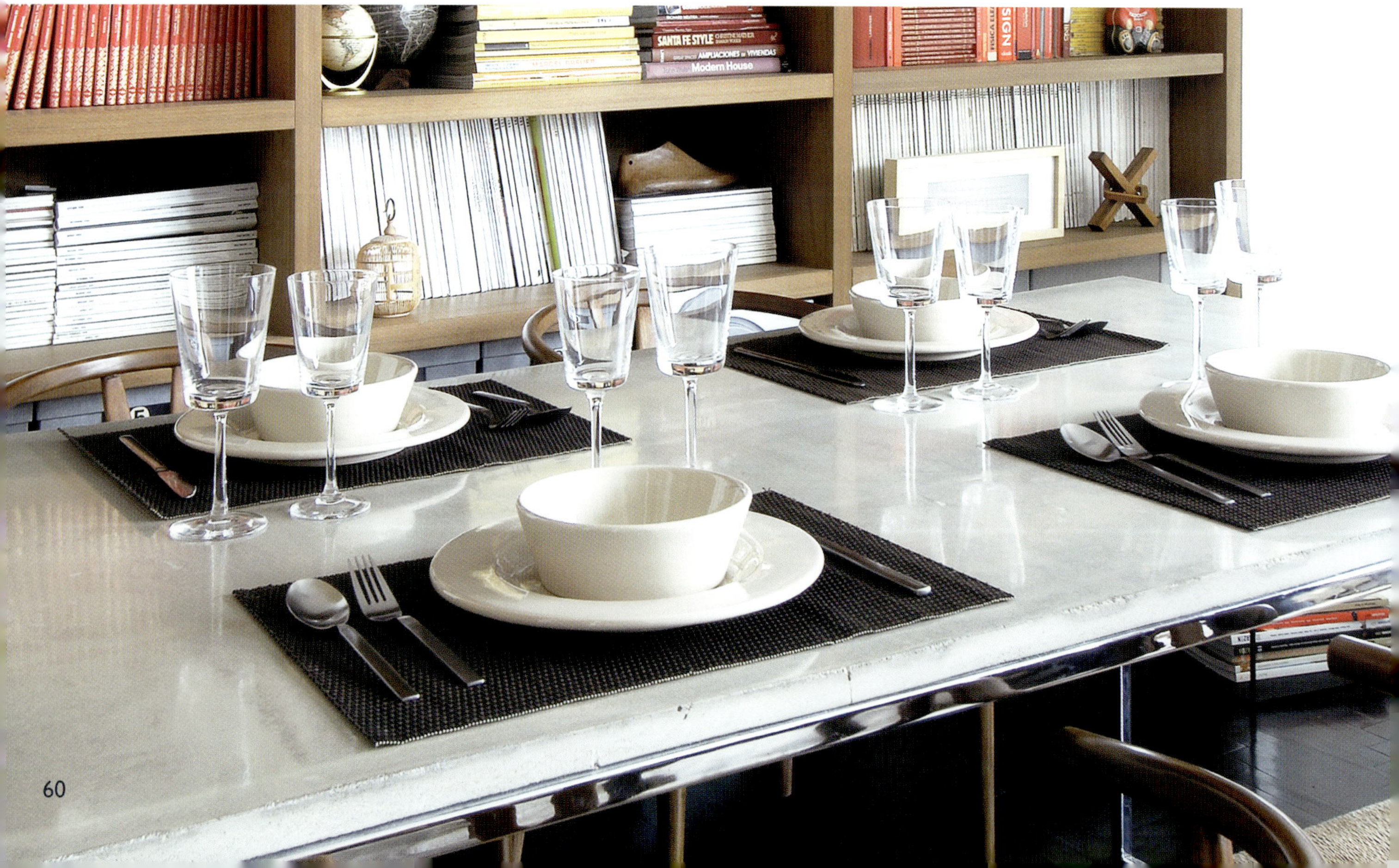
SANTA FE STYLE
AMPLIACIONES DE VIVIENDAS
Modern House

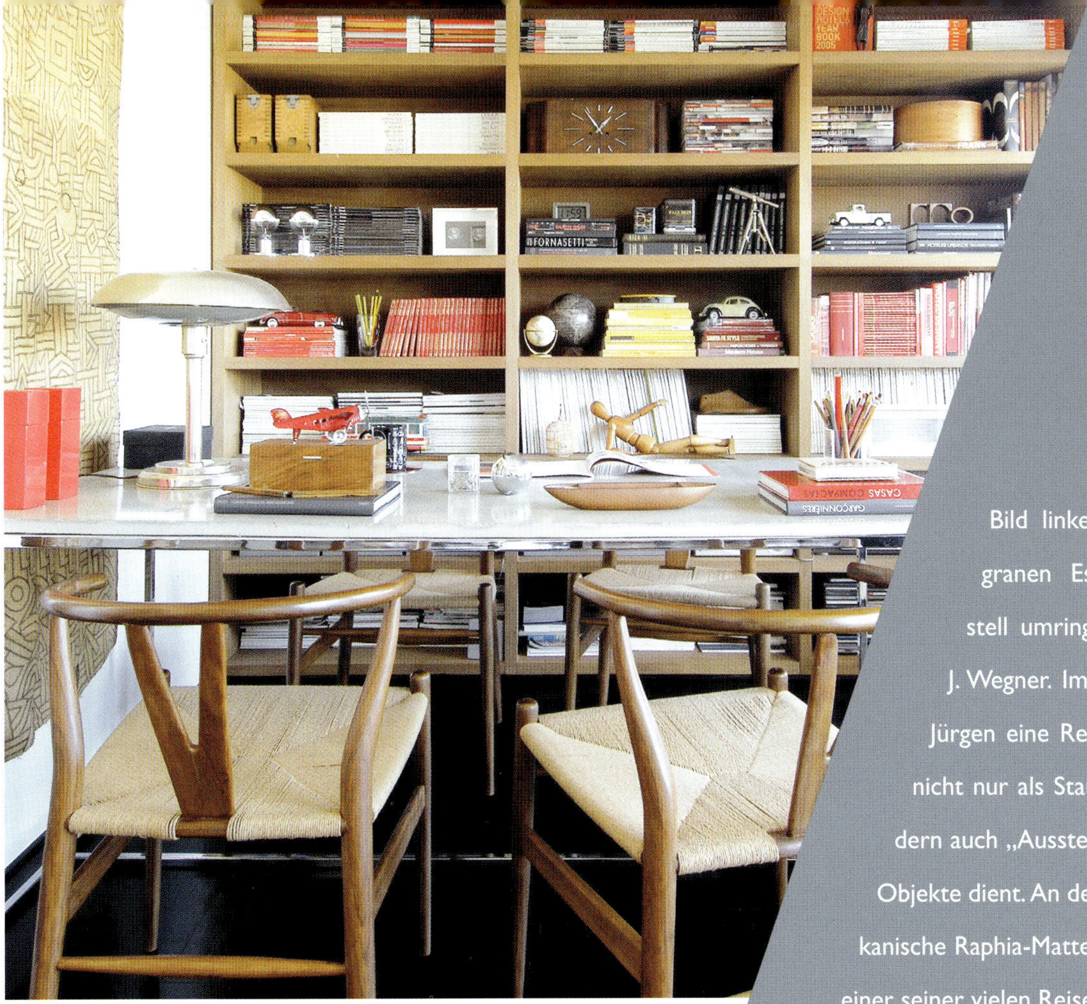

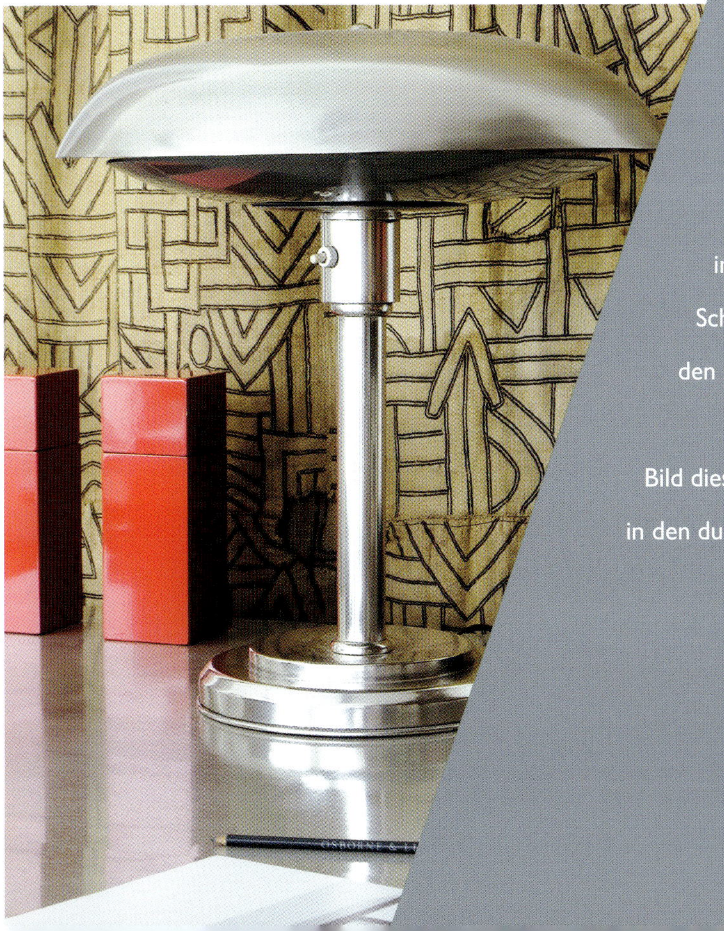

Bild linke Seite oben: Den filigranen Esstisch mit Chromgestell umringen Y-Chairs von Hans J. Wegner. Im gleichen Holzton ließ Jürgen eine Regalwand anfertigen, die nicht nur als Stauraum für Bücher sondern auch „Ausstellungsraum" für schöne Objekte dient. An der Wand hängt eine afrikanische Raphia-Matte, die der Hausherr von einer seiner vielen Reisen mitbrachte.

Bild linke Seite unten: Jürgens Vorliebe für geradlinige Formen verrät auch der gedeckte Tisch.

Bild diese Seite oben: Der Prototyp des Y-Chairs wurde vor etwas mehr als 60 Jahren gebaut und wirkt dabei immer noch so innovativ und zeitgemäß wie am Tag seiner Schöpfung. Die dänische Möbelmanufaktur Carl Hansen hat den skandinavischen Designklassiker neu aufgelegt.

Bild diese Seite unten: Salz und Pfeffer verbergen sich formschön in den dunkelroten Kuben, die gleichzeitig als Hingucker fungieren.

natürliche materialien und farben in harmonie

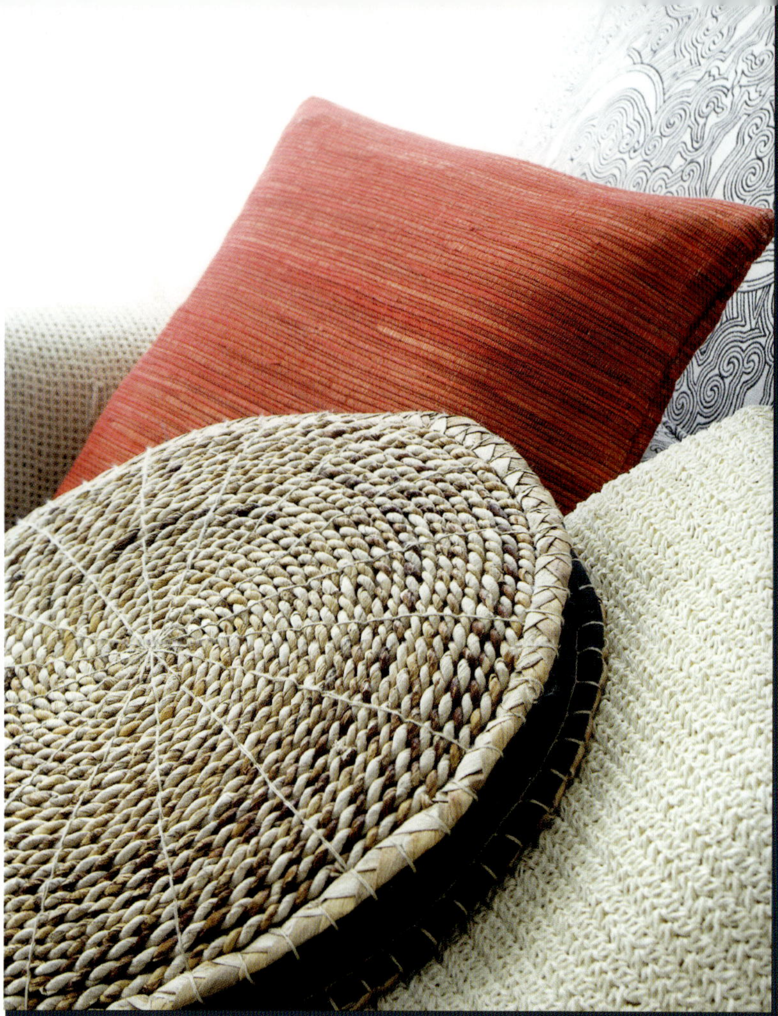

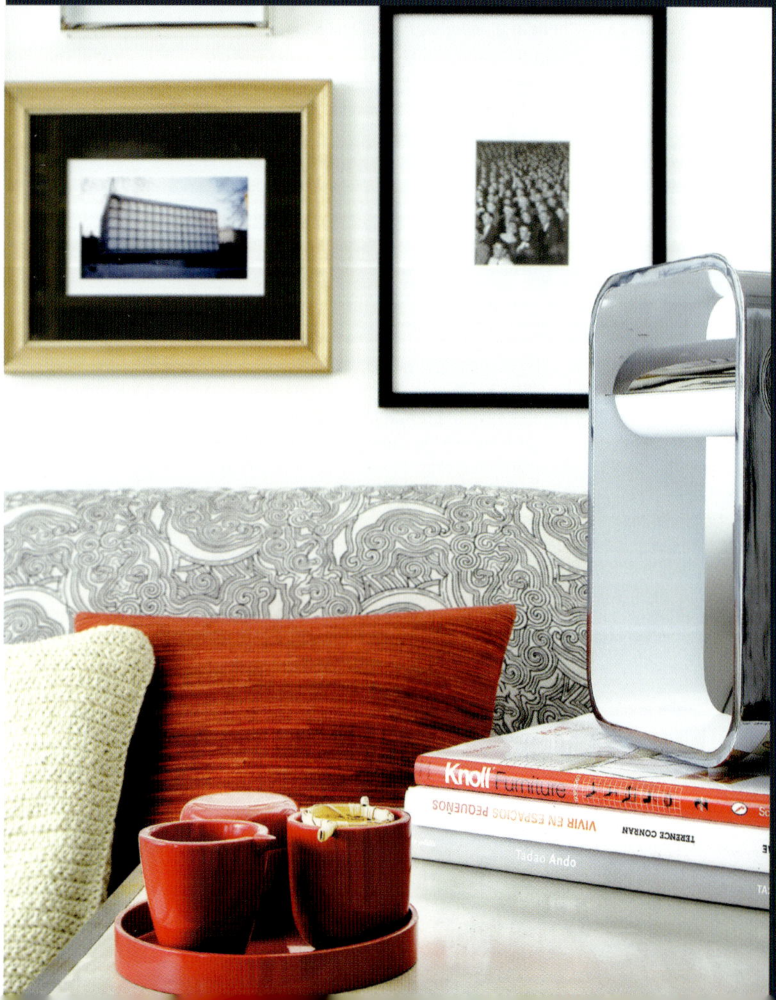

Ein rundes Sitzpolster (Bild links oben) aus Sisal schmückt die französische Couch neben anderen Kissen aus robustem wie festem Leinen und Häkelbast. Jürgen liebt die Kombination von Naturmaterialien. Grobe und feine Oberflächen sind für ihn die Grundessenz für wohnliche Gestaltungsvielfalt.

Die Fotos über dem Sofa (Bild links unten und rechte Seite) knipste der Hausherr auf seinen vielen Auslandsaufenthalten. Kaum ein fremdes Land ist darunter, in dem er nicht auch ein bekanntes Kunstmuseum besuchte. Die Eintrittskarten dafür rahmte er genauso wie originelle Einladungs- und Postkarten. Geflochtene Hocker dienen als unkonventionelle Tischchen. Die schwarze Stehlampe mit Schwenkarm steht mit ihrem avantgardistischen Look im spannenden Dialog zum Harry Bertoia Sessel.

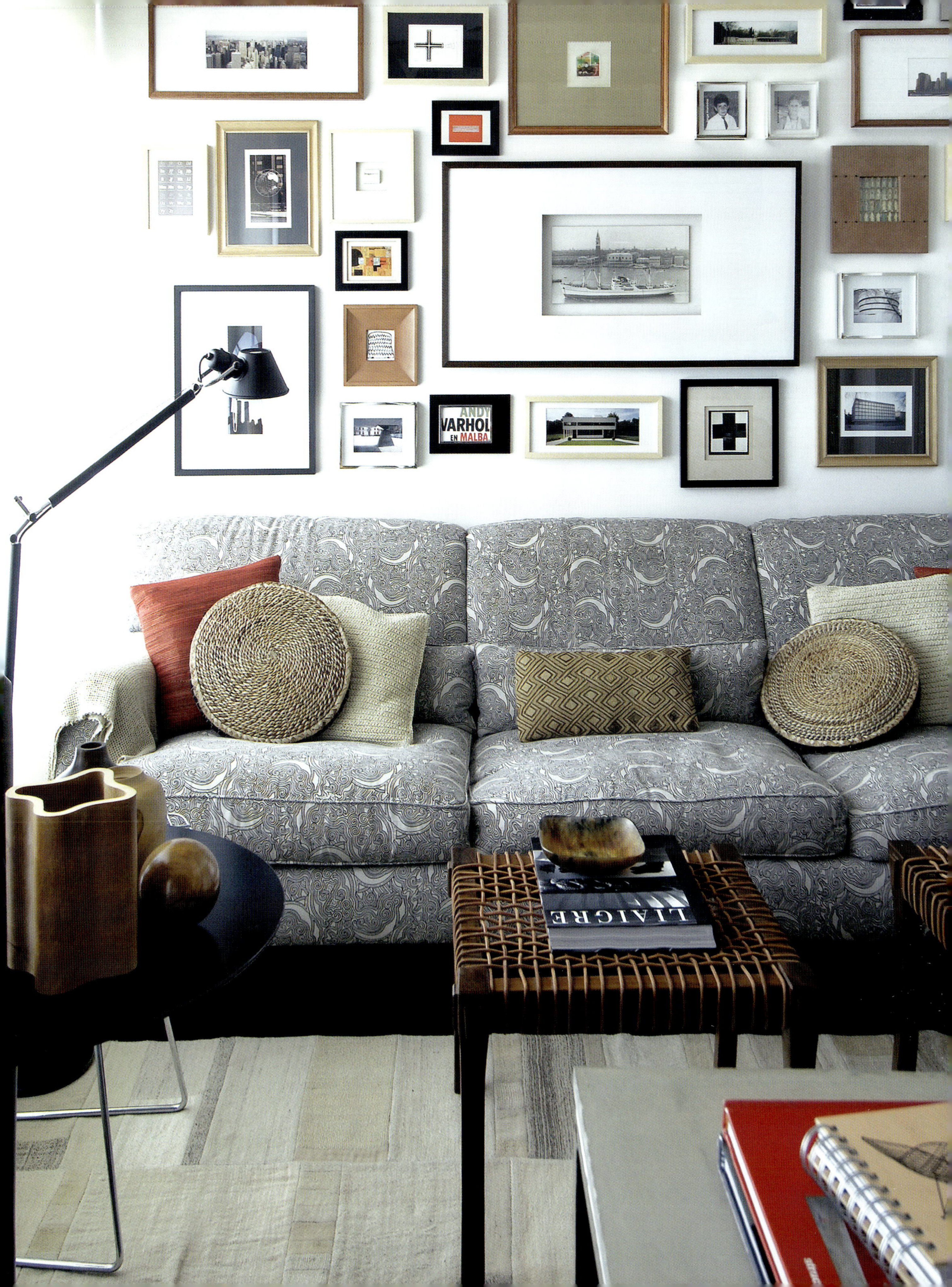
ANDY
VARHOL
EN MALBA
LIAIGRE

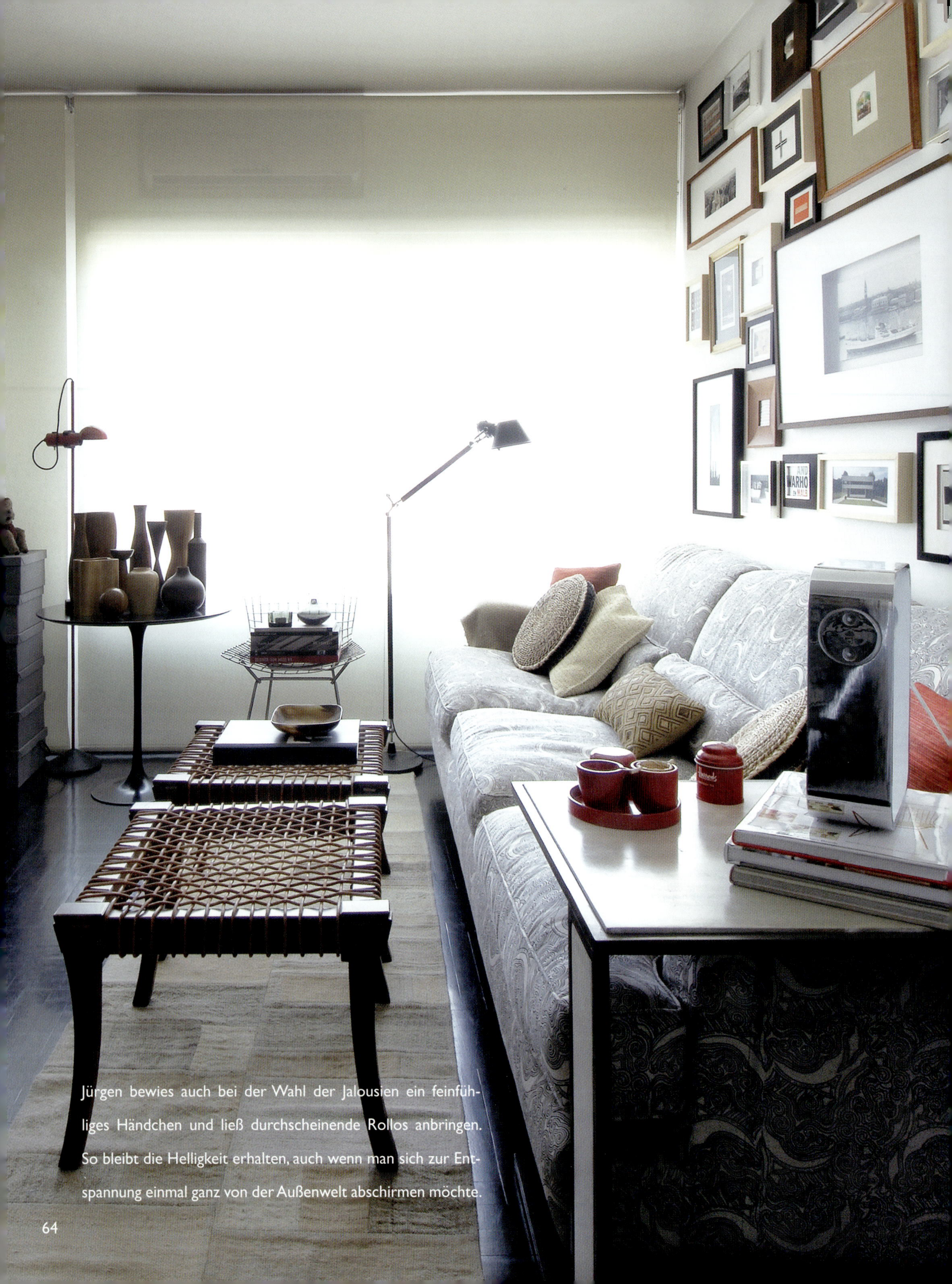

Jürgen bewies auch bei der Wahl der Jalousien ein feinfühliges Händchen und ließ durchscheinende Rollos anbringen. So bleibt die Helligkeit erhalten, auch wenn man sich zur Entspannung einmal ganz von der Außenwelt abschirmen möchte.

Bild oben rechts: Der Metallkünstler Harry Bertoia legte in den 40er-Jahren den Grundstein für das moderne amerikanische Design. Seine Drahtgitterstühle gelten noch heute als bahnbrechend in der Geschichte des Möbels. Der hier zu sehende Bertoia Chair 420 von 1952 wird immer noch in einer originalgetreuen Neuauflage von Knoll International hergestellt.

Bild mitte rechts: Die mit naturfarbenen Lederschnüren straff bespannten Hocker stellen mit ihren warmen Materialien zwar einen Gegensatz zum Bertoia Chair mit seinem Chromgestell dar, verstehen sich aber dennoch als eine Art Hommage.

Bild unten rechts: Die kostbare Vasensammlung umfasst skandinavische Designklassiker wie die von Alvar Aalto entworfene Vase Savoy. Erstmalig wurde das wellenförmig geschwungene Exponat auf der Pariser Weltausstellung 1936 ausgestellt. Normalerweise aus Glas ist die Vase hier passend zu den anderen aus Holz gefertigt.

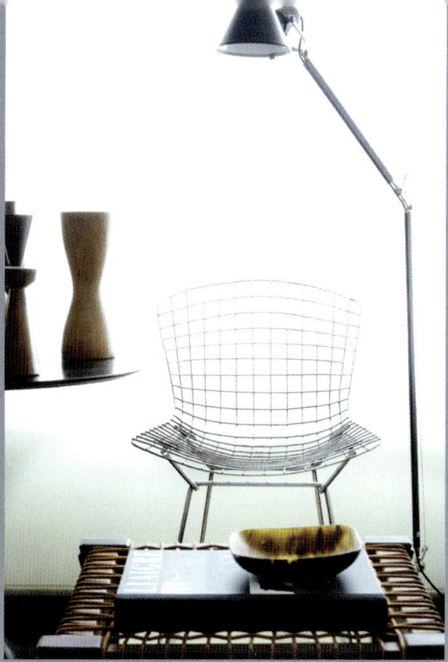

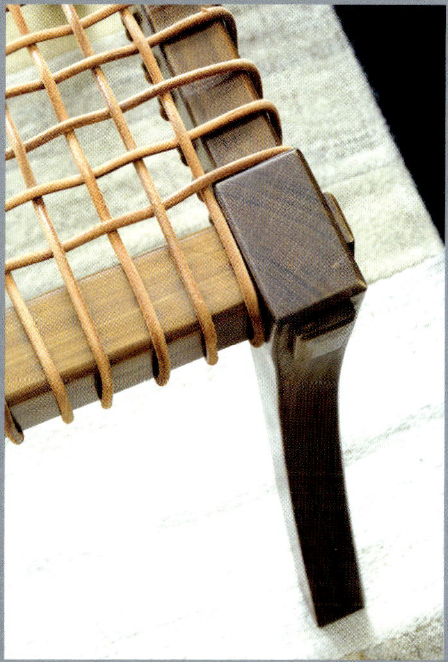

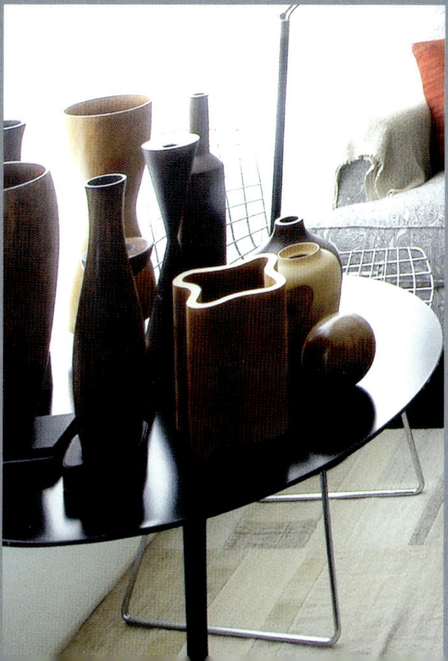

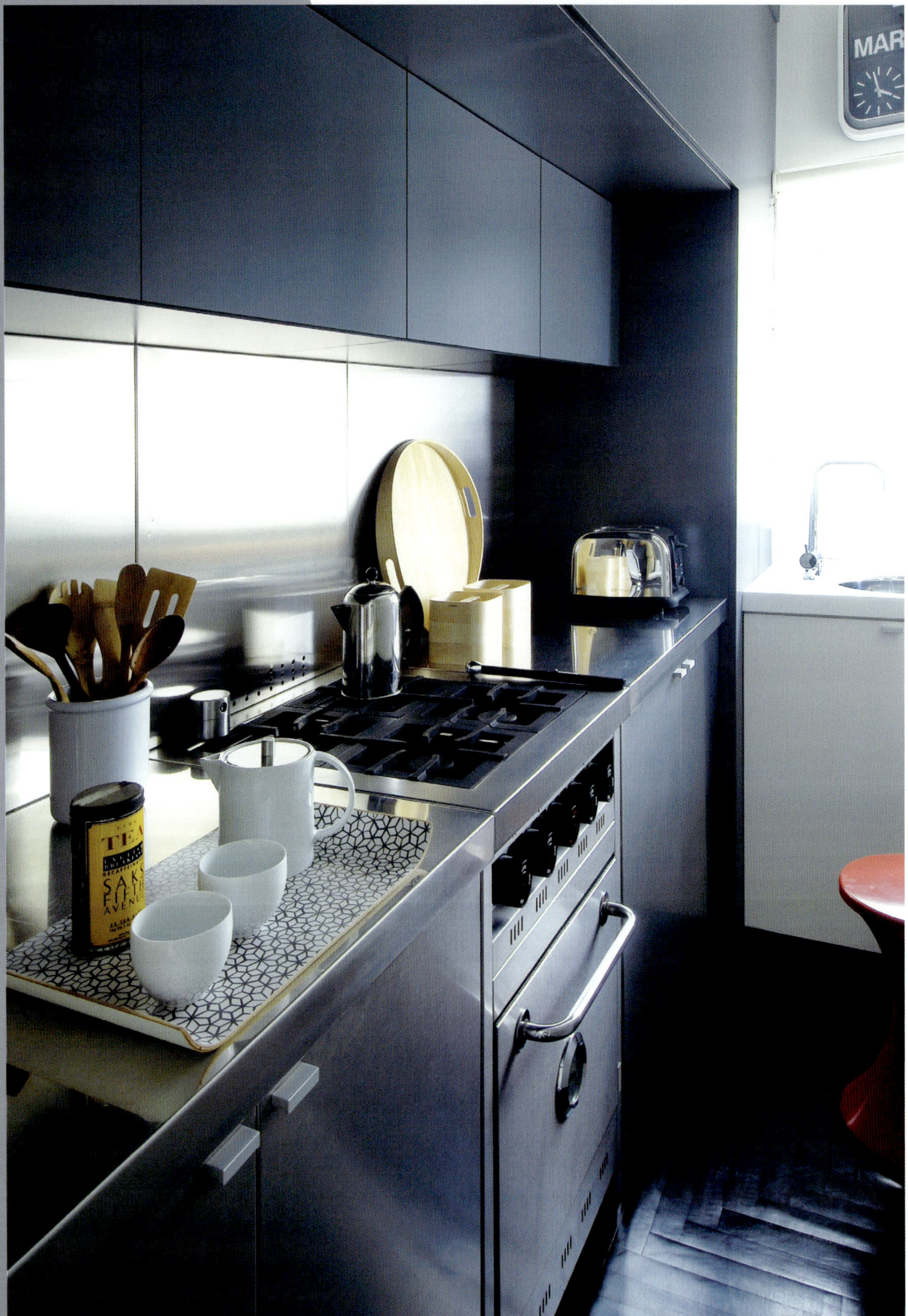
TEA

GEGEN SÄTZE

In der Küche (Bild linke Seite) ließ Jürgen einen schwarzen Linoleumboden verlegen. Der pflegeleichte Belag ist elastisch und sehr widerstandsfähig. Die Einbauten ließ der Hausherr von einem Fachmann vornehmen. Die Fronten sind mit graphitgrauem Melamin beschichtet. Das Waschbecken, die Arbeitsplatte mit Spritzschutz sowie der Ofen stammen von Johnson Acero.

Das schwarzweiße Wandmotiv (Bild unten links) zitiert den vorherrschenden Farbkontrast in der angrenzenden Küche.

Die plakative Kalenderuhr Big Flip White von Terence Conran (Bild unten rechts) verleiht dem Raum eine 70er-Jahre Atmosphäre. Die weiß gehaltene rechte Küchenseite wurde mit einer Arbeitsplatte aus Corian ausgestattet. Seine Struktur ähnelt zwar der von Marmor, dennoch weist der innovative Verbundwerkstoff von DuPont eine durch und durch geschlossene Oberflächenbeschaffenheit auf.

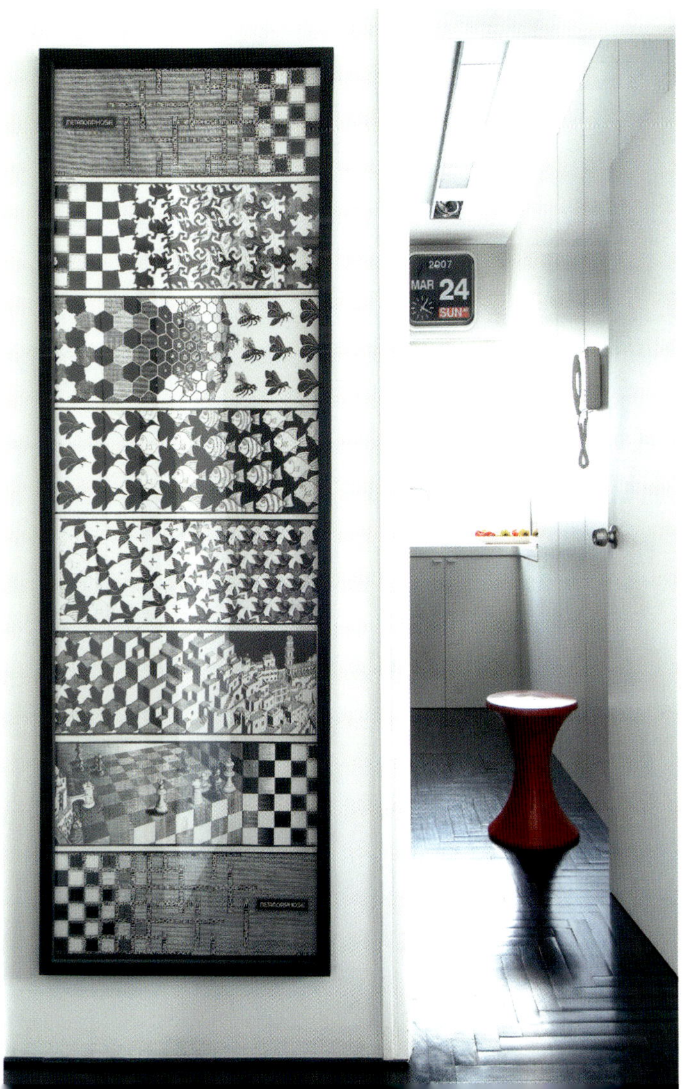

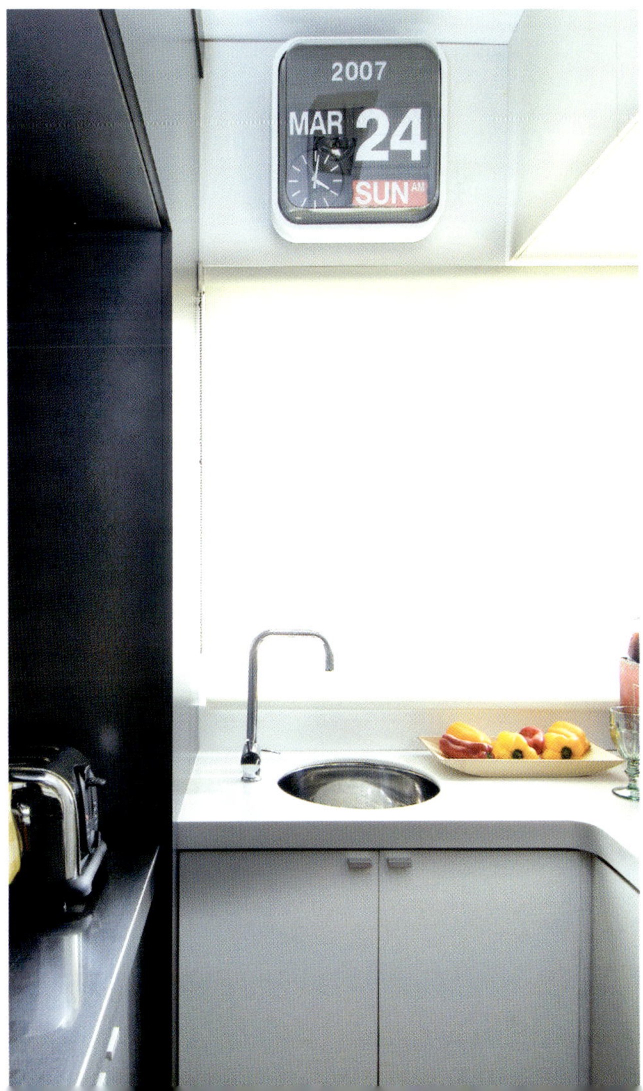

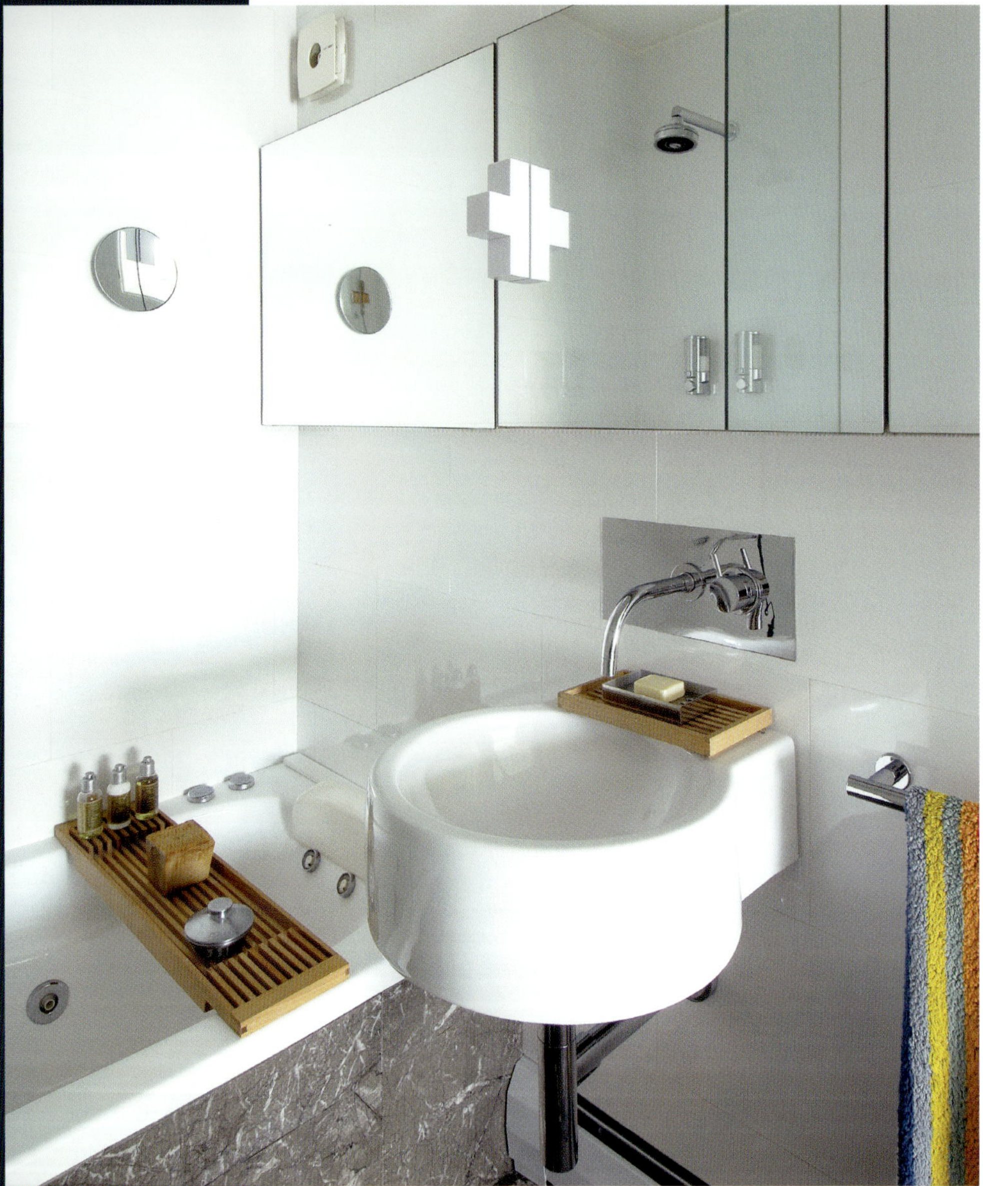

Einfachheit wird im Mini-Bad zelebriert (oben). Mit Zen-Akzenten wie dem Wannenaufsatz und Ablagebord aus Bambus von Habitat kehrt optische Ruhe ein. Der maßgefertigte Spiegelschrank beherbergt Kosmetika und Medikamente. Er erstreckt sich über die gesamte Wandbreite und wirkt dadurch raumerweiternd.

Zeitlos präsentiert sich der Flur (rechte Seite), an dessen Wand eine Uhr von Terence Conran erstrahlt. Schwere Schalen aus Thailand stehen im Kontrast zu den filigranen Eisentischchen.

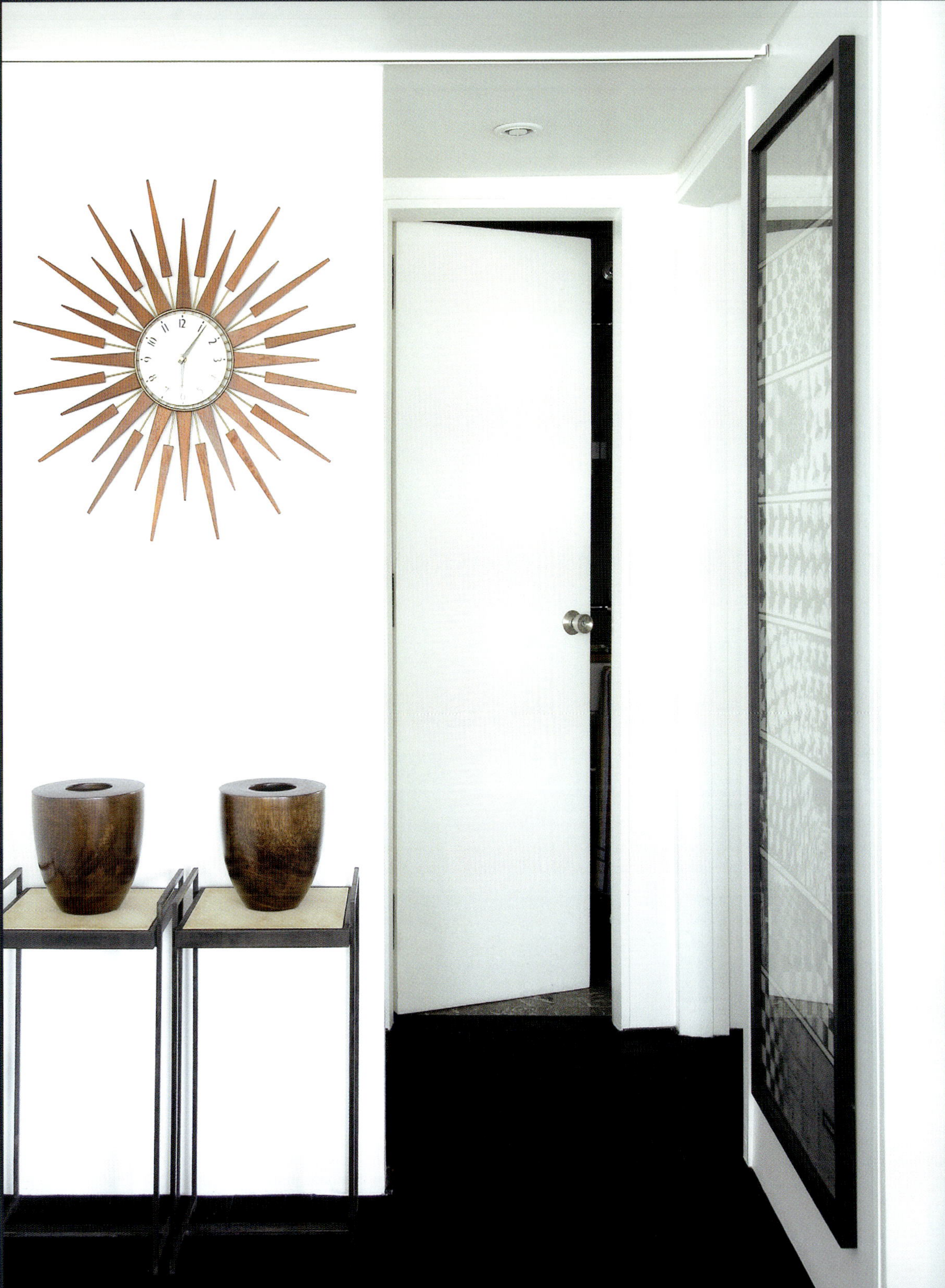

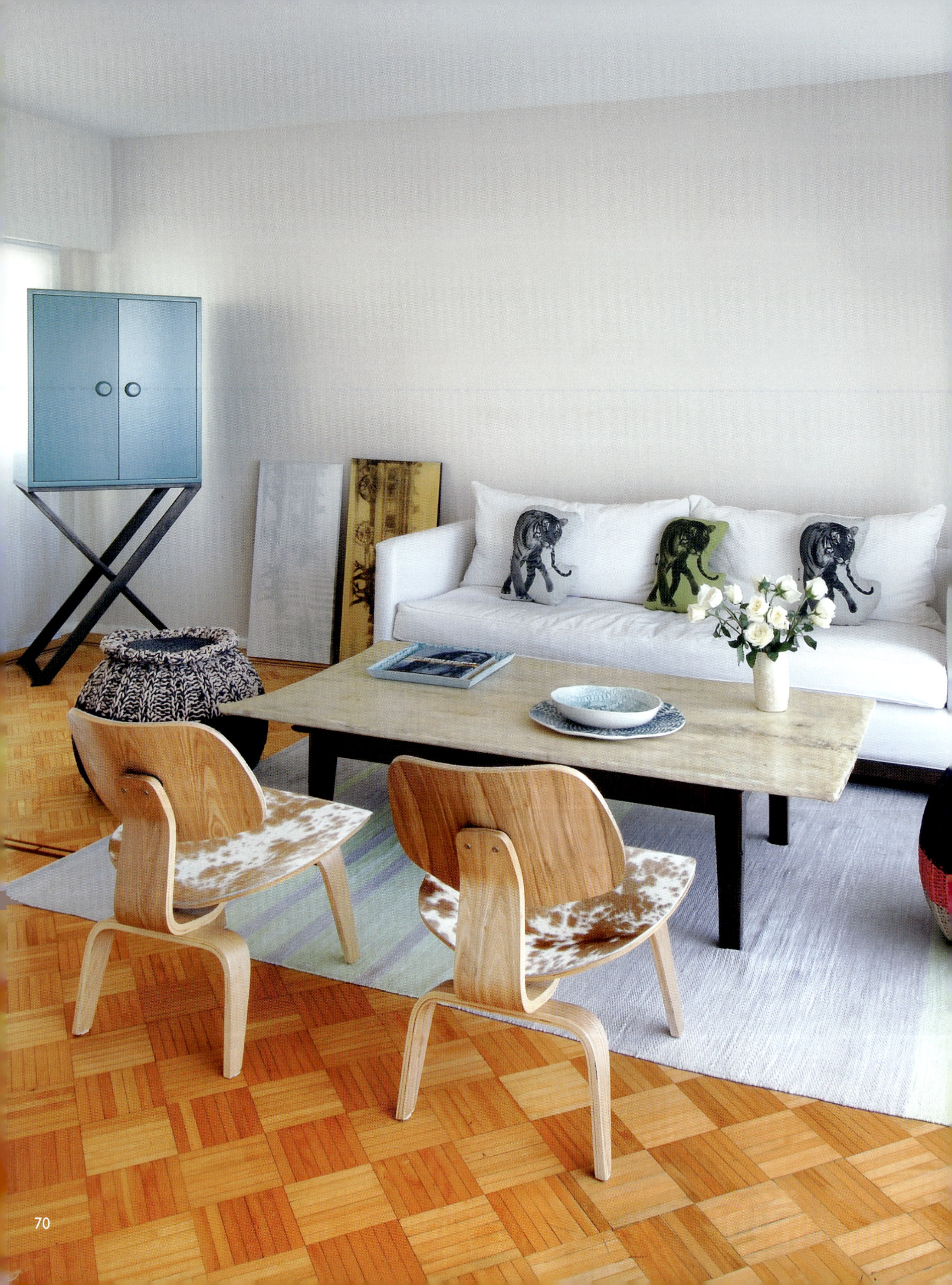

wenn „mann“ kein wohnexperte ist, braucht man hilfe

JUNGGESELLENBUDE

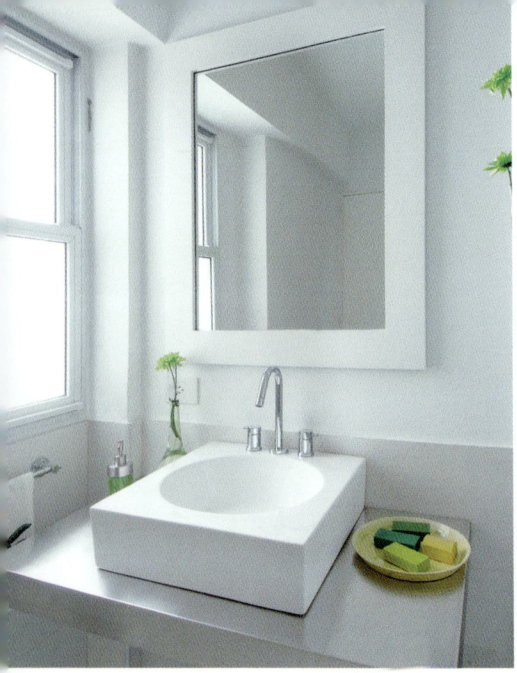

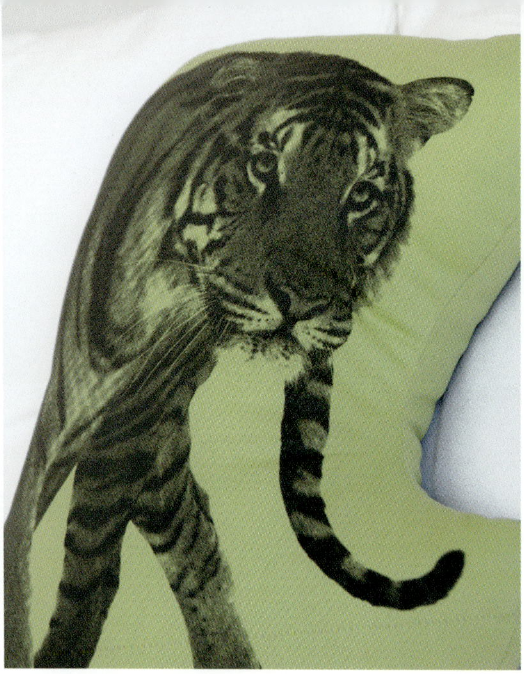

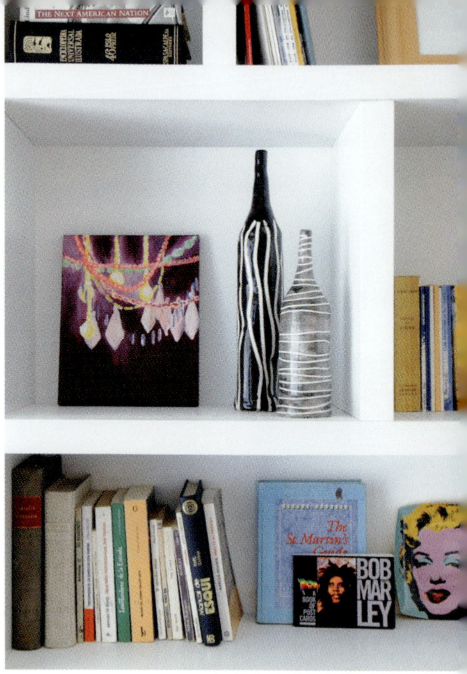
THE NEXT AMERICAN NATION
The St. Martin's
BOB
MAR
LEY

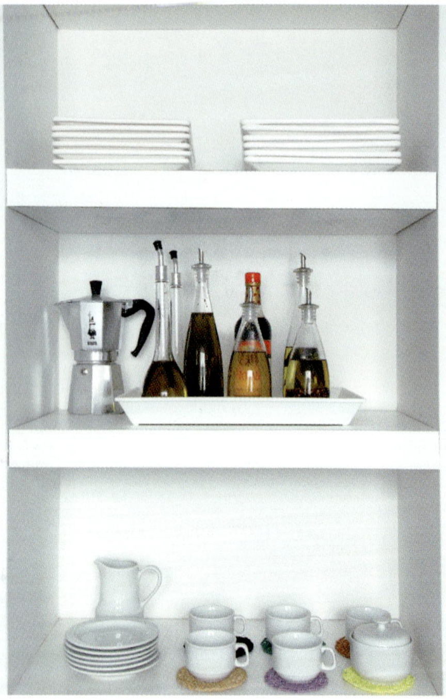

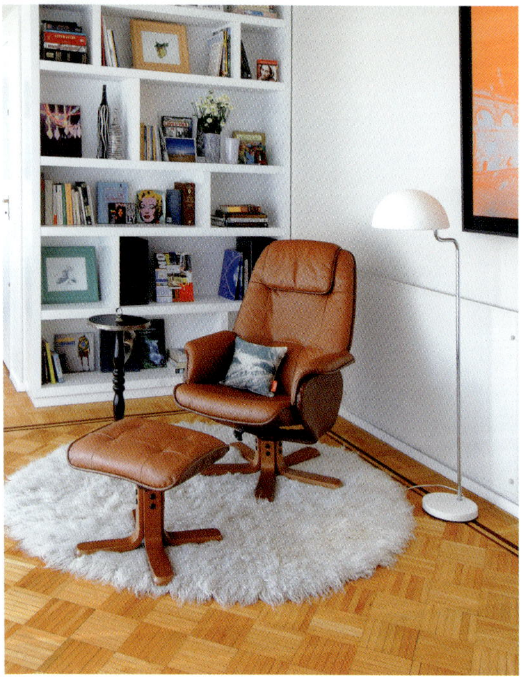

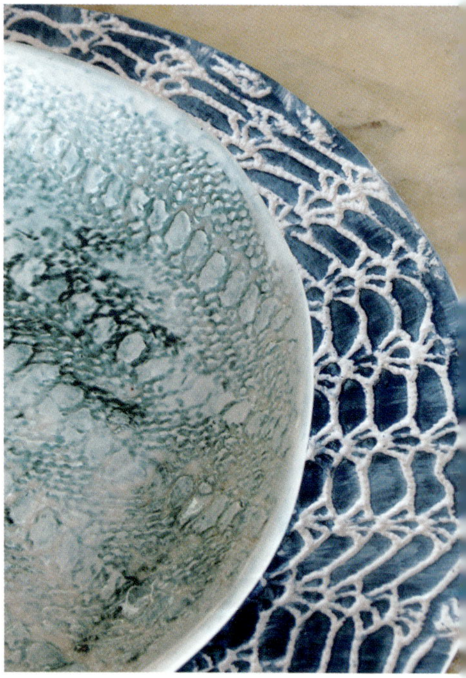

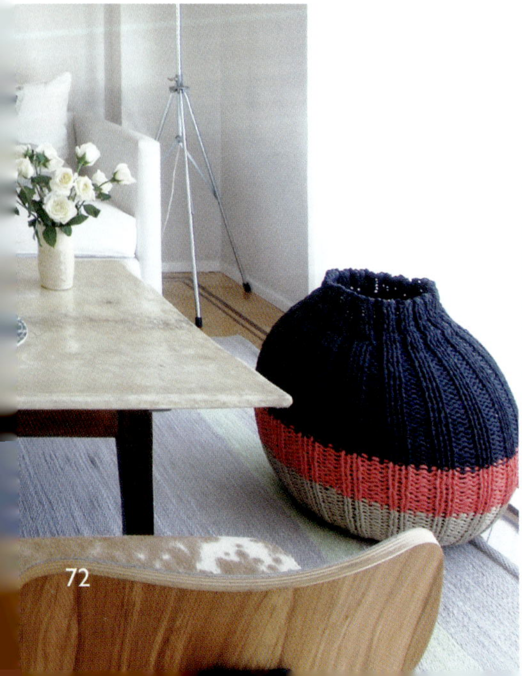

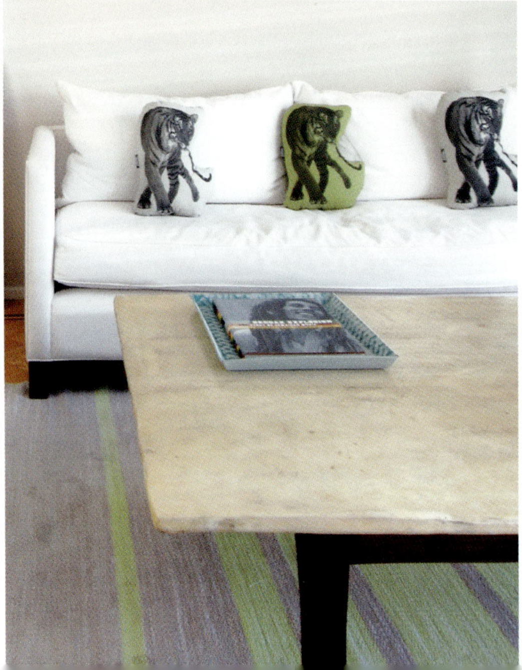

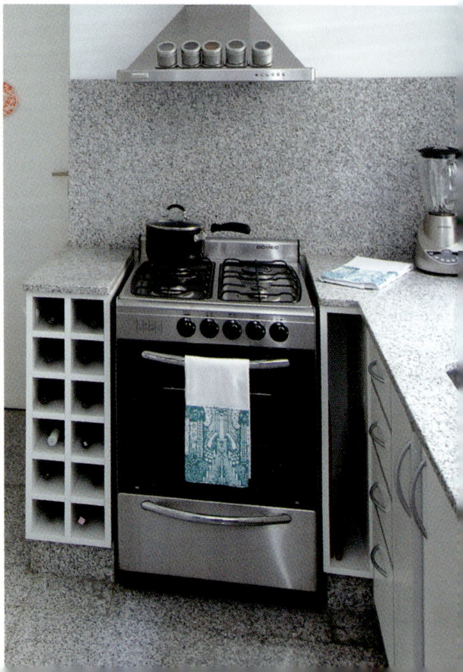

peter setzt auf frauenpower

Peter ist Broker und viel unterwegs. Eigentlich so viel, dass er kaum zuhause ist. Dennoch war es sein Wunsch, sich in einer Großstadt seiner Wahl häuslich niederzulassen. Er war es leid, nirgendwo richtig heimisch zu sein und immer nur aus dem Koffer zu leben. So übergab er einem Makler den Auftrag, sich nach einer kleinen Wohnung für ihn umzusehen. Den Zuschlag bekam ein 70 Quadratmeter großes Apartment aus den 80er-Jahren, das frisch renoviert war und nur darauf wartete, neu bewohnt zu werden. Aus Zeitmangel kaufte Peter erst einmal nur das Nötigste: ein Bett, eine Couch, einen Tisch mit Stühlen. Dieser spartanische Zustand blieb etwa ein gutes halbes Jahr, bis sich der Workaholic dazu entschied, dem kargen Dasein ein Ende zu bereiten. Schließlich wollte er sich ja wohlfühlen aber die Wohnung glich bis dato eher einem puristischen Hotelzimmer als einem wohnlichen Refugium. Peter nahm also Kontakt mit dem Innenarchitektenbüro Fauna auf. Von zwei Frauen geführt, erhoffte er sich, dass endlich etwas Wärme in seine vier Wände einziehen würde. Und tatsächlich konnte ihm das feminine Kreativduo auf die Sprünge helfen. Die Damen entschieden sich, Peters Wunsch nach Einfachheit zu entsprechen, aber dennoch ein Wohlfühlterrain zu kreieren, das ihm die Möglichkeit gibt, zu entspannen und sich von seinem hektischen Job zu erholen. Also richteten sie ihm eine Leseecke ein, in die er sich zurückziehen und einfach mal abschalten kann. Um den Bereich vom übrigen Wohnraum abzugrenzen, wählten die Innenarchitektinnen einen runden Schafwollteppich, auf dem sie einen bequemen Sessel platzierten. So wirkt das Arrangement optisch abgesetzt, ist aber dennoch im Raum integriert. Die Couch ließen die Expertinnen im Wohnzimmer verweilen, aber der klassische Esstisch samt Stühlen musste raus. Er wirkte etwas verloren und nahm dem Raum die Weitläufigkeit. Anstelle des Esstisches entschied sich das Duo für einen großen, langen Couchtisch, den sie mit zwei Relaxstühlen kombinierten. So kann man immer noch gemütlich mit Freunden essen, sich aber auch einfach so ungezwungen zusammensetzen. Witzige Kissen und Strickobjekte setzen nicht nur hier sondern auch im Schlafzimmer das Tüpfelchen auf das „i“. Insgesamt verzichteten die Einrichterinnen aber auf zu viele Accessoires, um dem Domizil seine maskuline Note zu lassen.

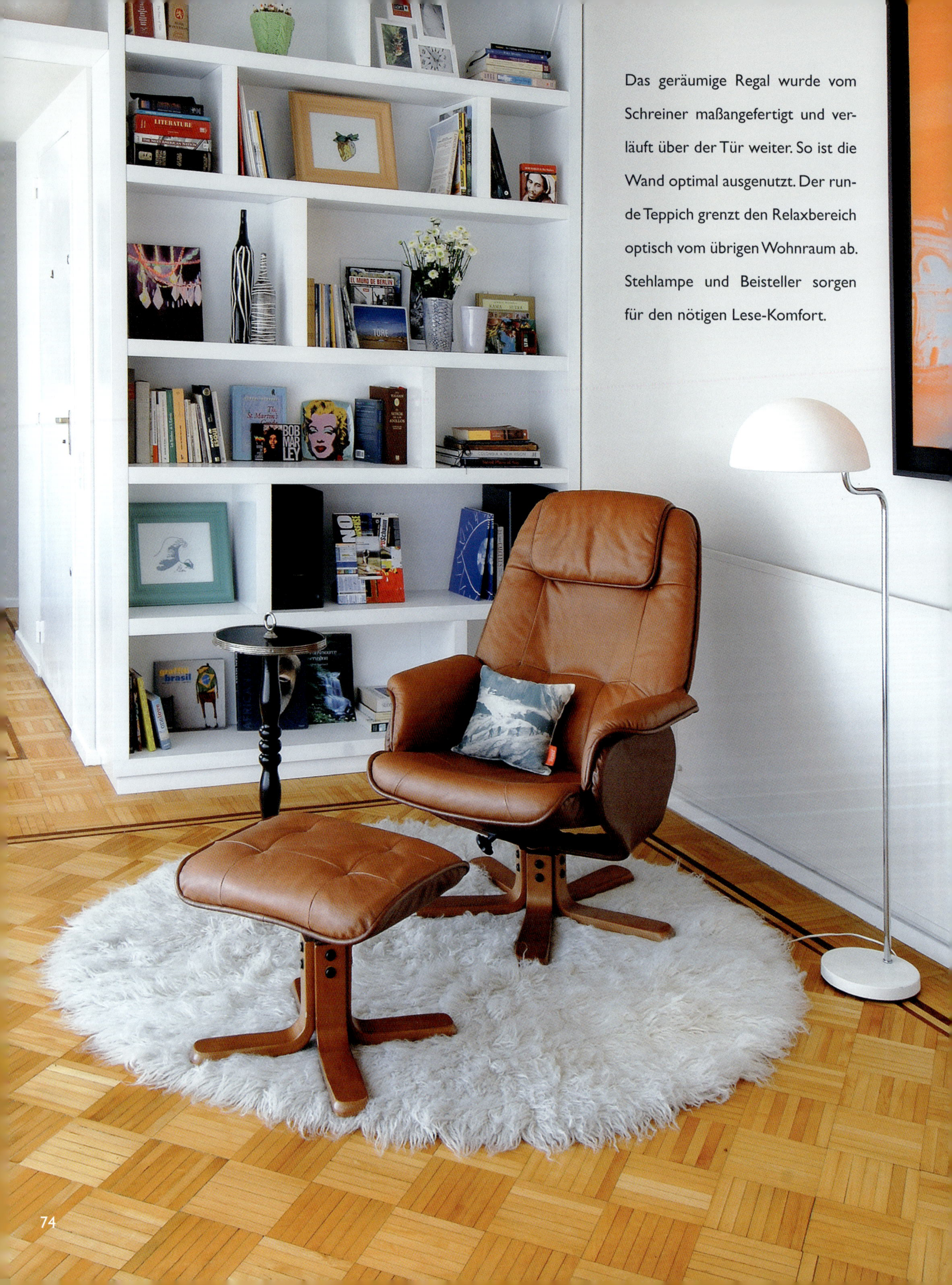

Das geräumige Regal wurde vom Schreiner maßangefertigt und verläuft über der Tür weiter. So ist die Wand optimal ausgenutzt. Der runde Teppich grenzt den Relaxbereich optisch vom übrigen Wohnraum ab. Stehlampe und Beisteller sorgen für den nötigen Lese-Komfort.

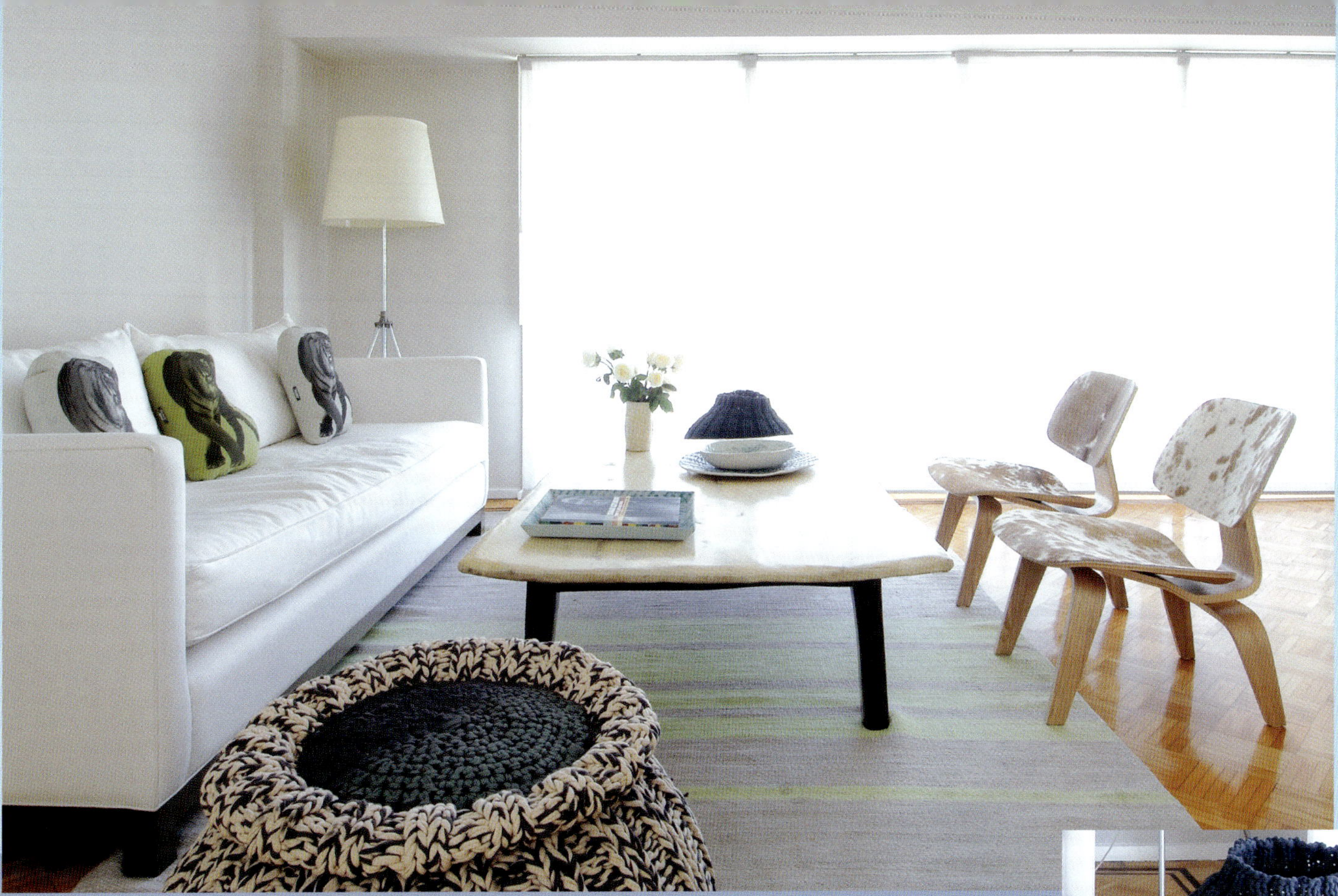

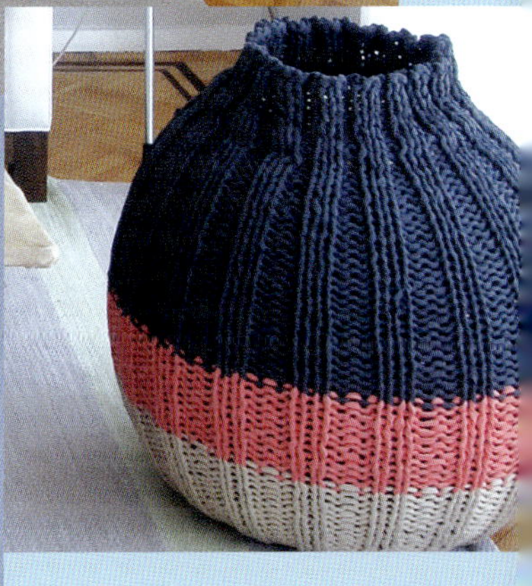

Zur schlichten weißen Couch im Bild oben kombinierten die Innenarchitektinnen einen großen Tisch mit Massivholzplatte. Die Eames Stühle ließen sie mit Kuhfell überziehen, um ihnen so einen ungewöhlichen Look zu verpassen. Die gestrickten Sitzhocker (oben und rechts) sind von Mercedes Pérez von Hand gefertigt. Es gibt aber auch andere gestrickte Poufs, die man bei Ikarus oder Pro Idee kaufen kann. Das Tolle an ihnen ist, dass man sie schnell irgendwo dazu stellen kann und sie zudem noch als extravagante Hingucker fungieren. Ein ideales Mini-Möbel also, das nicht viel Platz braucht und vor allem in einer kleinen Wohnung anhand seiner Vielseitigkeit überzeugt.

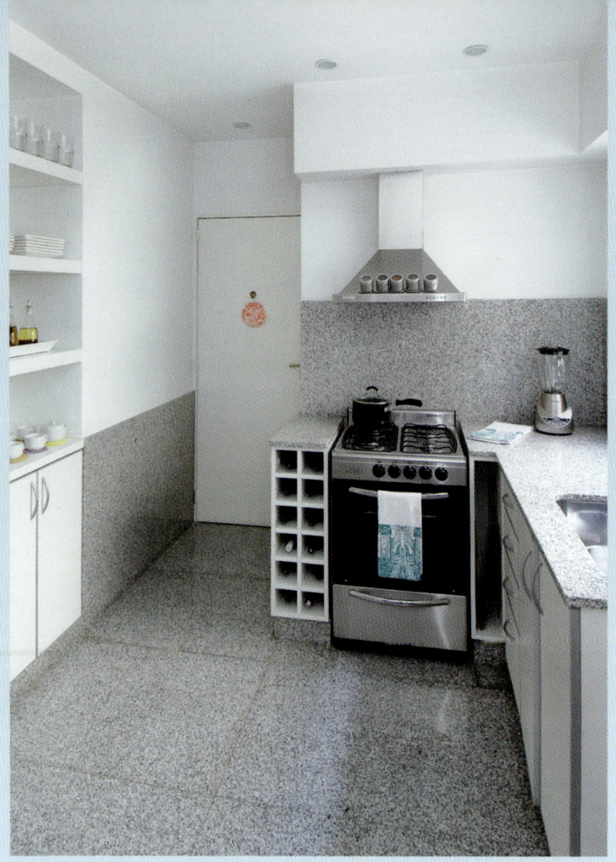

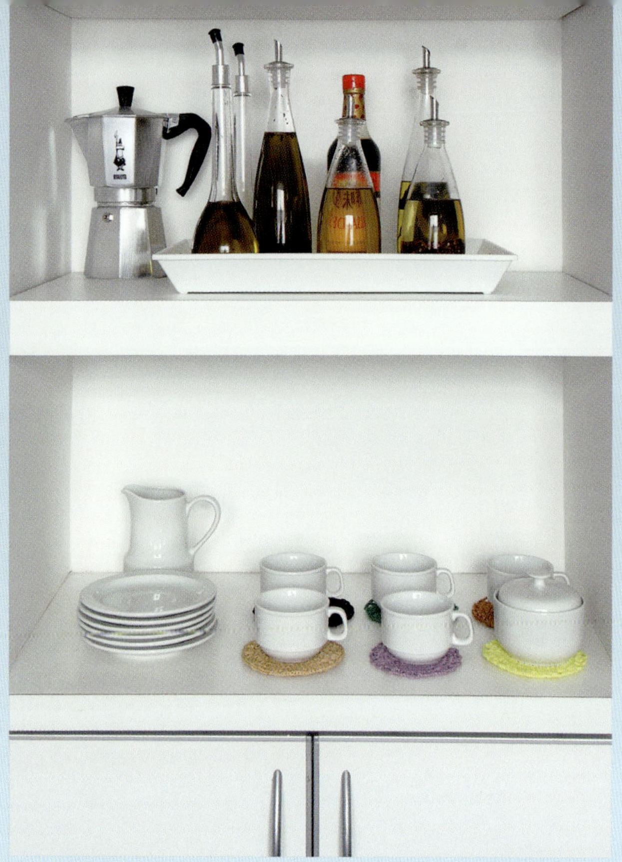

LICHTE WOHNMOMENTE

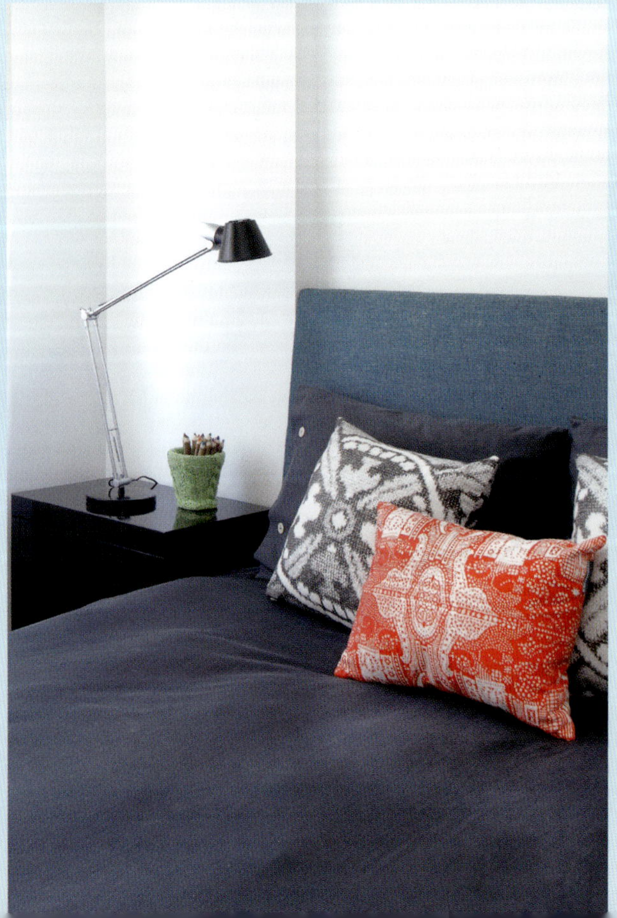

Bild oben links: Die helle Küche wurde übersichtlich und funktional gestaltet. Der glänzende Steinfußboden und der Gasherd bringen Glamour ins schlichtschöne Ambiente.

Bild oben rechts: Offene Küchenfächer lassen genügend Raum für oft gebrauchte Alltagsutensilien wie den Kaffeekocher, Essig und Öl sowie etwas Geschirr.

Bild unten links: Im Schlafzimmer herrscht ebenfalls wohnliche Klarheit. Das graue Interieur wurde mit nur wenigen Farbtupfern aufgefrischt, um die maskuline Note des Refugiums beizubehalten. Das reduzierte Gesamtbild strahlt Ruhe und Gelassenheit aus und lässt Luft zum atmen.

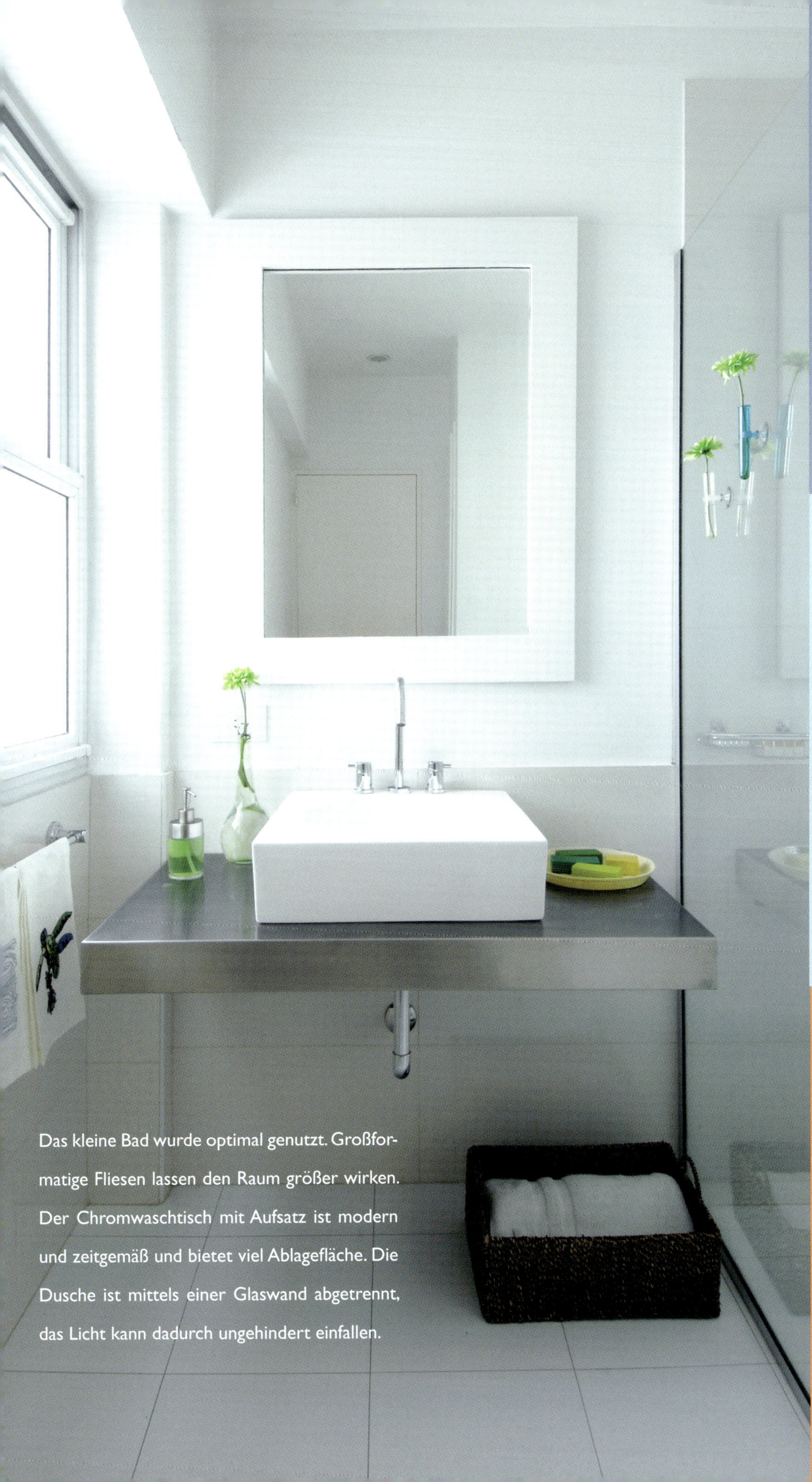

Das kleine Bad wurde optimal genutzt. Großformatige Fliesen lassen den Raum größer wirken. Der Chromwaschtisch mit Aufsatz ist modern und zeitgemäß und bietet viel Ablagefläche. Die Dusche ist mittels einer Glaswand abgetrennt, das Licht kann dadurch ungehindert einfallen.

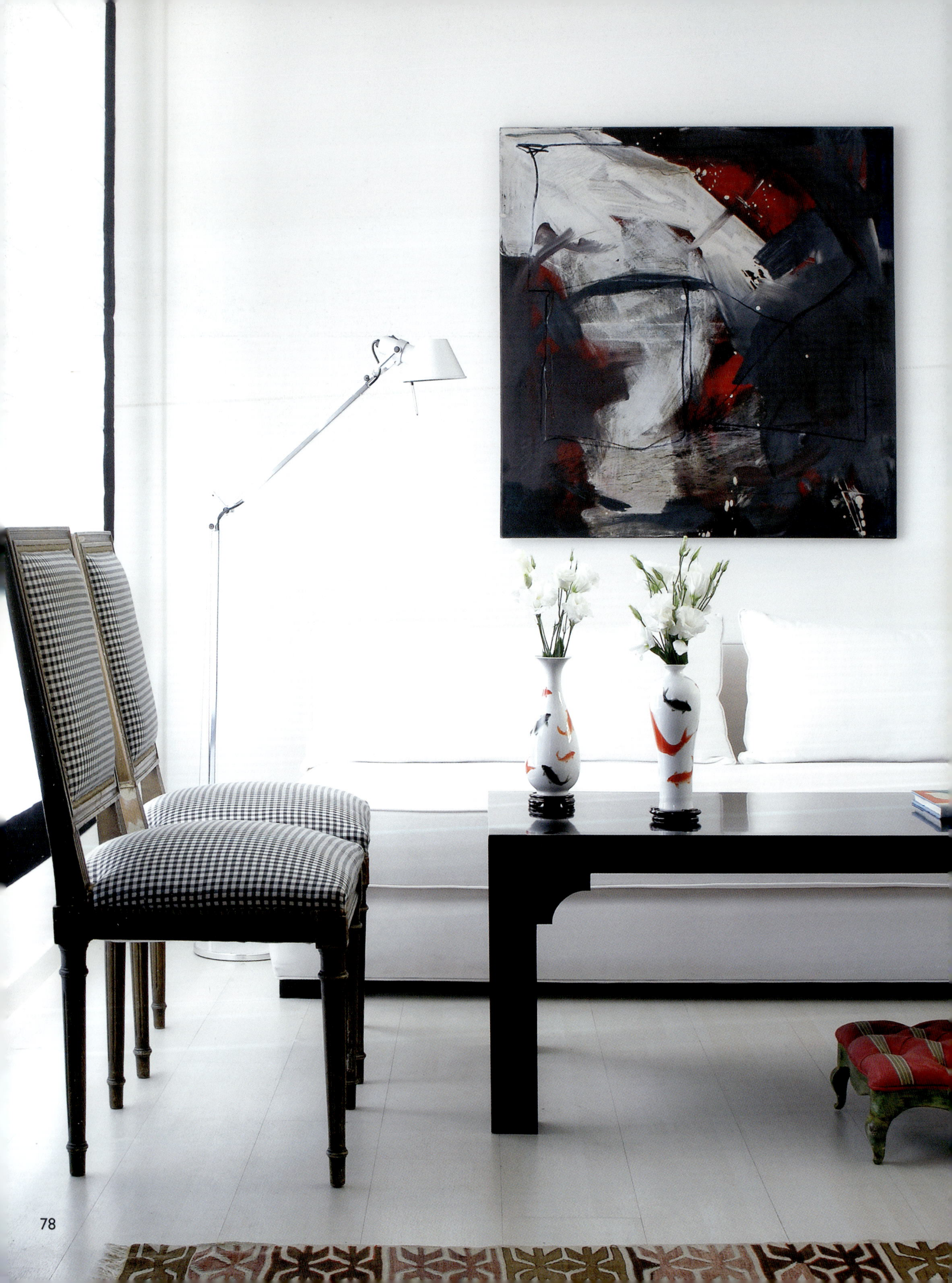

LOFTATMOSPHÄRE

die wunderbare verwandlung eines 80er-jahre apartments in ein modernes refugium mit perspektive

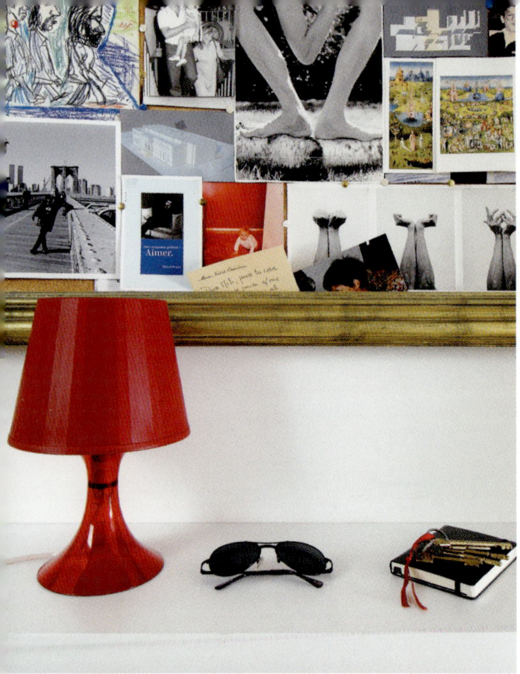
Aimer.

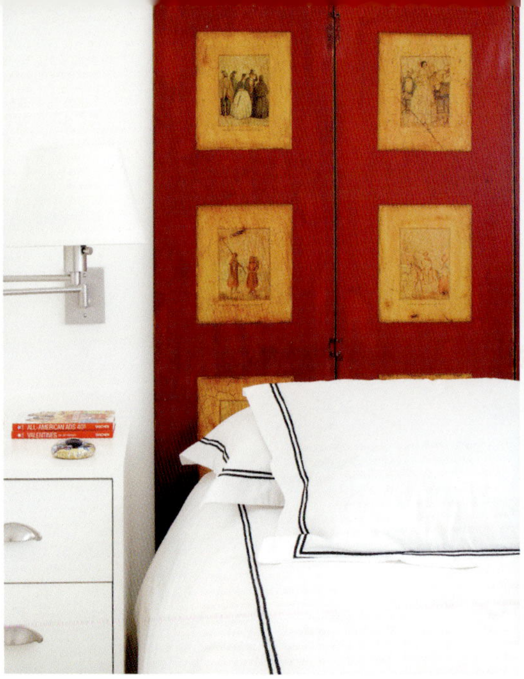

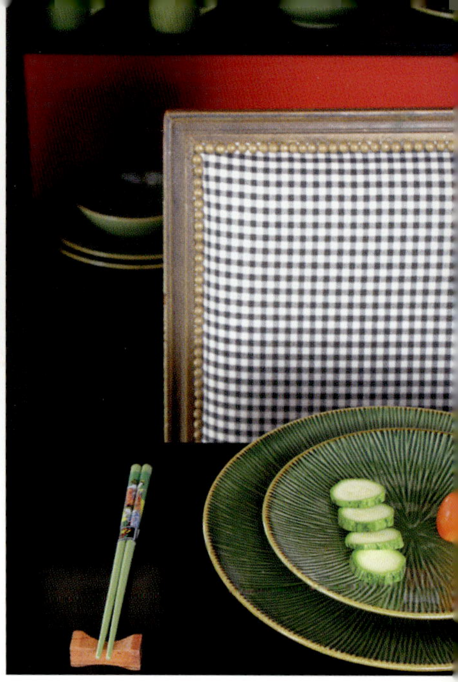

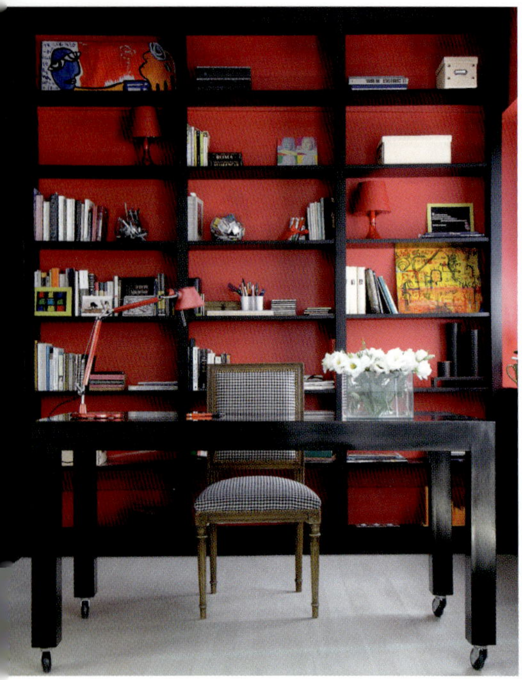

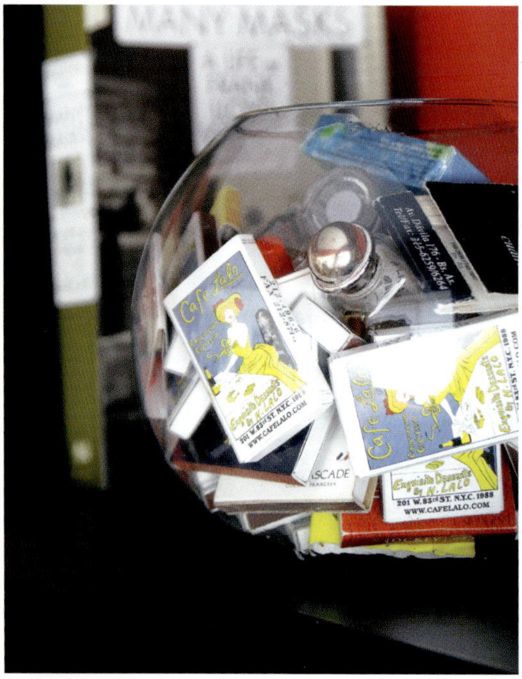
MANY MASKS
WWW.CAFELALO.COM
201 W.83RD ST. N.Y.C. 1988

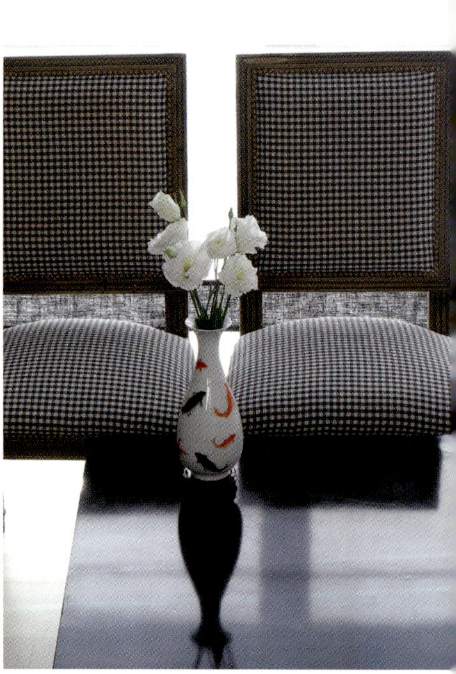

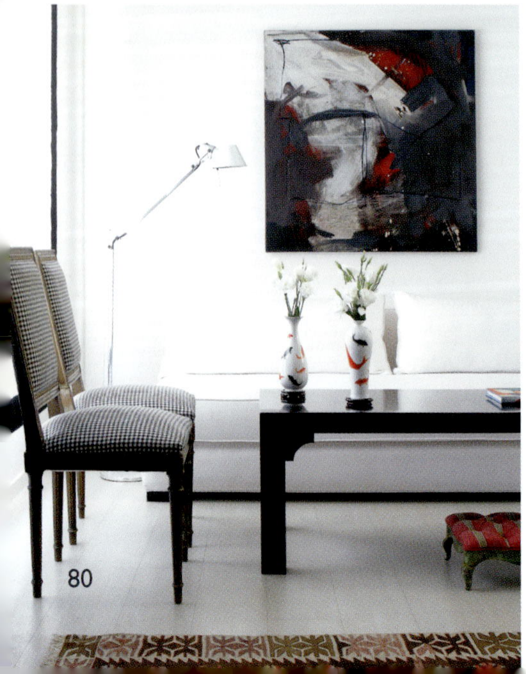

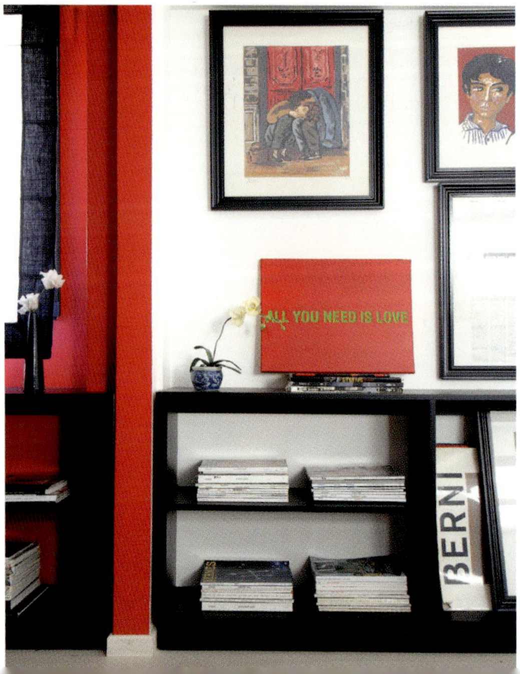
ALL YOU NEED IS LOVE
BERNI

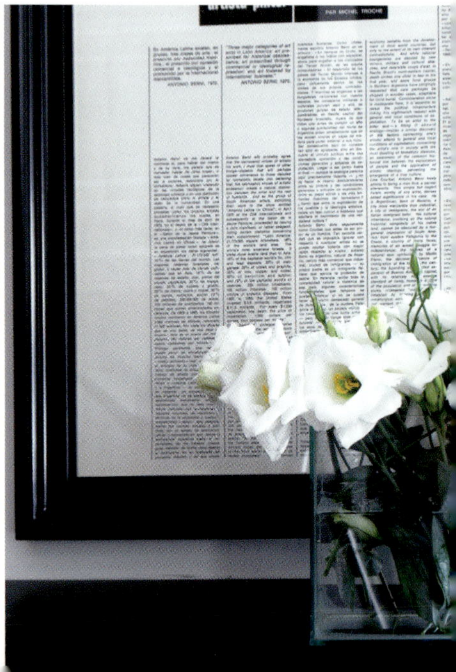

mila schwört auf kontraste

Eine Eigentumswohnung sollte es sein. Denn Mila wollte von Anfang an, als sie beschlossen hatte zuhause auszuziehen, ihr Geld in etwas Sinnvolles und nicht in eine horrende Miete investieren. Gereicht hat ihr Bausparvertrag und das Ersparte letztlich für eine 45 Quadratmeter große Wohnung, die auf den ersten Blick nicht wirklich einladend erschien. Das aus den 80er-Jahren stammende Objekt hatte zwei kleine Schlafräume, ein Wohnzimmer, eine Küche, ein schmales Bad und keinen Balkon. Doch Mila hatte sich in die Umgebung verliebt und in das wunderschöne Haus gegenüber. Denn für sie war besonders der grüne Blick aus dem Apartment entscheidend. Sie sieht ja schließlich aus dem Fenster hinaus, so die Meinung der Studentin, und nicht von außen auf die eigene Hausfassade. An Fantasie hat es Mila auch nicht bei der Innenraumgestaltung gefehlt, denn trotz des ursprünglich düsteren Erscheinungsbildes wusste sie sofort, dass man mit ein bisschen Engagement das kleine Refugium in ein echtes Schmuckstück verwandeln kann. So ließ sie die Wände zwischen den beiden einzelnen Zimmern sowie zwischen der Küche und dem Wohnraum einreißen, um so mehr Offenheit zu erreichen. Die Fenster wurden alle durch neue, größere Glasfronten ersetzt, um mehr Helligkeit einfluten zu lassen. Zu guter Letzt wurden die alten Teppichböden herausgerissen und durch ein helles, pflegeleichtes Holzparkett ersetzt. Im Bad entschied sie sich für Fliesen im schwarzweißen Schachbrettmuster. Für die Wandgestaltung kam Mila die pfiffige Idee, die verschiedenen Wohnbereiche, die vormals durch Mauern voneinander getrennt waren, nun farblich abzugrenzen. So strich sie den Essbereich in einem dunklen Rotton, der wunderbar mit dem schwarzen Interieur korrespondiert, während die angrenzende Sitzlandschaft vor weißen Wänden strahlt. Die Küche fertigte ein Fachmann passgenau an. Eine Theke schirmt den Kochbereich vom übrigen Areal ab und verleiht dem Ambiente Gemütlichkeit. Bei der Einrichtung war es der jungen Eigentümerin wichtig, ihre Liebe zur Malerei und Kunstgeschichte miteinfließen zu lassen. Das gewählte Mobiliar bietet den idealen Rahmen und lässt den Gemälden genügend Spielraum, um zu wirken.

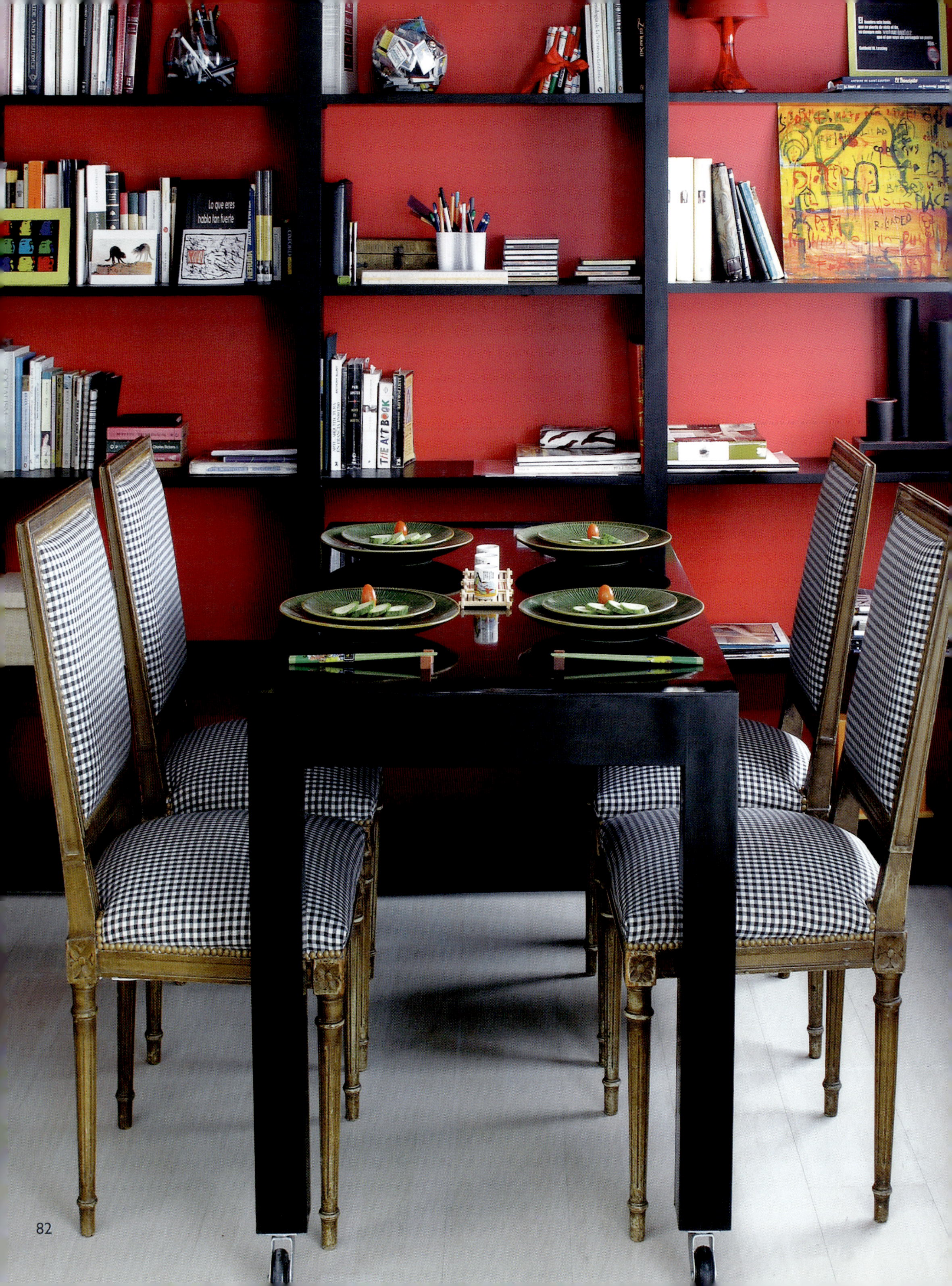

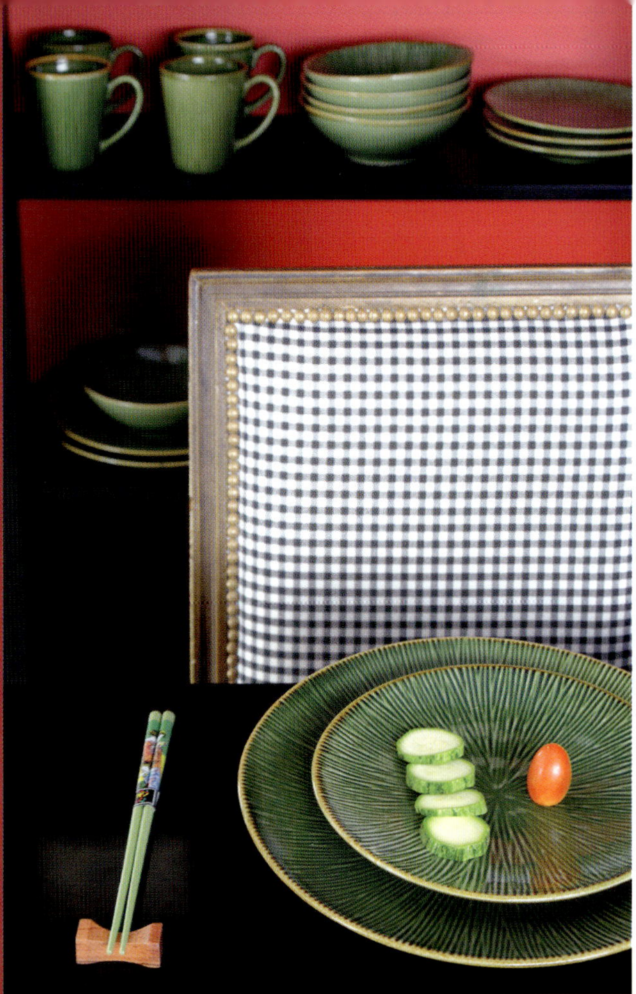

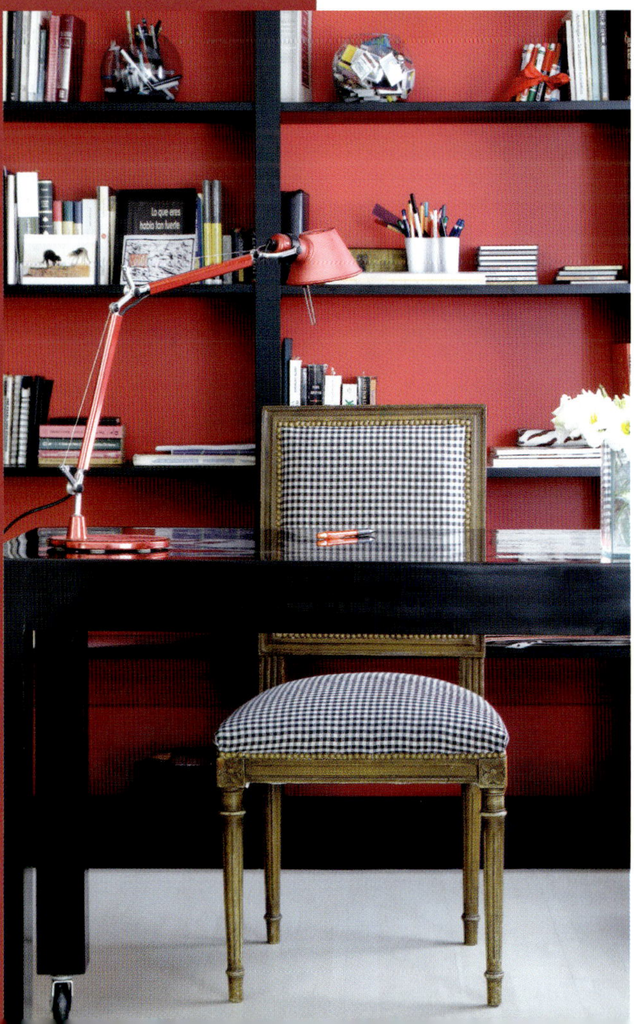

Da der schwarze Tisch auf der linken Seite flexibel genutzt wird, mal als Esstisch, mal als Schreibtisch vor dem Fenster, ließ Mila an den vier Beinen Rollen anbringen. Nun kann sie ihn ganz leicht alleine dorthin schieben, wo sie ihn braucht. Auch das Bücherregal aus MDF Platten ist maßangefertigt. So kann jeder Winkel als Stauraum optimal genutzt werden und keine Ecke bleibt ausgespart.

Die französischen Stühle stammen aus einer Auktion. Mila ließ sie aufarbeiten und mit einem schwarzweiß karierten Stoff neu beziehen, damit sie gut zum übrigen Interieur passen.

Das Regal links unten wurde so eingeräumt, dass alles, was Mila zum Lernen braucht, in Griffhöhe ist. Die rote Schreibtischlampe weilt sonst in der Ecke und wird nur zum Arbeiten aufgestellt.

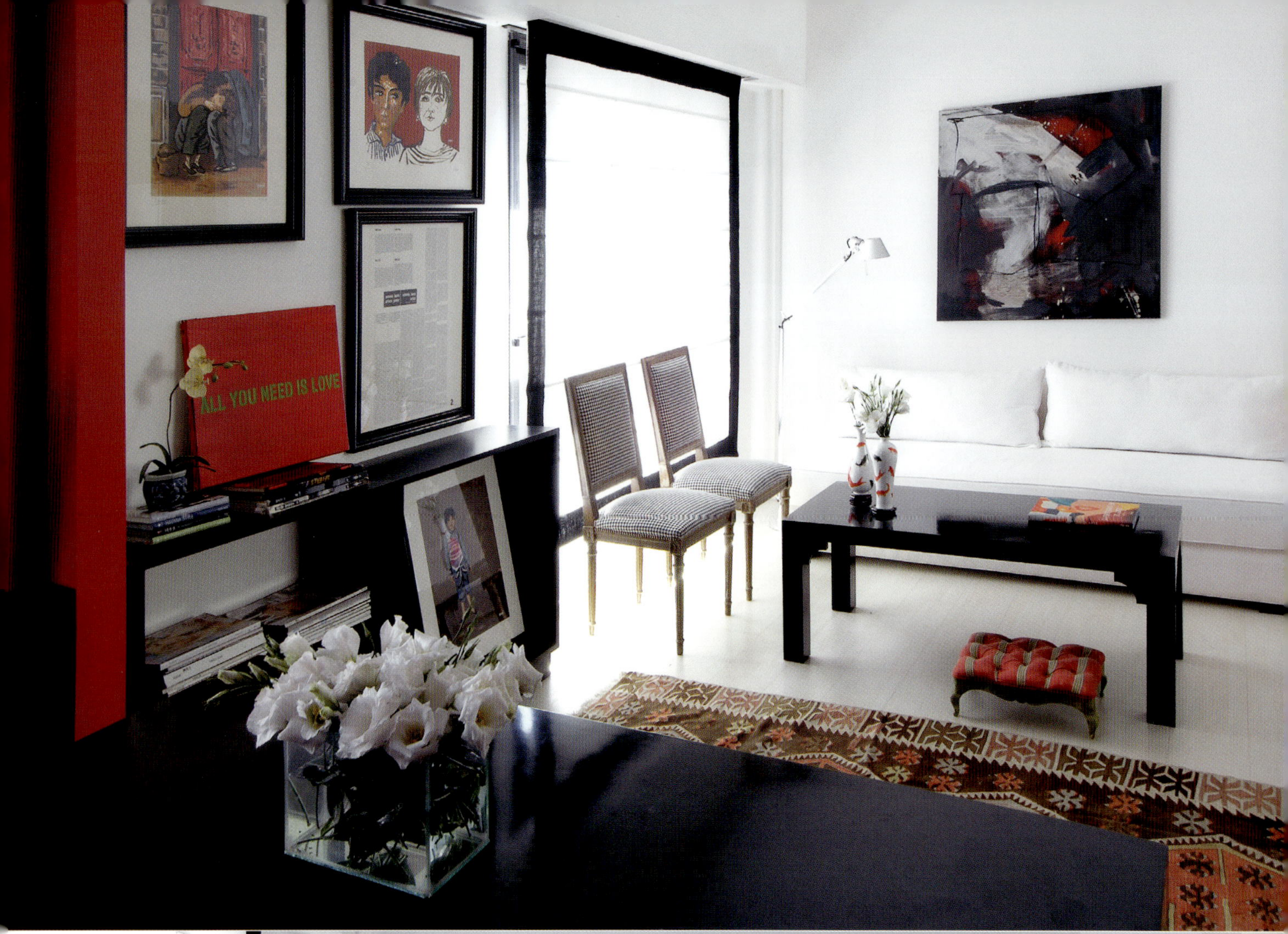
ALL YOU NEED IS LOVE

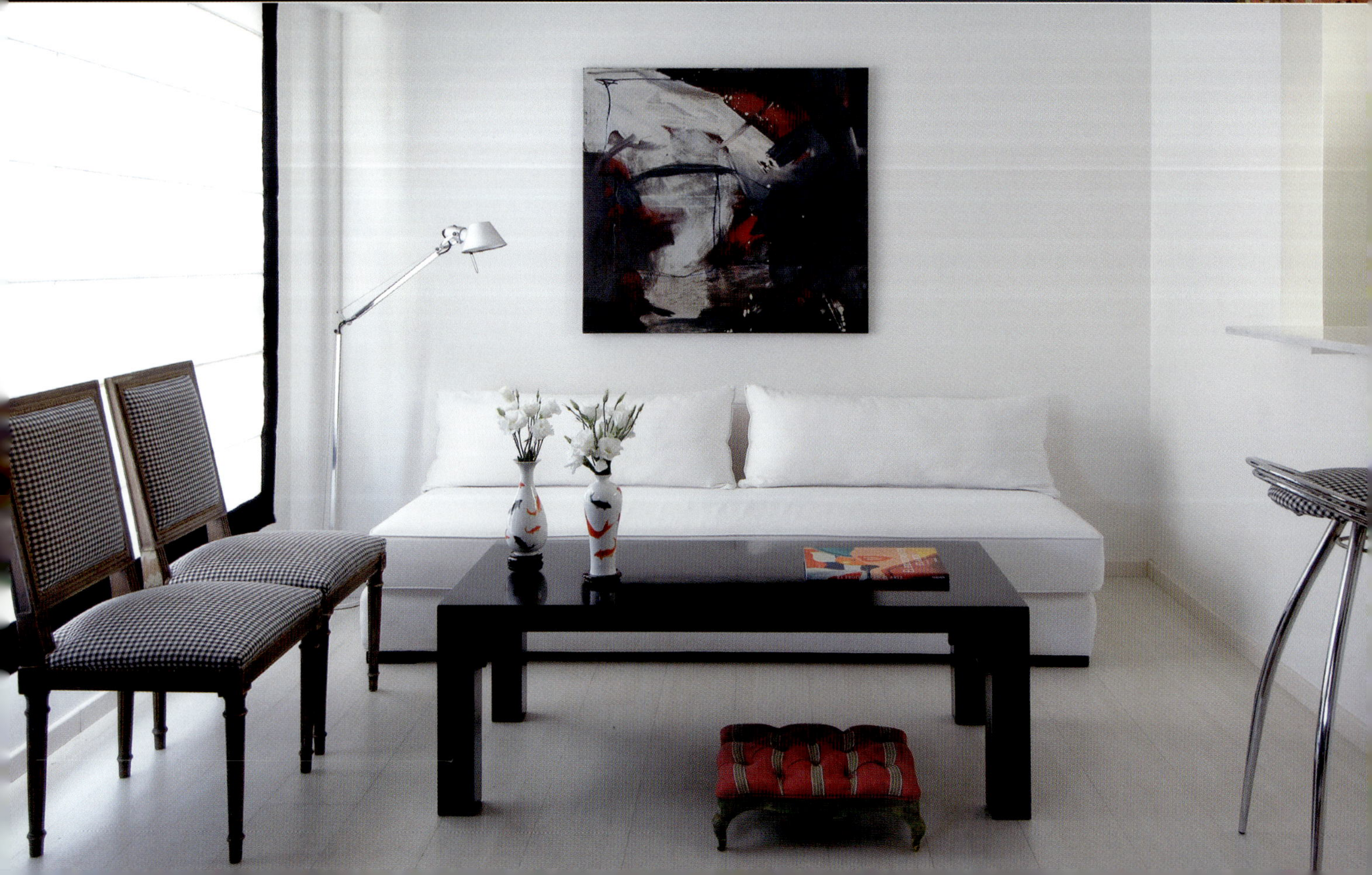

DIMENSIONAL

Zwischen Wohnraum und Essbereich (Bild oben links) stand früher einmal eine Wand. Mila ließ die Mauer einreißen, um so mehr Weitläufigkeit zu erlangen. Um die verschiedenen Wohnbereiche dennoch optisch voneinander abzugrenzen, strich sie die Wände in Kontrastfarben: „Rot" steht für Energie, sprich Essen und Arbeiten, „Weiß" für Ruhe, also Wohnen und Entspannen. Die bodentiefen Fenster wurden ebenfalls im Rahmen der Umbaumaßnahmen neu eingesetzt, um der Wohnung mehr Helligkeit zu verleihen.

Der klar strukturierte Wohnbereich (Bild unten links) mutet asiatisch an. Das weiße Leinensofa steht im Gegensatz zum schwarz lackierten Couchtisch. Durch die Reduktion des Mobiliars kommt das großformatige Gemälde von Milagros Loitegui besonders gut zur Geltung. Ganz rechts im Bild sieht man noch ein Stück von der Theke, die zur offenen Küche gehört.

„All you need is love", steht auf einem der Bilder unten im Wohnzimmer. Vor allem benötigt man die Liebe für schöne Dinge, wenn es um die geschmackvolle Einrichtung der eigenen vier Wände geht. Gepaart mit der eigenen Vorstellungskraft und dem Willen, seine Träume in die Realität umzusetzen, kann daraus ein so schönes, inspirierendes Zuhause wie das von Mila entstehen.

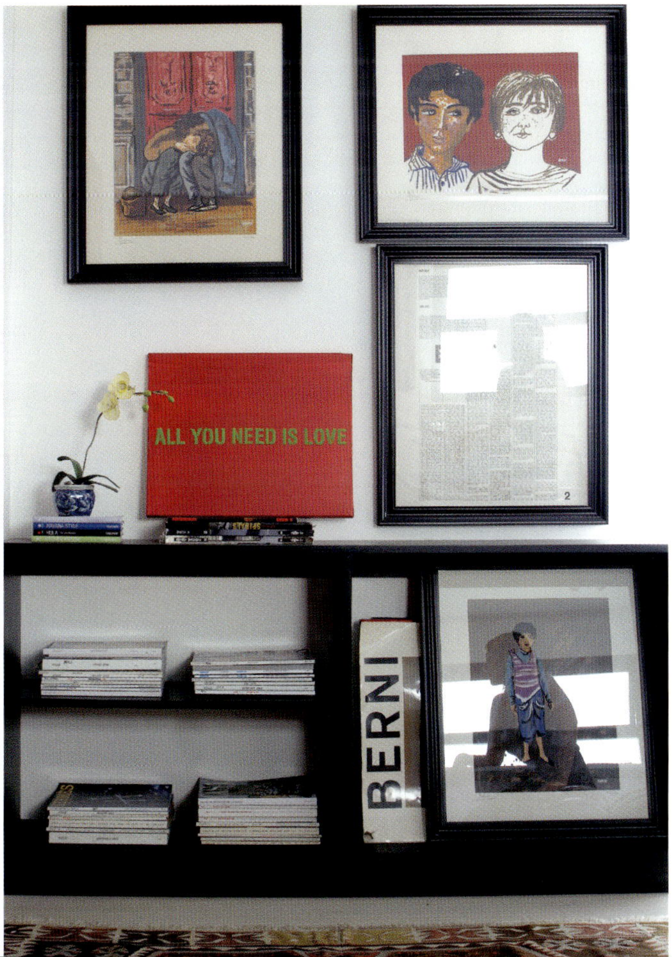

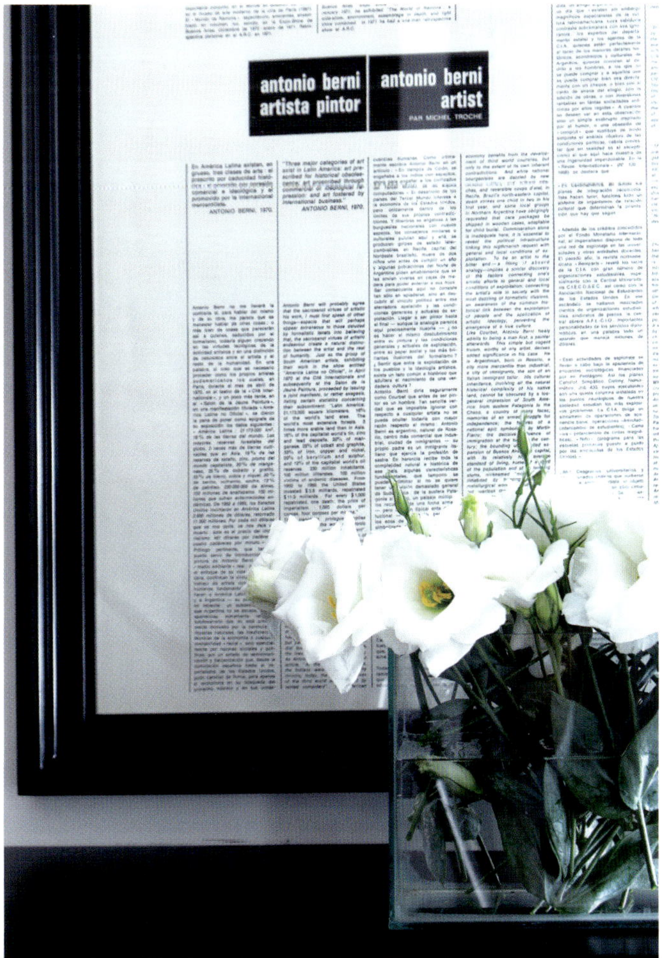

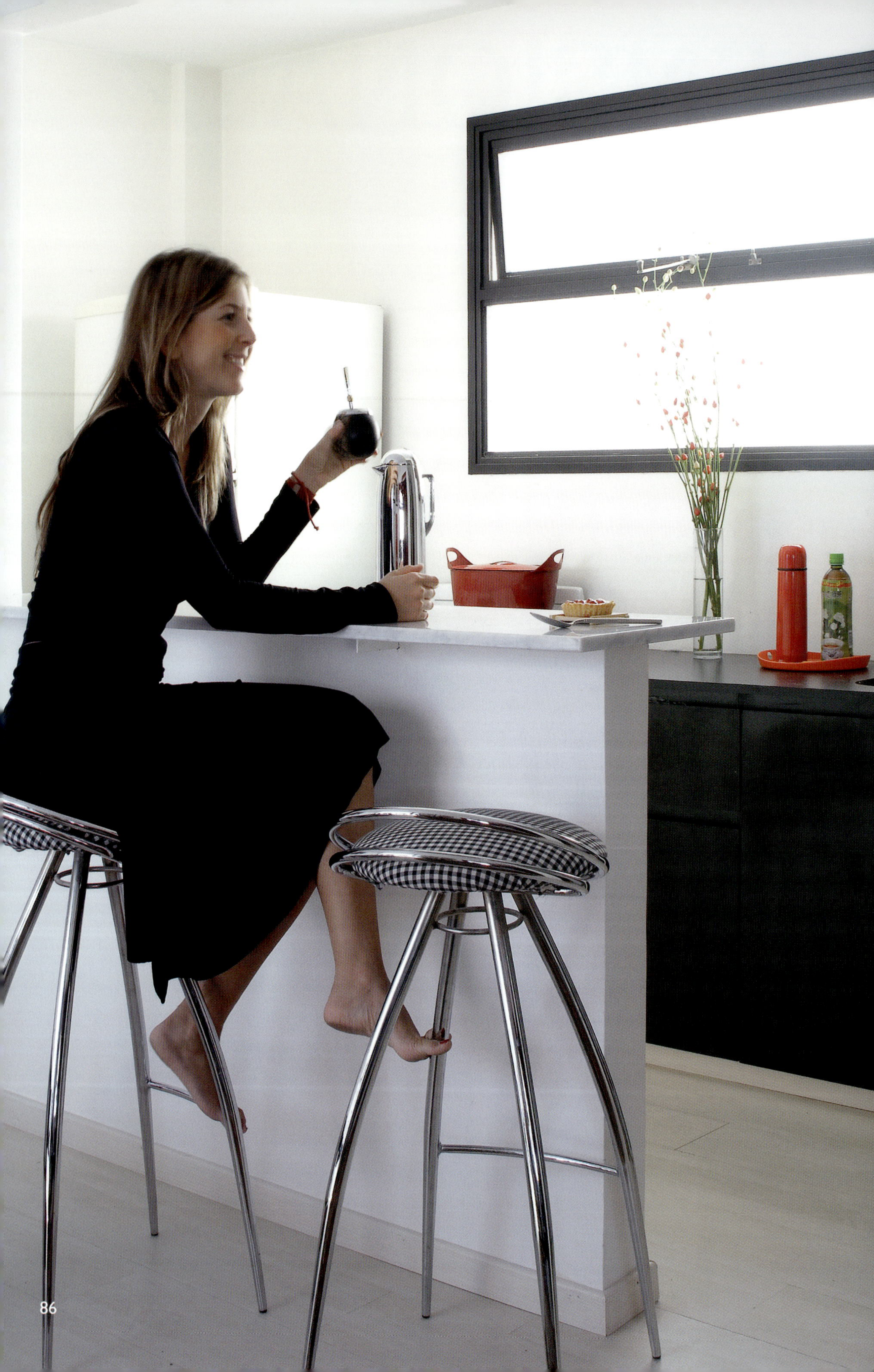

manche mauern muss man für mehr freiheit einreißen

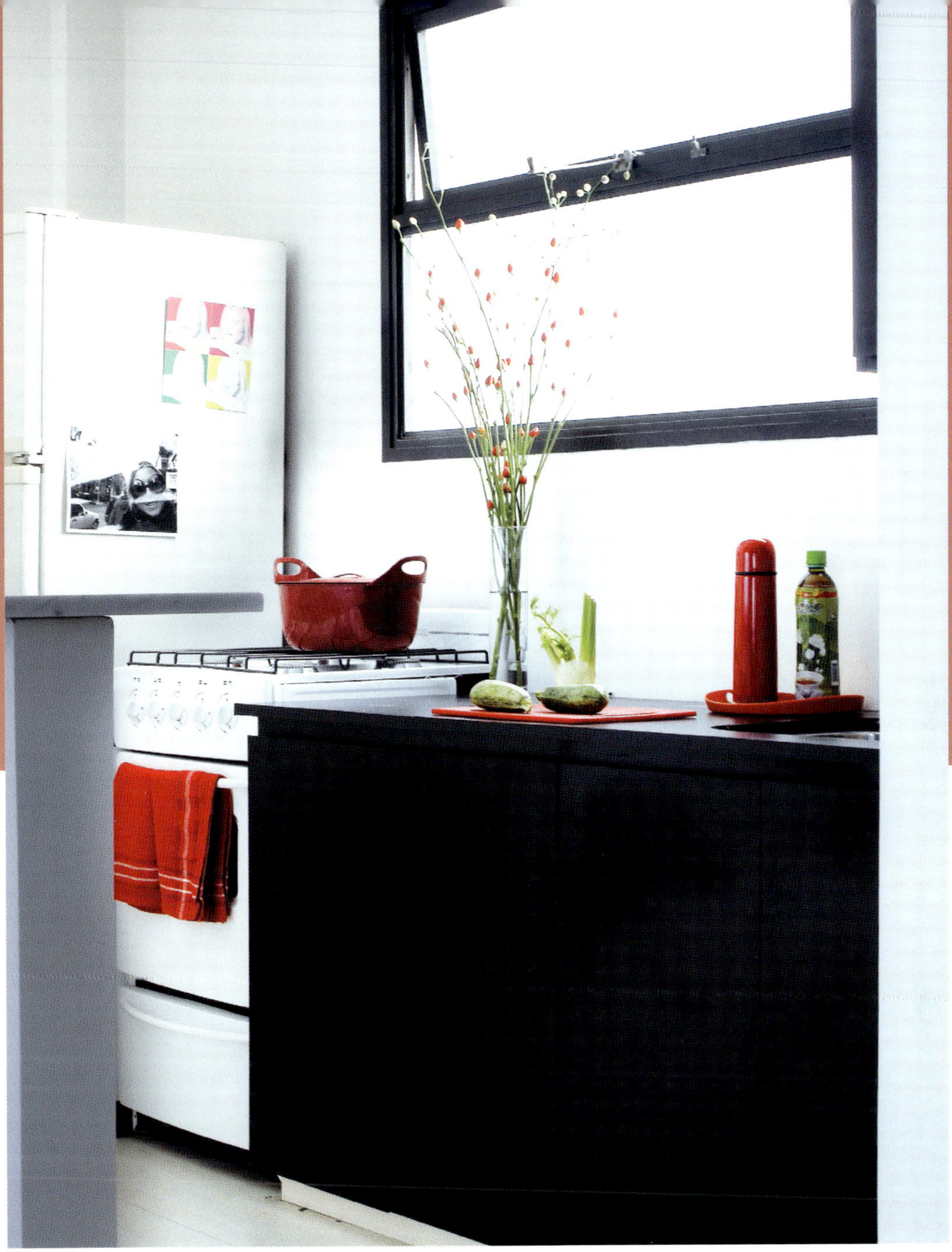

Bild linke Seite: Mila genießt die Offenheit ihres 45 Quadratmeter großen Apartments. Zwischen Küche und Wohnraum stand früher auch einmal eine Wand. Heute erinnert nichts mehr an das vormals enge, verwinkelte Refugium aus den 80er-Jahren. „Loftig luftig leicht" lautet nun die Devise.

Bild diese Seite oben: Ein Fachmann baute die kleine Küchenzeile nach Maß. Das Fenster darüber ist ebenfalls neu eingepasst. Hier entschied man sich für eine Kipp-Konstruktion, da eine normale Öffnung zur Folge gehabt hätte, dass der Platz davor unzweckmäßig frei bleiben müsste.

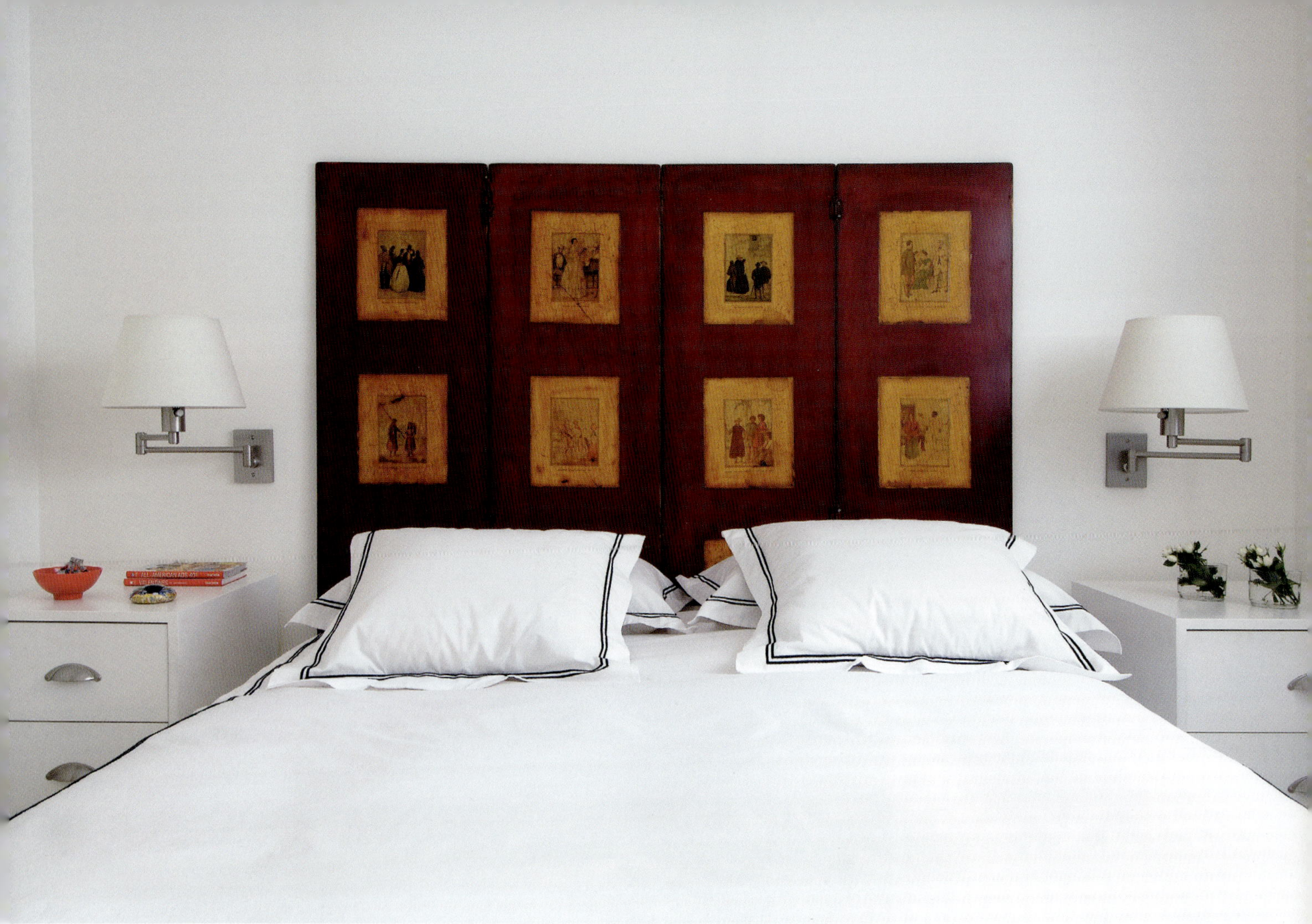

Im Schlafzimmer (Bild oben) hat lichtes Weiß das Zepter fest in der Hand. Einzig der Bereich hinter dem Bett darf als Bilckfang aus dem Rahmen fallen. Mila funktionierte hier einen kostbaren Paravent mit Gold-Abbildungen, den sie bei einem Antiquitätenhändler kaufte, als Rückenteil um.

Besonders praktisch ist die Leselampe Santander, die mit Schwenkarm an der Wand montiert wird (Bild rechts). Sie nimmt auf dem Nachttisch keinen Platz weg und ist mit ihrem innovativen Touch-Sensor-Dimmer lichtflexibel.

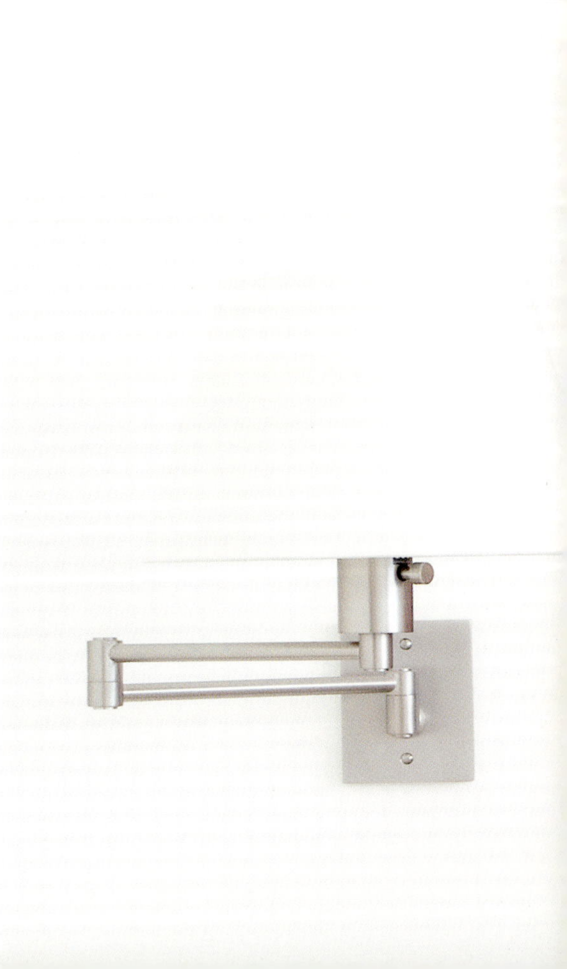

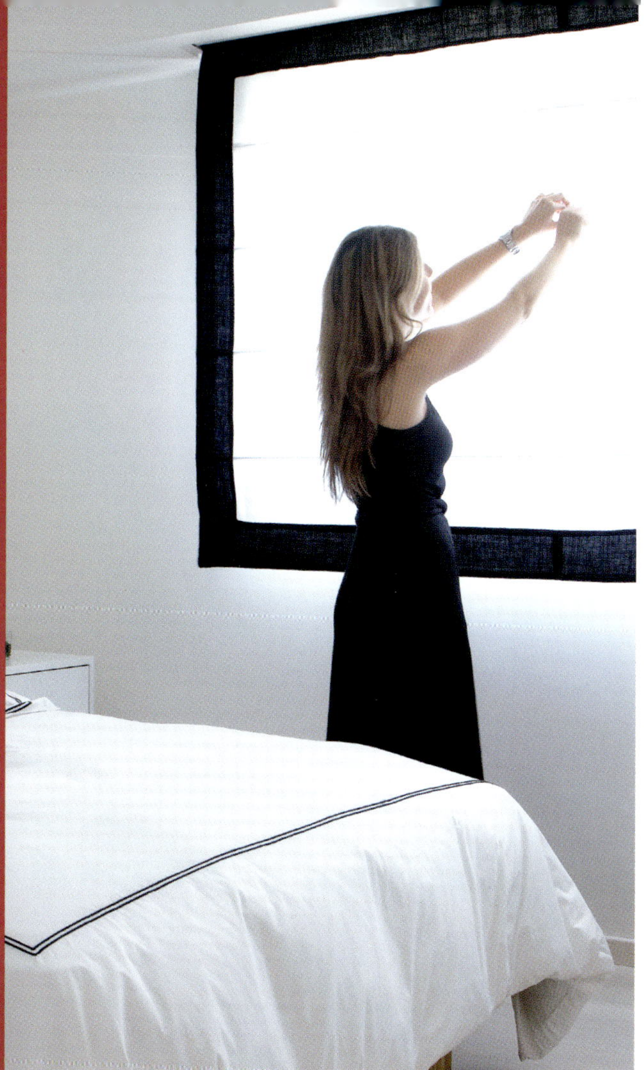

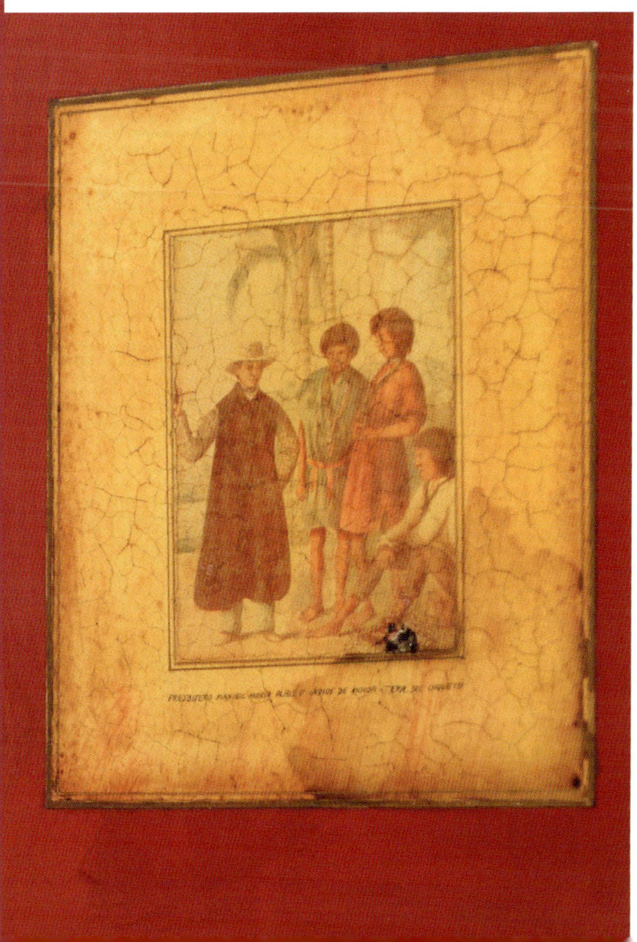

Vor dem großen Schlafzimmerfenster (Bild oben) befestigte die Bewohnerin ein transparentes Faltrollo in Zen-Optik, das sie von einer Spezialfirma anfertigen ließ. Mila liebt den Blick hinaus ins Grüne. Vor allem am Sonntagmorgen. Dann macht sie die Jalousie hoch und bleibt noch etwas länger im Bett liegen, um den Vögeln bei ihrem beschwingten Morgenkonzert zuzuhören.

Die bildhaften Applikationen auf dem antiken Holzparavent (Bild unten) stellen Szenen aus dem Alltag dar. Diese Genremalerei, auch „Gattungsmalerei“ genannt, umfasst vor allem Menschengruppen und Handlungen, die die Lebensform eines Volkes sowie seine Umgebung schildern. Seinen Höhepunkt hatte diese lebensnahe Kunstform zur Mitte des 19. Jahrhunderts.

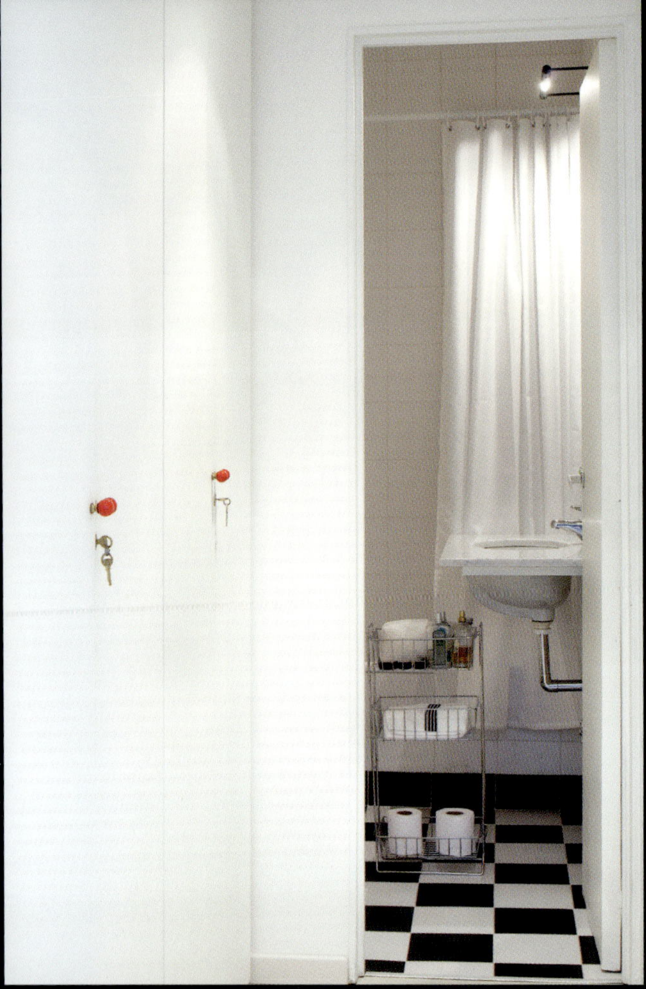

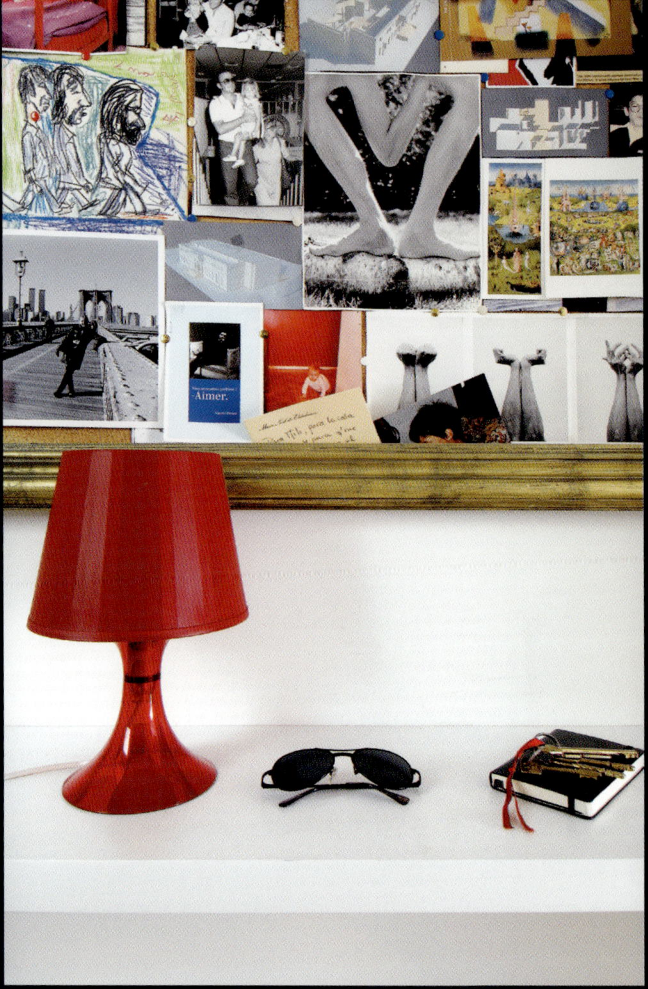

BLACK & WHITE

Bild oben links: Im Gang wurde ein raumhoher Wandschrank eingebaut, der genügend Stauraum für alles bietet, was aus dem Blickfeld verschwinden soll. Witziges Detail sind hier die roten Griffe. Das in der Wohnung vorherrschende Spiel mit farblichen Kontrasten setzt sich auch im kleinen Bad fort, in dem Mila Fußbodenfliesen in Schachbrettoptik verlegen ließ.

Bild oben rechts: Schwarz, Rot, Gold müssen nicht immer die Farben einer Landesflagge sein. Das Trio kann auch für einen starken wohnlichen Auftritt wie hier im Flurbereich stehen. Die Kunststofflampe gibt es in ähnlicher Ausführung von Kartell.

Bild rechte Seite: Den zurückgesetzten Bereich im Korridor nutzt Mila mittels einer langen MDF Platte an der Wand als Ablage. Die selbst gemachte Kollage aus Kunst-Postkarten, Zeichnungen und Schnappschüssen belebt das puristische Ambiente.

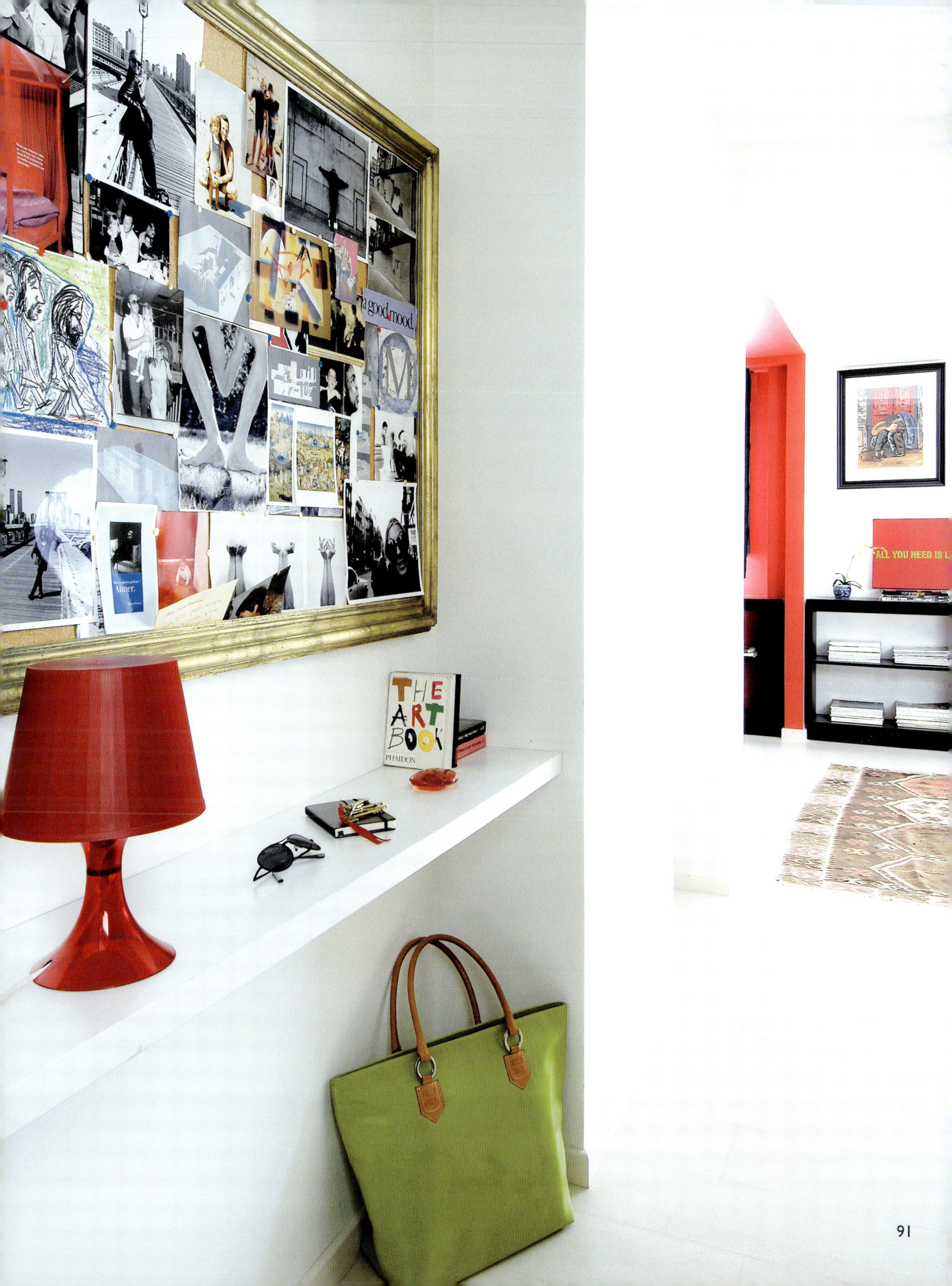
a good mood.
Aimer.
THE ART BOOK
PHAIDON
ALL YOU NEED IS L

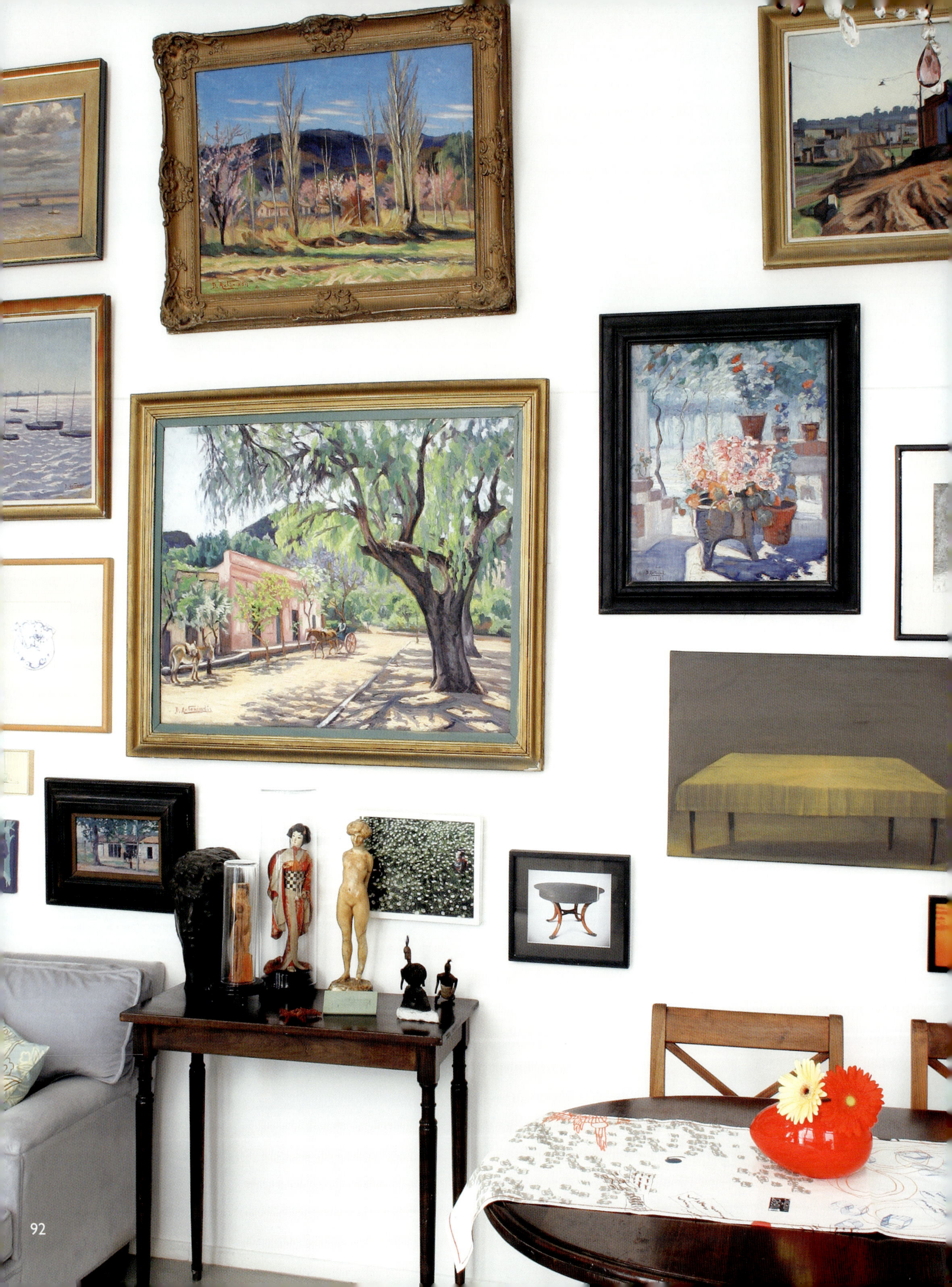

RAHMEN

BEDINGUNGEN

ein unkonventioneller
grundriss verlangt
auch nach einem
ungewöhnlichen wohnstil

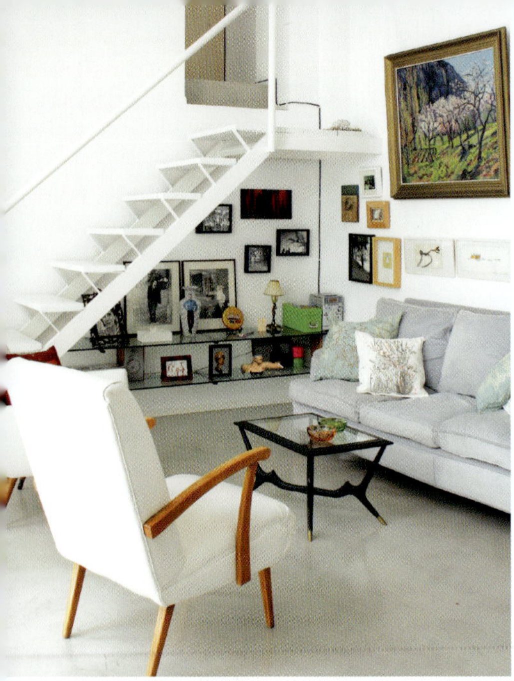

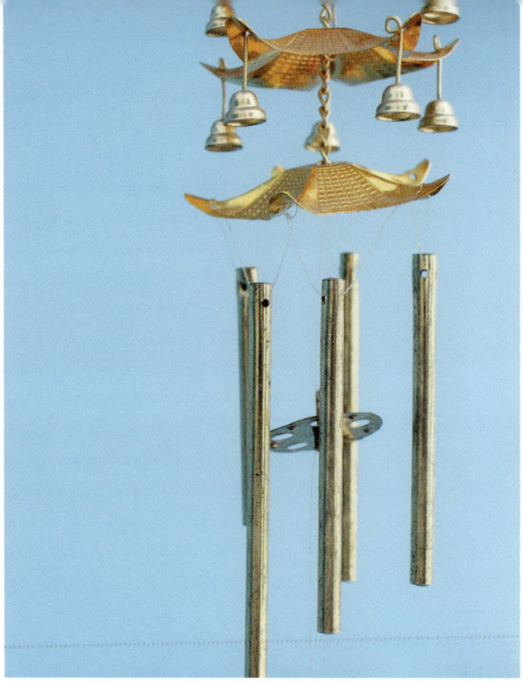

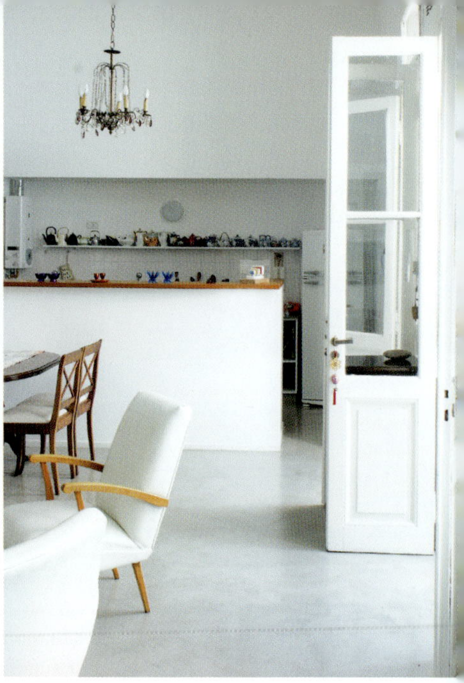

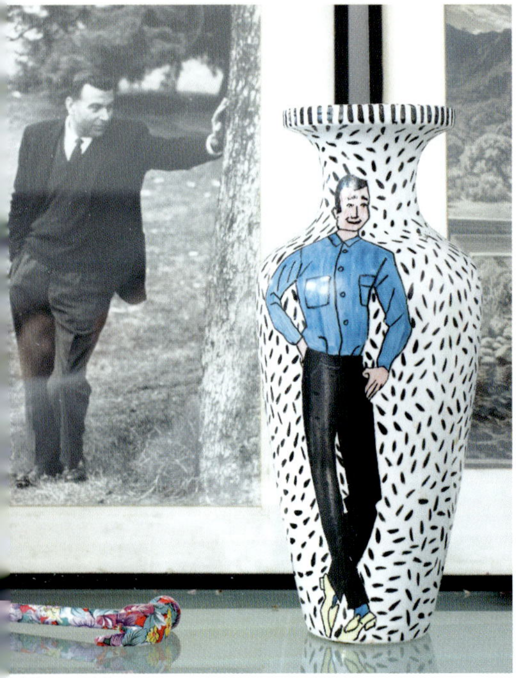

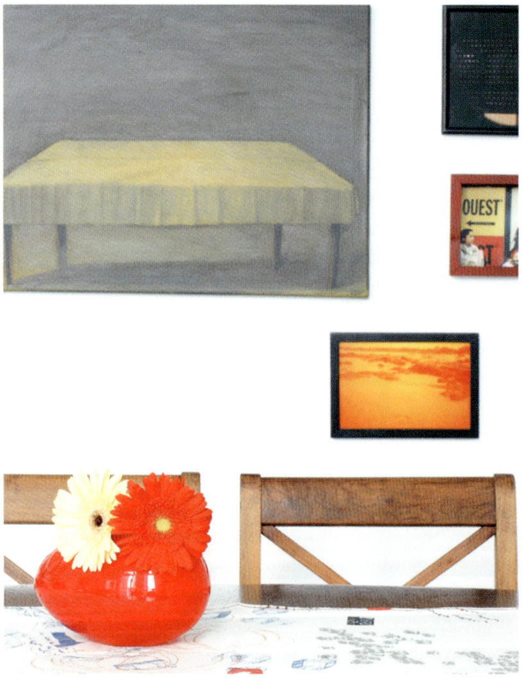
OUEST

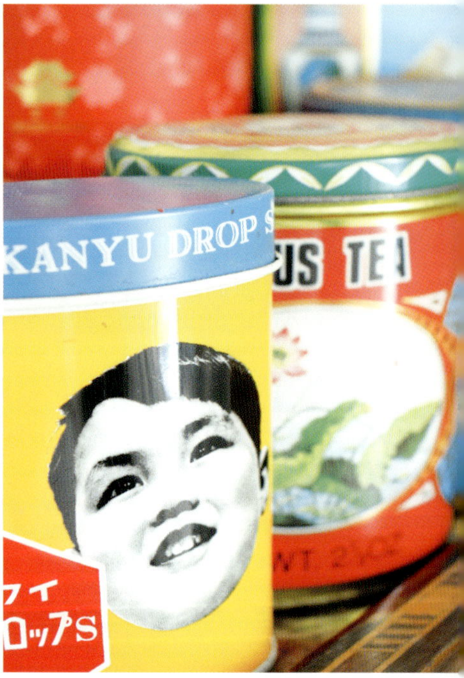
KANYU DROP S
US TEA
フイ
ロップS

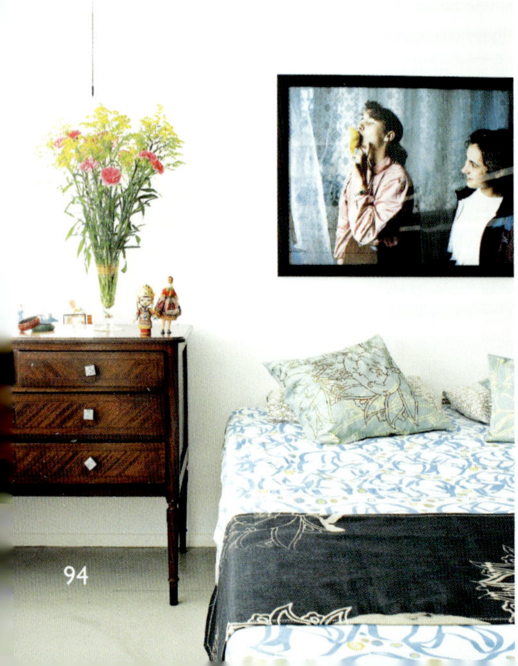

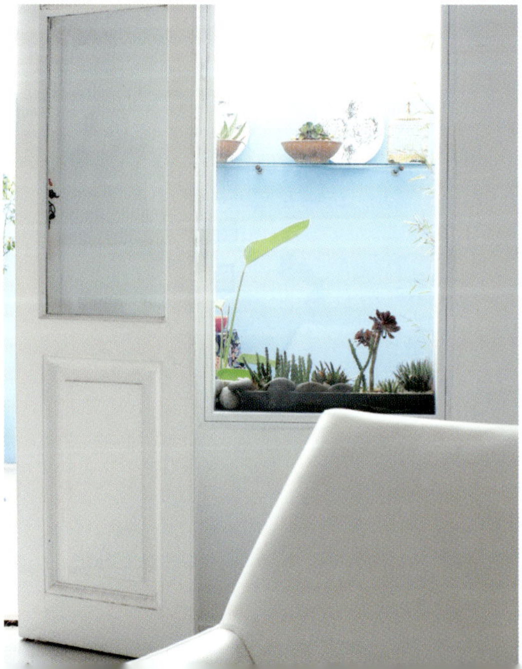

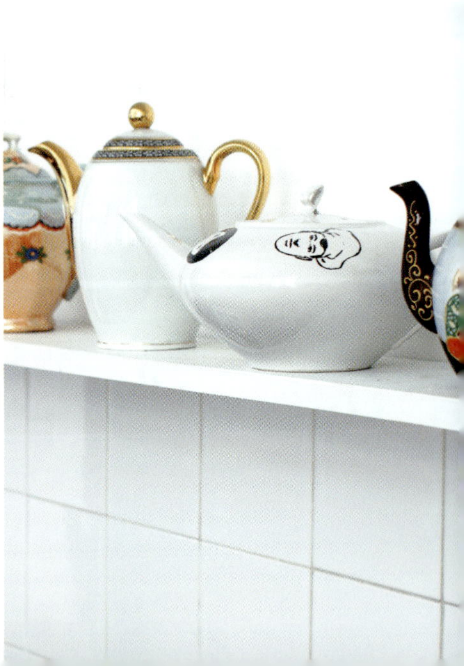

caroline lebt auf zwei etagen

Dass der Eigentümer ein ambitionierter Architekt und zudem Loft-Fan ist, kam Caroline sehr zugute. Denn die 70 Quadratmter große Wohnung erstreckte sich früher nur über eine Ebene, darüber befand sich der ungenützte Dachboden. Der Architekt hatte vor dem Kauf bei der Hausverwaltung angefragt und den Raum über seinem Apartment ebenfalls erwerben können. Er ließ die Decke zwischen den Etagen stellenweise herausnehmen, um so Weitläufigkeit bis unters Dach zu schaffen. Die neu entstandene Raumhöhe von über sechs Metern ist für ein Stadtrefugium äußerst ungewöhnlich, aber nur ein Grund, warum sich Caroline Hals über Kopf in ihr neues Zuhause verliebte. Als Malerin suchte sie nach einem Ort, an dem sie Wohnen und Arbeiten verbinden konnte. Ein wohnliches Atelier sozusagen, das aber nicht zu sehr nach Industriehalle aussehen sollte und trotzdem genügend Platz und Licht bot, um darin ideal arbeiten zu können. Eine strapaziöse Suche begann und fast hätte Caroline schon aufgegeben, bis ihr eine Freundin ohne es zu wissen „behilflich" war. Sie verliebte sich nämlich in den besagten Architekten und zog mit ihm in eine gemeinsame Wohnung – der Weg in Carolines Traumrefugium war plötzlich frei! Auf der unteren Etage hat sich die Künstlerin nun einen ganzheitlichen Wohn-Arbeitsbereich eingerichtet, an den sich ein Essplatz mit offener Küche anschließt. Wenn Caroline malen möchte, schiebt sie einfach ihre Möbel etwas zur Seite und stellt ihre Staffelei auf oder lehnt die Leinwand an eine Mauer. Wenn sie sich zurückziehen möchte, steigt sie die Stufen in die obere Etage empor und ist dort in ihrer Ruhezone ungestört. Doch bei all diesen Annehmlichkeiten ist das eigentliche Highlight der Maisonette-Wohnung der kleine, idyllische Innenhof, der vom Wohnraum und Arbeitszimmer aus über ultrahohe Flügeltüren zu erreichen ist. Der sonnige Patio ist nicht einsehbar und damit eine traumhaft stille Oase im sonst so hektischen Großstadtdschungel. Dass Caroline einmal jeden Morgen ihre Goldfische füttern würde, die sich draußen im kleinen Teich tummeln, hätte sie sich nie erträumt. Genauso wenig, dass es einen Ort gibt, an dem all ihre Wünsche wahr werden. Die Liebe macht eben manchmal das Unmögliche möglich.

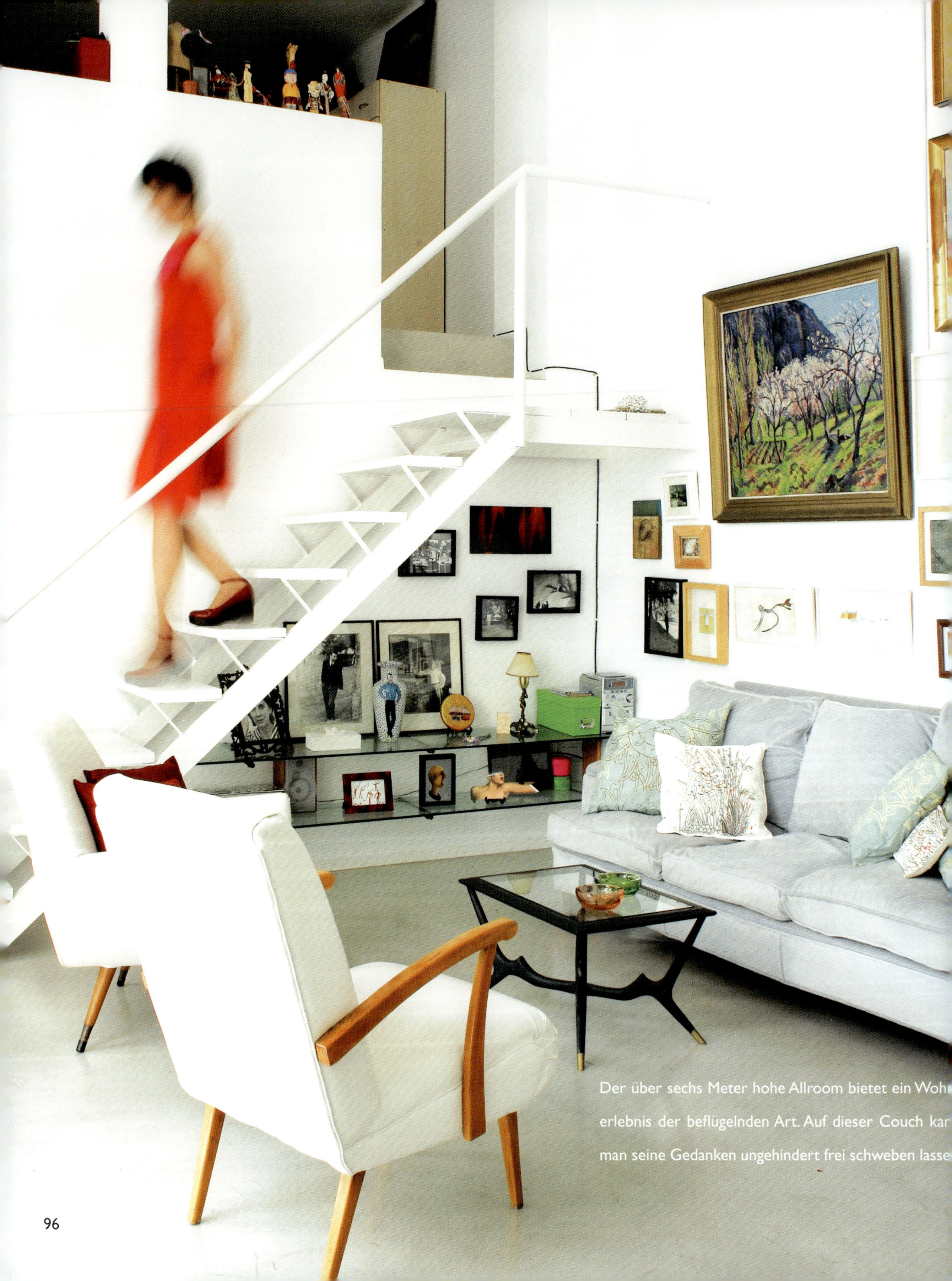

Der über sechs Meter hohe Allroom bietet ein Woh
erlebnis der beflügelnden Art. Auf dieser Couch kar
man seine Gedanken ungehindert frei schweben lasse

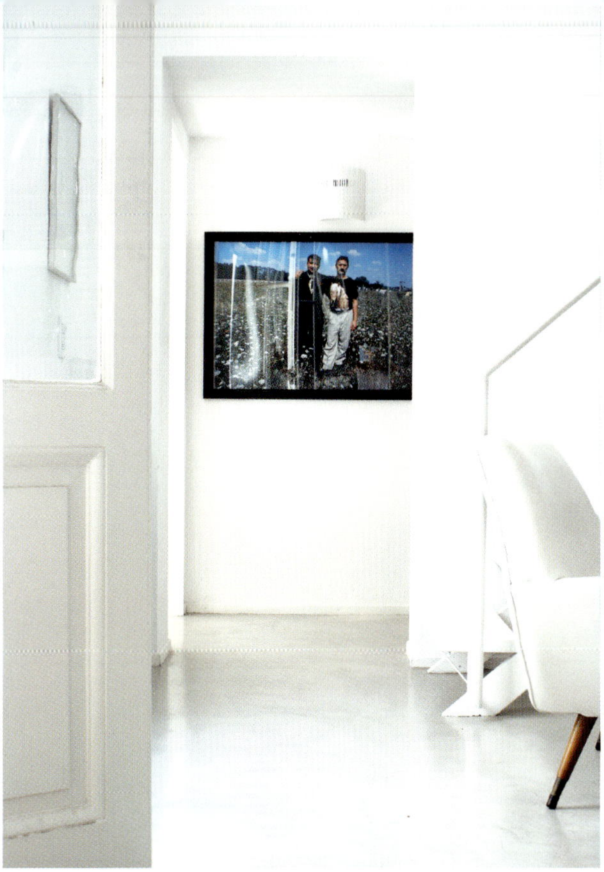

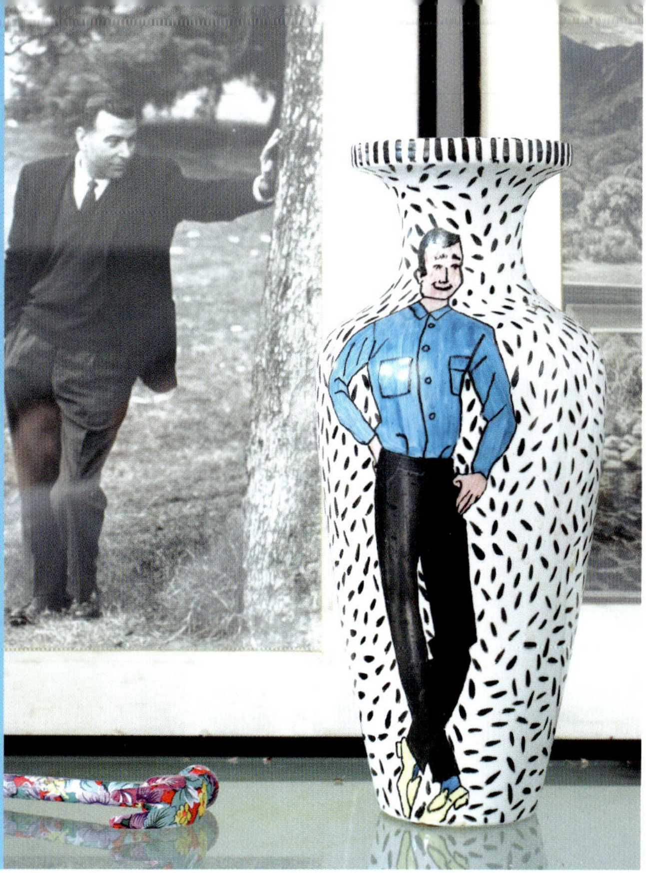

STUFENWEISE OHNE BARRIERE

An den Wohnraum, gleich hinter dem Treppenaufgang (Bild oben links), grenzt das Arbeitszimmer. Die Offenheit des Refugiums mag Caroline sehr. Als Single braucht sie außer dem Schlafzimmer auch keine anderen Rückzugsmöglichkeiten.

Die Malerin ist kunstbegeistert. Sie sammelt Photo-Art und Objekte (Bild oben rechts) von befreundeten jungen Künstlern. Wer weiß, vielleicht ist eines der Werke, die sie gegen eines ihrer eigenen eingetauscht hat, einmal sehr viel wert?

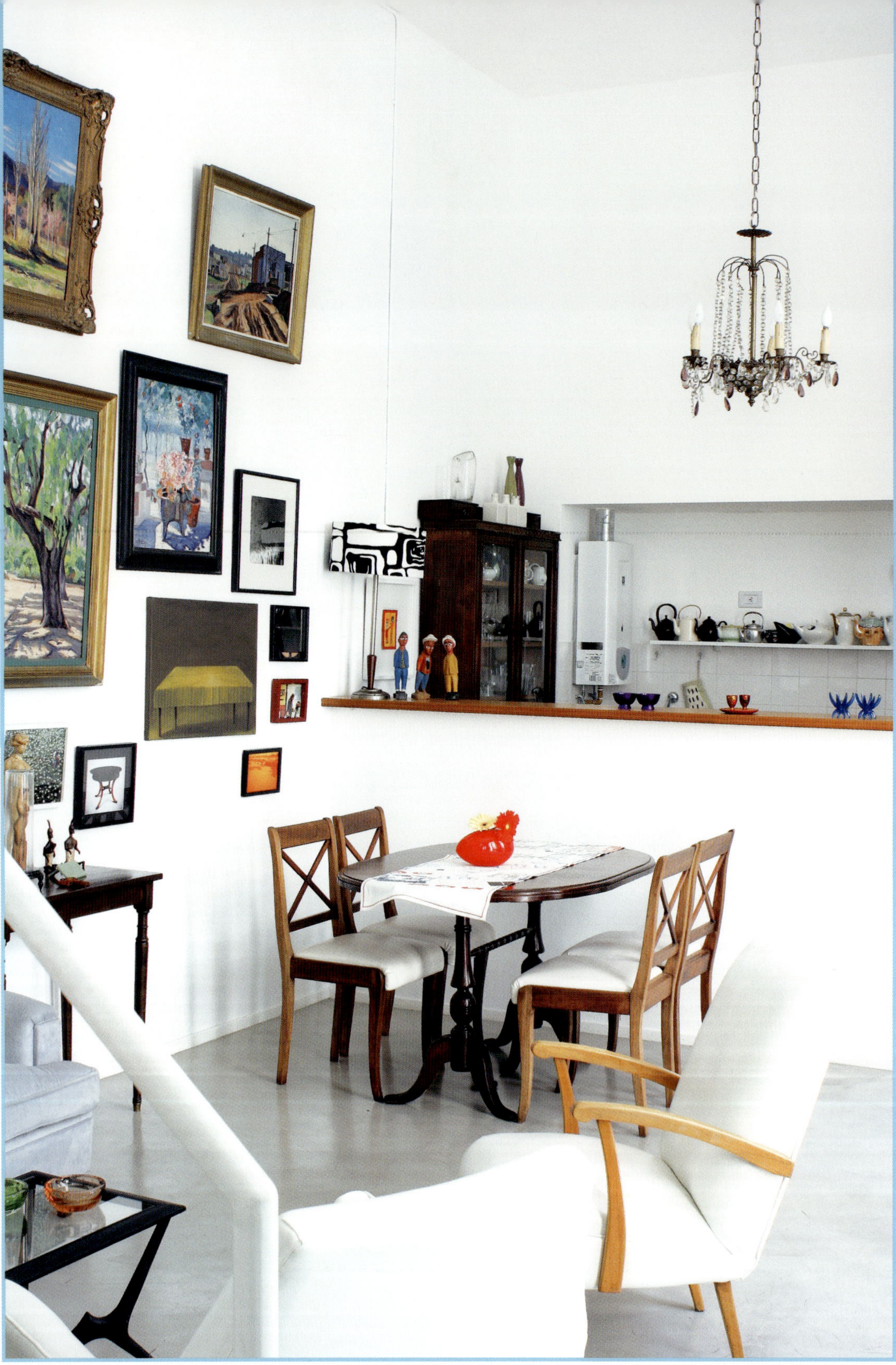

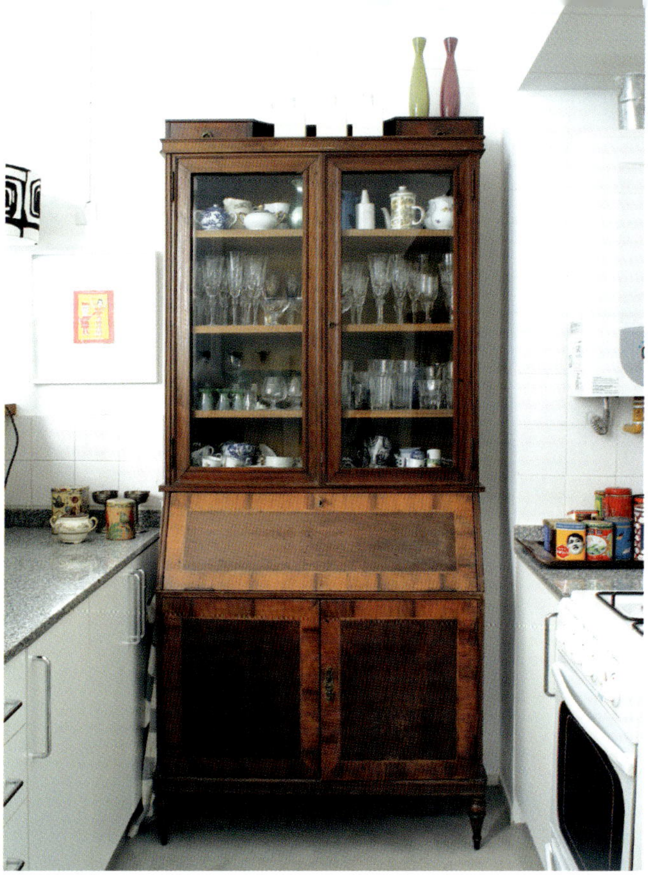

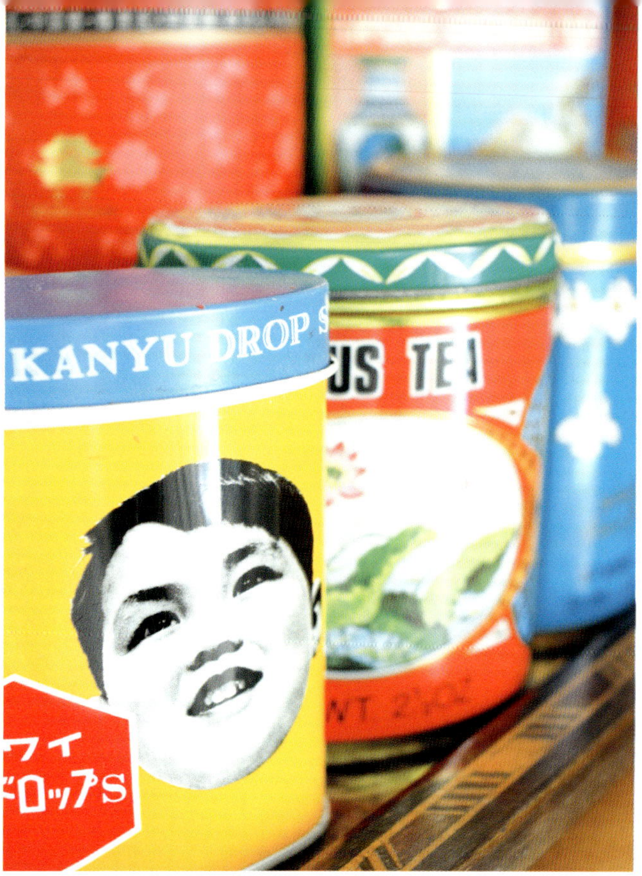

der zauber des zwanglosen

Bild linke Seite: Der ganzheitliche Raum umfasst Leben, Essen, Kochen und Arbeiten. Die Küchenzeile wurde durch einen brusthoch gemauerten Raumteiler abgeschirmt. Weiße Böden und Wände lassen das lichte Refugium erstrahlen und schaffen die gewünscht neutrale Wohn-Bühne, um Carolines Bildern und Möbeln einen starken Auftritt zu garantieren. Im Hintergrund sieht man auf dem Küchenregal ihre Teekannen-Sammlung.

Bild oben links: Den antiken Vitrinenschrank erbte die Bewohnerin von ihrer Großmutter. Da ihn Caroline unbedingt irgendwo unterbringen wollte, stellte sie ihn in der Küche auf, obwohl dafür wenig Platz ist. Dass die hinterste Küchentür deshalb nicht mehr ganz aufgeht, stört die Künstlerin wenig. Für sie steht der unkonventionelle Umgang mit ihrem eklektischen Habitat im Vordergrund, eine Nullachtfünfzehn-Inneneinrichtung ist ihr ein Gräuel.

Bild oben rechts: Es muss nicht immer die berühmte Campbell's Tomatensuppe von Andy Warhol sein. Wer mit offenen Augen durch die Welt geht, findet auch plakative Lebensmittelverpackungen im Asiamarkt um die Ecke.

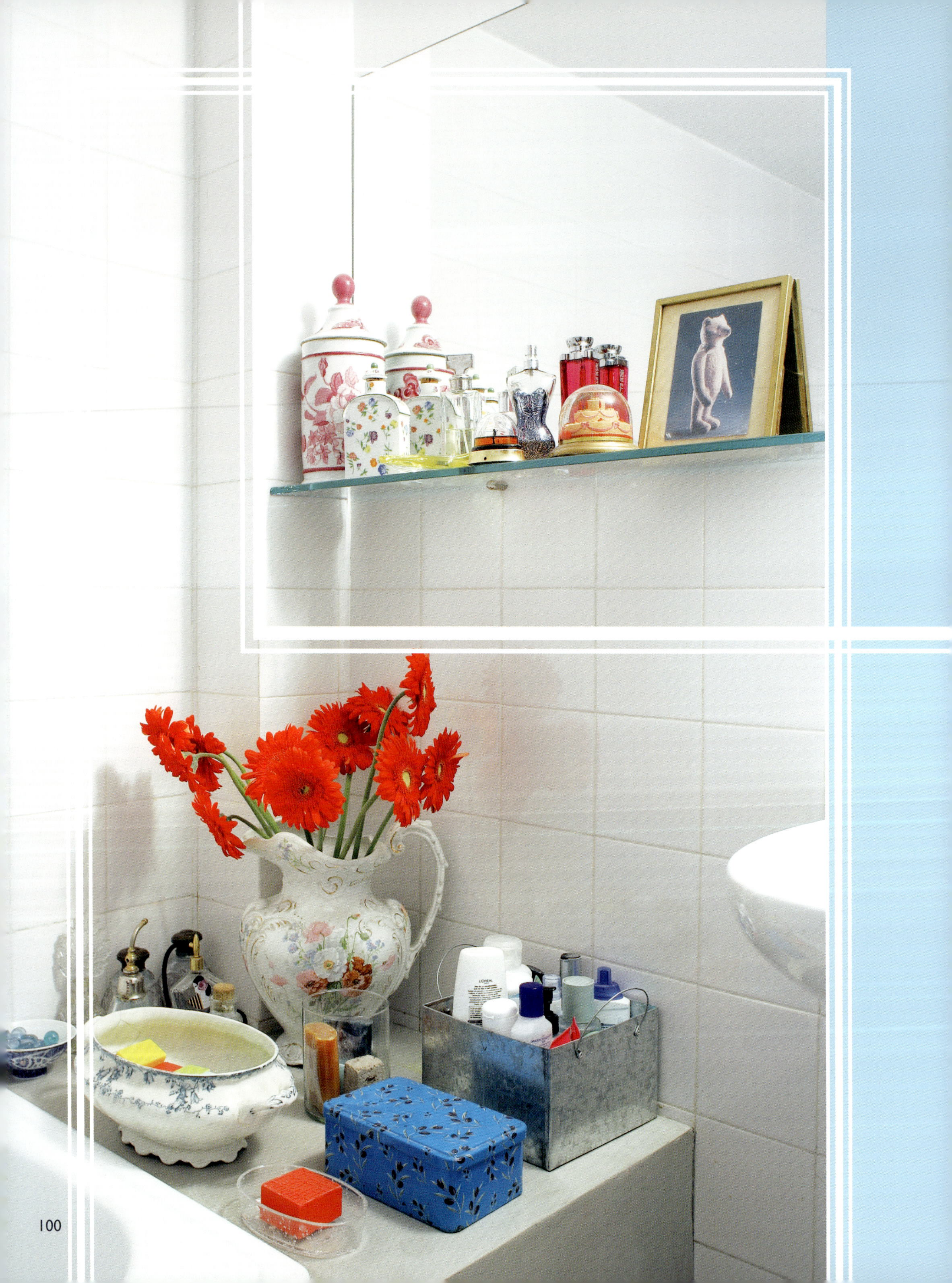

Caroline liebt es, am Wochenende über Trödelmärkte zu schlendern und dort Kostbarkeiten für lau zu ergattern. Noch mehr Spaß macht es ihr, dafür dann zuhause einen geeigneten Platz zu finden und den Gegenständen manchmal eine völllig neue Funktion zuzuordnen. Wie der Suppenterrine aus Porzellan aus dem 19. Jahrhundert (Bild linke Seite), die im Bad nun Seifenstücke beherbergt. Passend dazu arrangierte Caroline einen zauberhaften Wasserkrug mit Blumen.

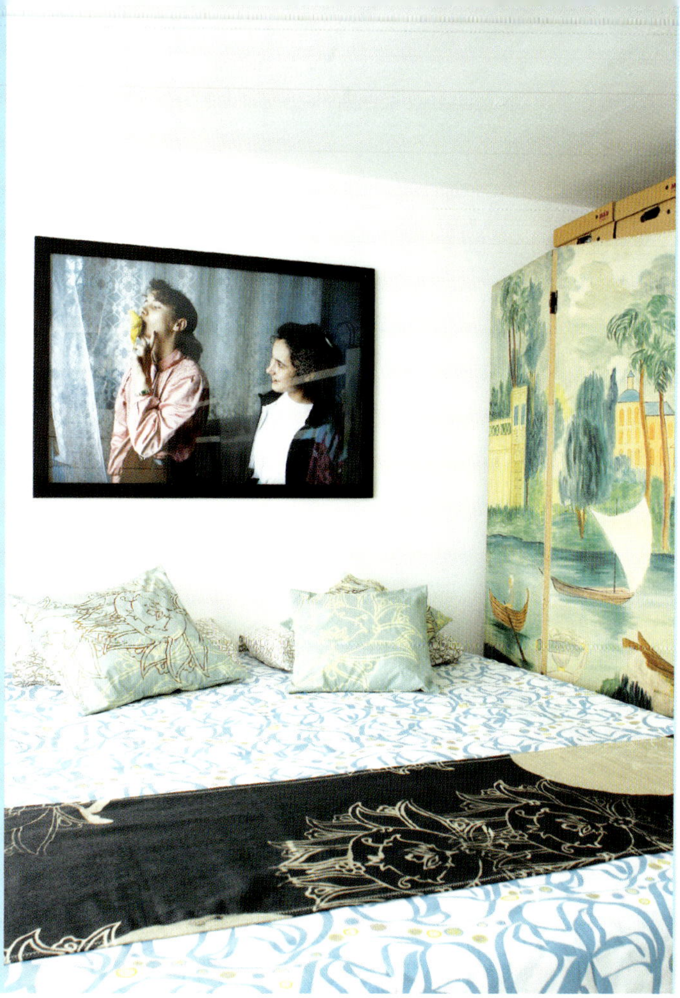

Hinter dem bemalten Paravant (Bild oben rechts) verbirgt sich ein offenes Selfmade-Regal mit Kleiderstange. Irgendwann möchte Caroline das Provisorium gegen einen passenden Schrank austauschen, aber sie hat noch nicht den richtigen gefunden.

Die Kommode (Bild unten rechts) fand Caroline lieblos abgestellt in einem Hauseingang mit dem Schild „Wer will mich?“ Die Malerin fackelte nicht lange und gab dem schönen Stilmöbel liebend gerne ein neues Zuhause.

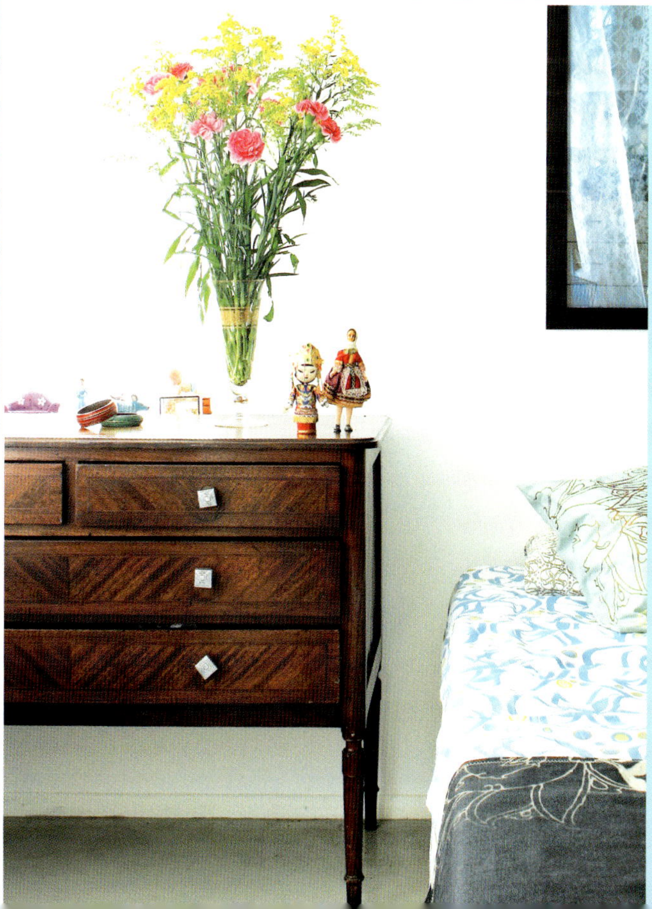

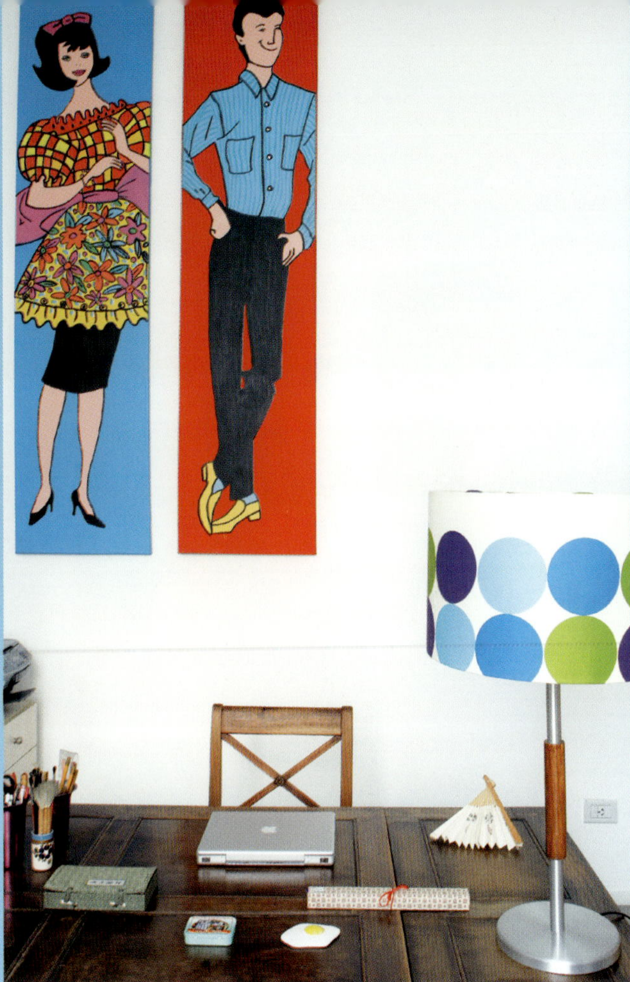

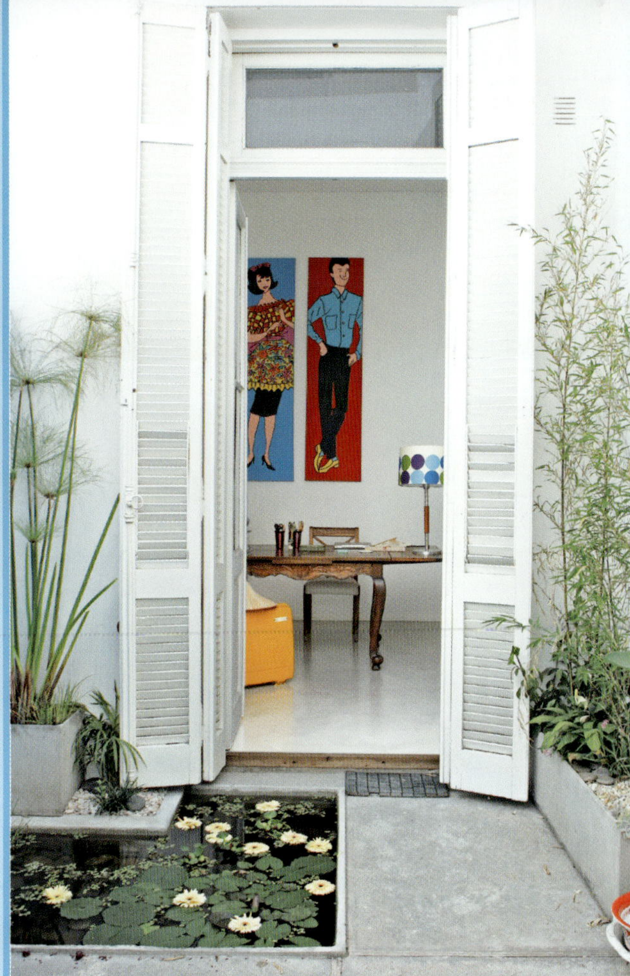

EIN ZIMMER MIT AUSSICHT

Im schlicht möblierten Arbeitszimmer (Bild oben links) hängen zwei selbst gemalte Acrylbilder von Caroline. Oft reicht die Farbigkeit weniger Dinge schon aus, um einem Raum Lebendigkeit zu verleihen. Die Tischleuchte mit buntem Lampenschirm von Habitat gehört ebenfalls zur Gattung „Fröhlicher Aufpepper".

Im Bild oben rechts sieht man einen Teil des Innenhofs, von dem man direkten Zugang zum Arbeitszimmer hat. Im asiatisch anmutenden Seerosenteich schwimmen Goldfische und kleine Kois.

Der sonnenverwöhnte Patio liegt abgeschirmt von der Außenwelt direkt vor der Wohnungstür (Bild rechte Seite). Caroline sitzt gerne hier und träumt sich fort aus der urbanen Alltagswelt, die von Innovationen bestimmt ist. Die verwitterten Klappstühle stehen, wie sie findet, dazu im bildhaften Gegensatz und erinnern daran, dass alles vergänglich ist und einmal zum alten Eisen gehört.

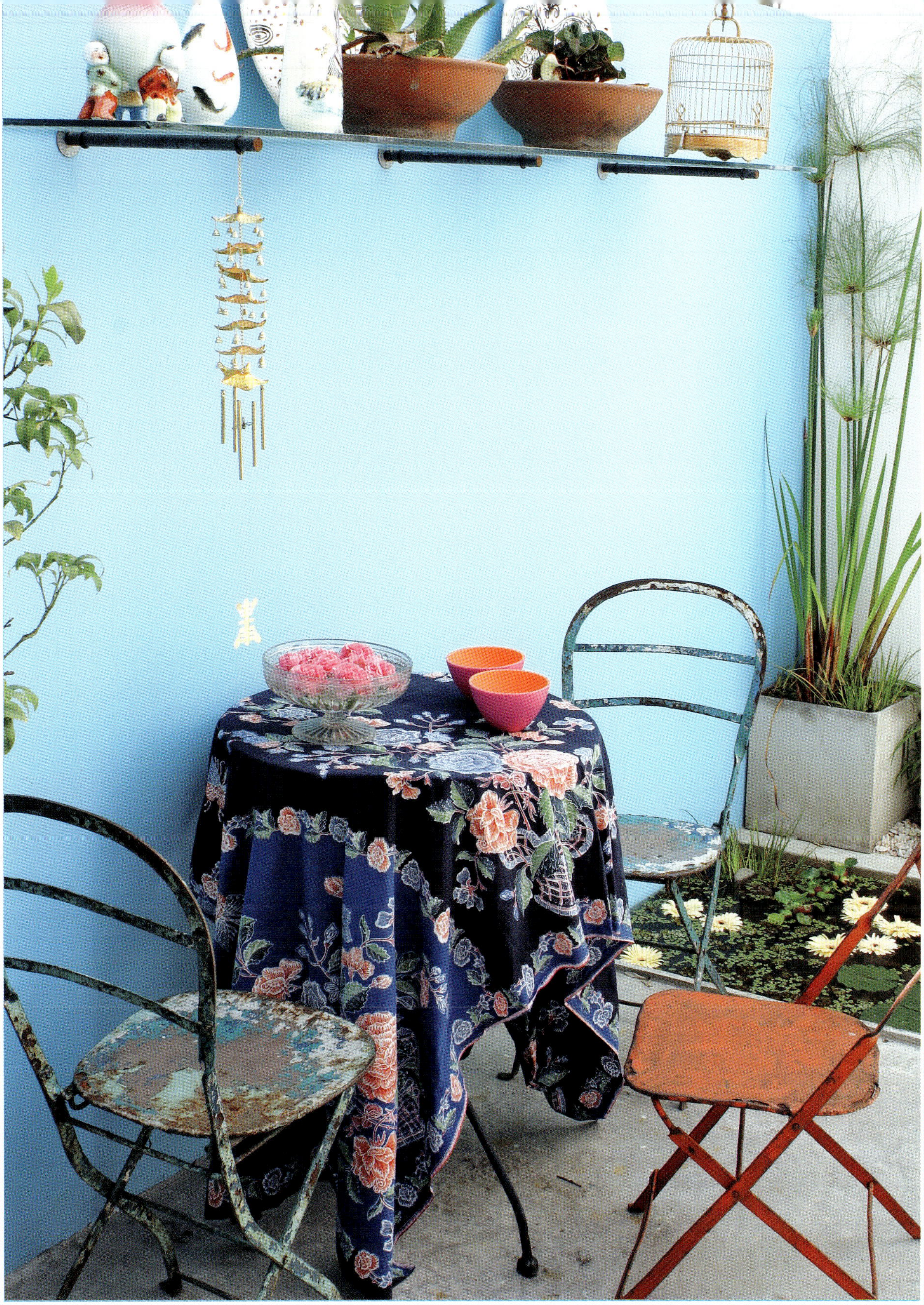

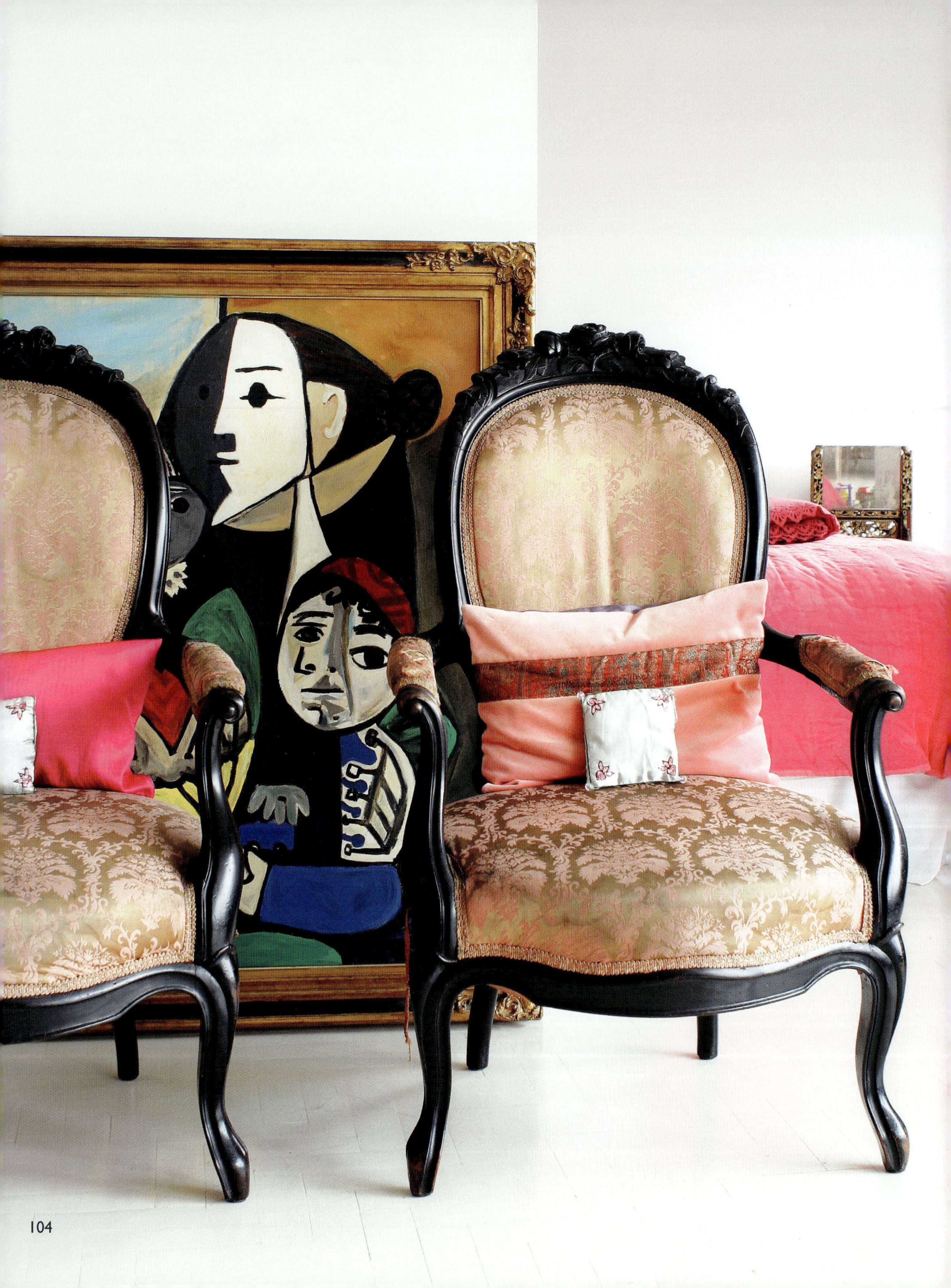

Glamour PUR

die wundervolle inszenierung einer wohnung aus den vierziger jahren

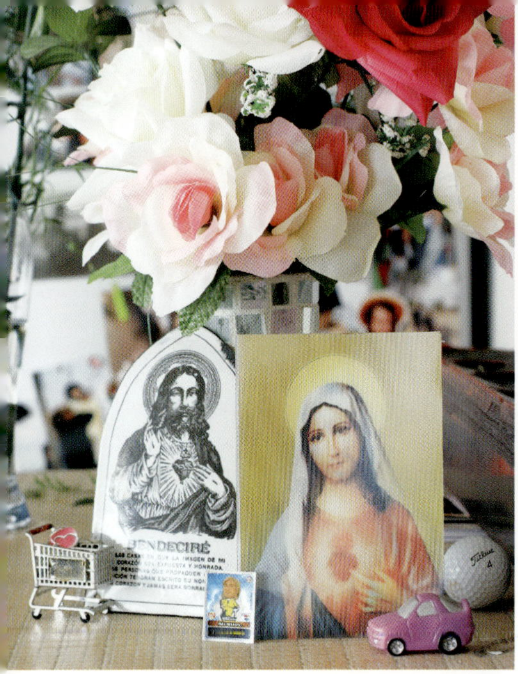
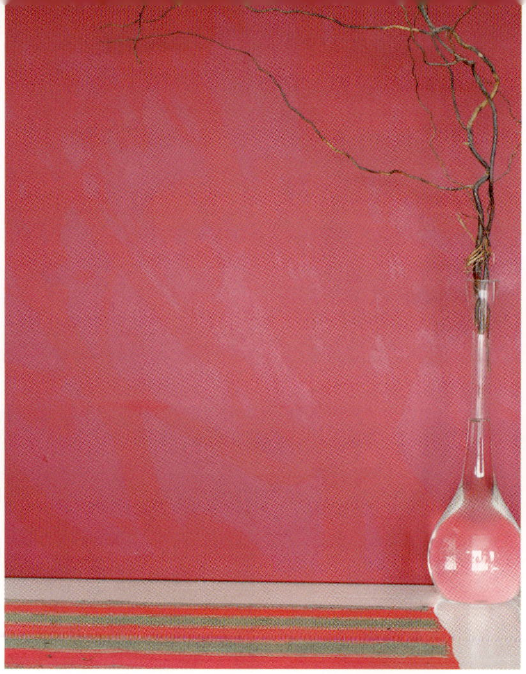
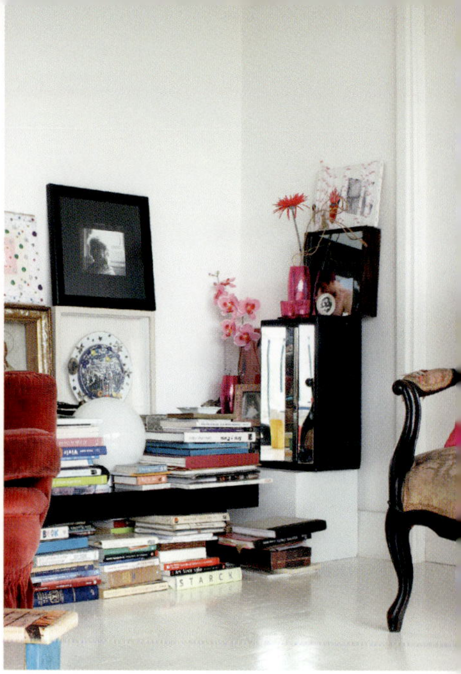
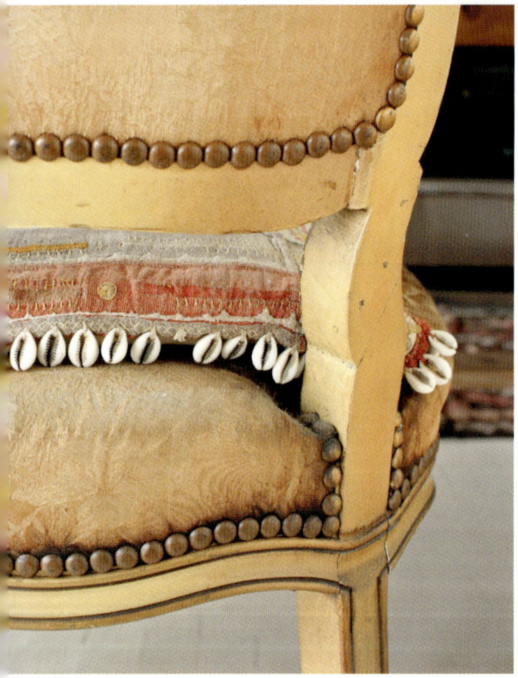
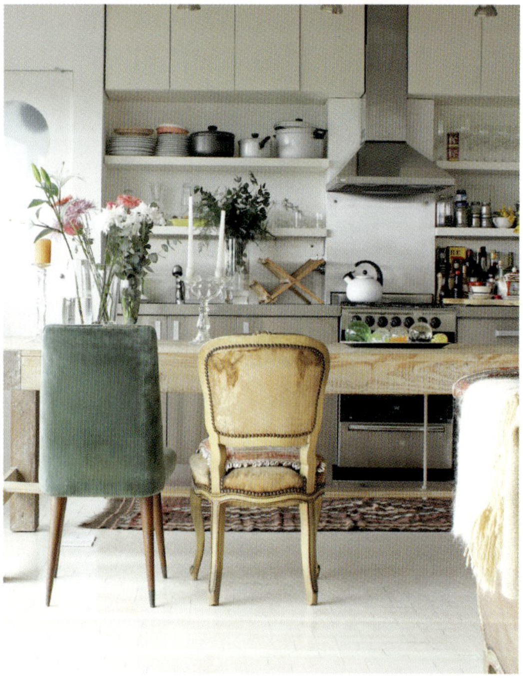
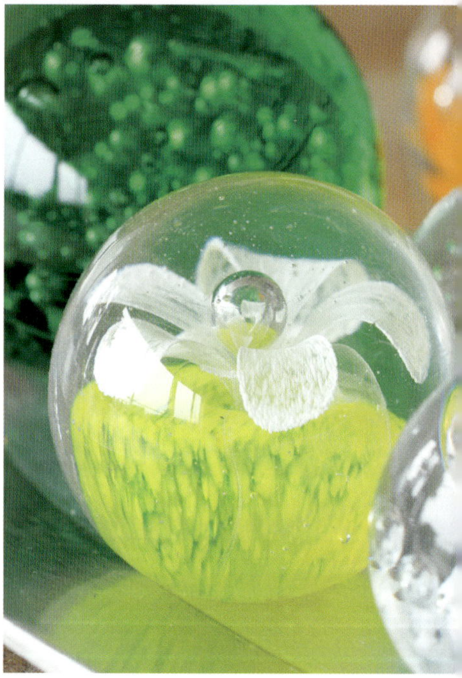
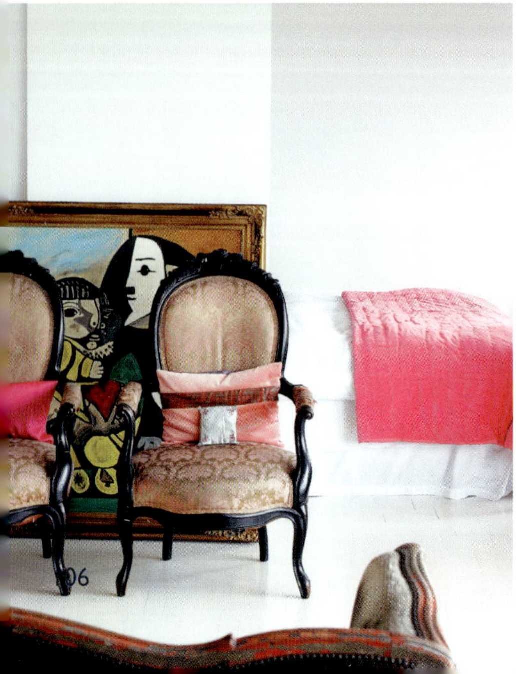
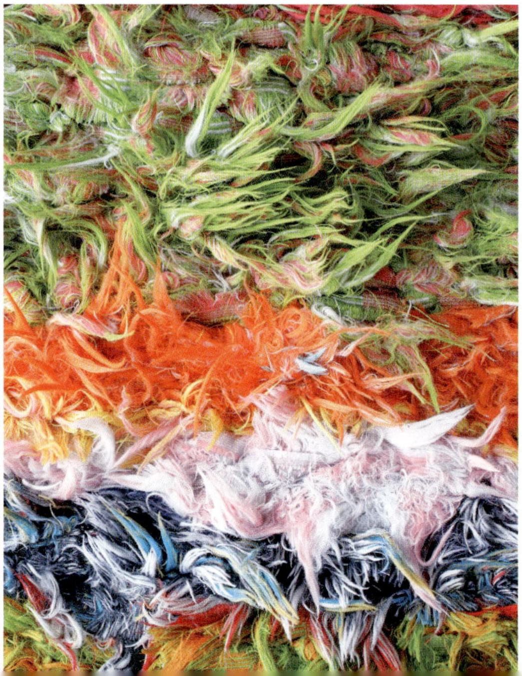
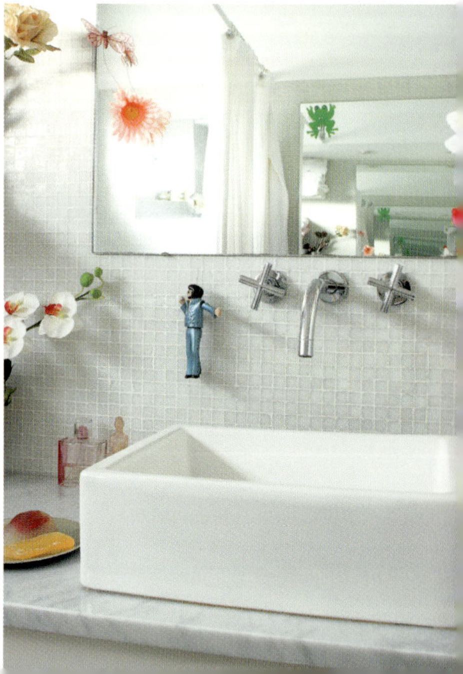

dolores, rocco und pablo wohnen lässig elegant

Dolores fand ihr jetziges Zuhause beim Joggen an einem kleinen See im Stadtpark. Schon oft war sie an dem wunderschönen Gebäude aus den 40er-Jahren vorbeigekommen und hatte sich insgeheim darin verliebt. Wahrscheinlich hatte sie auch das eine oder andere Mal davon geträumt, darin zu wohnen. Als dann der schicksalträchtige Tag kam, an dem sie das kleine Schild in einem der Fenster entdeckte, auf dem „Zu verkaufen" stand, machte ihr Herz einen Sprung. Mit großen Schritten lief sie nach Hause und rief sofort das Maklerbüro an, um einen Besichtigungstermin zu arrangieren. Ein dreiviertel Jahr und viele Umbaumaßnahmen später zog Dolores mit ihrem Mann Pablo und ihrem kleinen Sohn Rocco ein. Das 80 Quadratmeter große Refugium ist ideal auf die Bedürfnisse der kleinen Familie abgestimmt und gleicht heute eher einem Loft als einer klassischen Altbauwohnung. Dass dem so ist, hat vor allem Architekt Florian Alen zu verantworten, der die Kernsanierung plante und beaufsichtigte. Er ließ fast alle nicht tragenden Wände entfernen, um so dem Wunsch nach mehr Offenheit und Weitläufigkeit zu entsprechen. Einzig das Elternschlafzimmer, das Kinderzimmer und das Bad verschwinden hinter weißen Schiebetüren, um hier die Intimsphäre zu garantieren. Kernstück des Apartments ist der Allroom, der Wohnen, Essen, Kochen und Arbeiten fließend miteinander verbindet und so ein familiäres, kommunikatives Miteinander gewährleistet. Ein echter Clou ist der überdimensional große Holztisch, der extra für das Domizil angefertigt wurde. Er ist die zentrale Schnittstelle an der alles zusammenkommt, aber auch alles voneinander getrennt wird. Er steht zwischen Küche und Couch, zwischen Arbeitsbereich und privaten Rückzugsräumen. Er dient als Esstisch, als Werkbank, ja, eigentlich als Treffpunkt in allen Lebenslagen. Die Inneneinrichtung nahm Dolores in die Hand. Sie war es schließlich auch, die sich schon so oft in das Haus hinein geträumt und von Anfang an eine genaue Vorstellung davon hatte, wie alles aussehen sollte. Schon in der letzten gemeinsamen Wohnung hatten sich Dolores und Pablo auf einen eklektischen Wohnstil geeinigt, der ihre Vorlieben und Stilrichtungen perfekt vereint. So paaren sich auch nun im neuen Zuhause modernes Design mit antiken Stilmöbeln, abstrakte Kunst mit klassischen Werken, Stahl mit Holz sowie Altes mit Neuem. Und trotz der vielen Gegensätze wirkt alles so, als hätte es schon immer so unkonventionell und harmonisch nebeneinander gestanden.

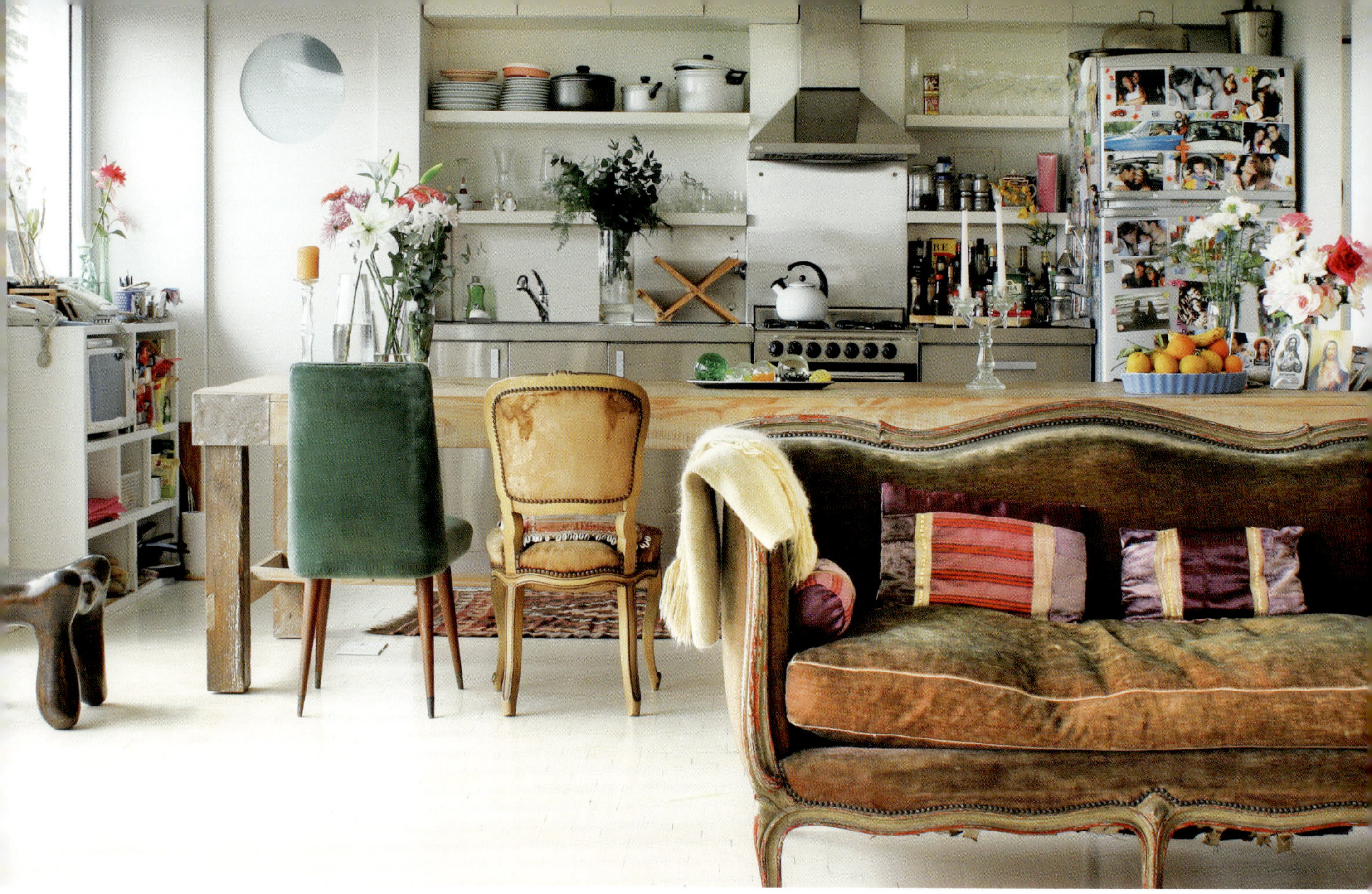

FAMILIÄR

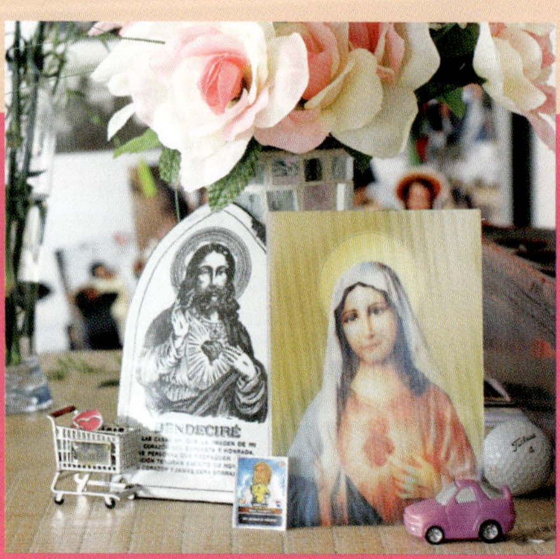

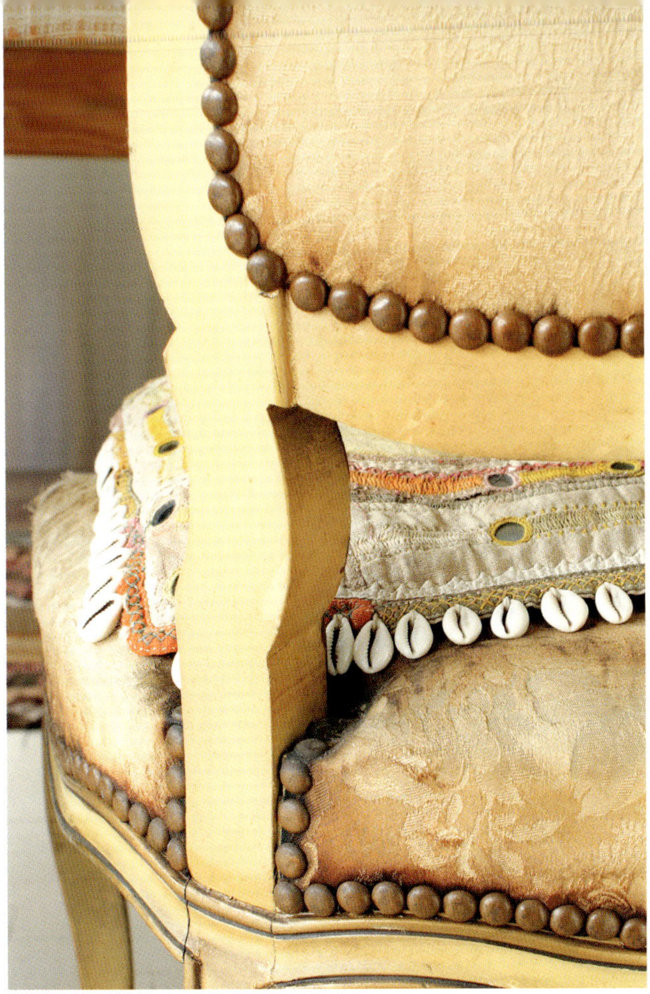

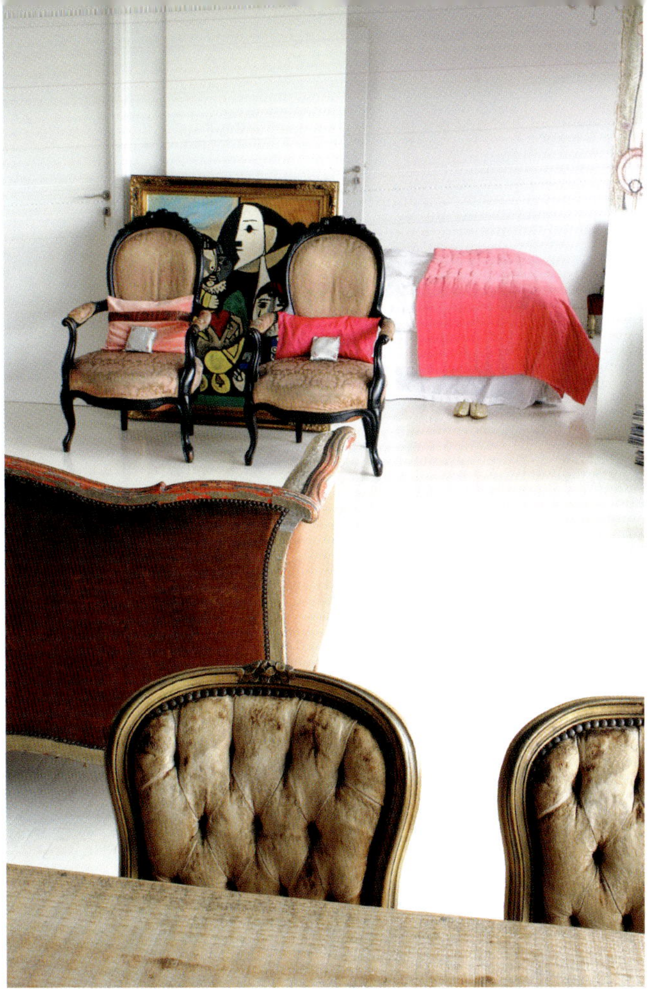

Bild oben links: Zentraler Mittelpunkt der Wohnung ist der überdimensionale Holztisch, der alle Bereiche miteinander verbindet, aber auch optisch voneinander trennt. Der legere Mix an eklektischen Möbeln suggeriert den Eindruck, alles wäre rein zufällig so hingestellt worden, obwohl es von Dolores mit viel Bedacht und Feingefühl explizit arrangiert wurde.

Bild oben mitte: Das Wechselspiel zwischen den unterschiedlichsten Materialien erzeugt wohnliche Spannung. Kissen, wie dieses mit Muschelborte, haben die Magie, ganz herkömmlichen Möbelstücken eine geheimnisvolle Aura zu verleihen.

Bild oben rechts: Das alte Sofa kommuniziert mit den gegenüberstehenden beiden Sesseln, die von einer Picasso Hommage ausdrucksstarke Rückendeckung erhielten. Den Schlafbereich separiert eine Schiebetür vom übrigen Apartment.

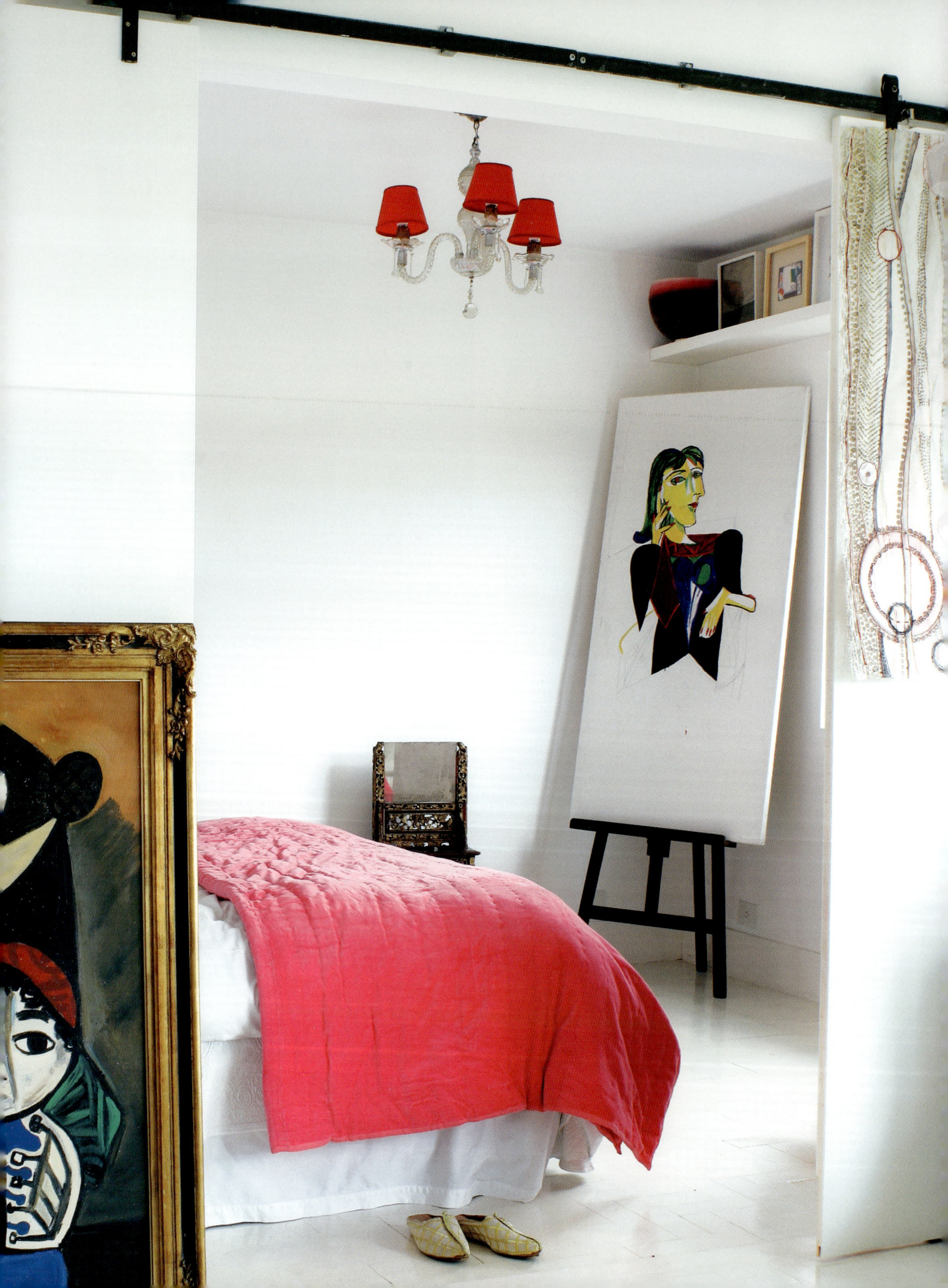

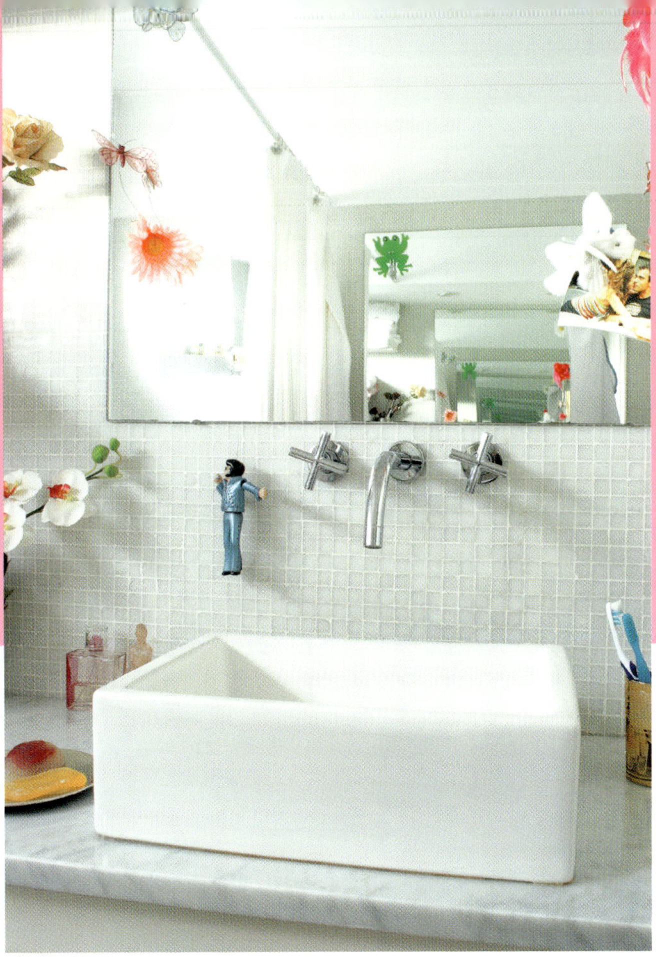 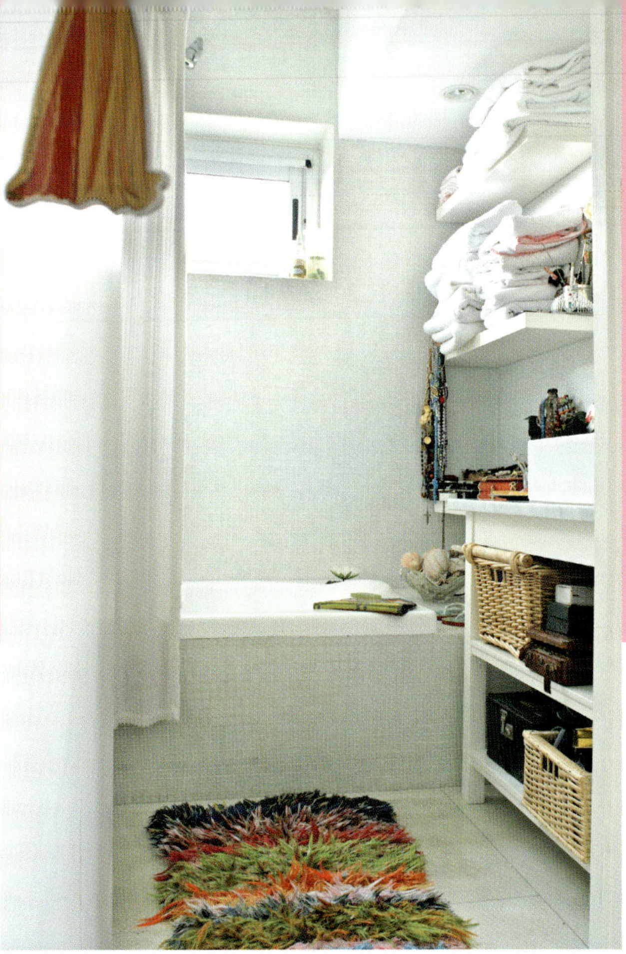

ruhezonen mit privatsphäre

Die hängenden Schiebetüren (Bild linke Seite), welche den elterlichen Schlafraum vom familiären Trubel abschirmen, laufen auf sichtbaren Metallschienen. Auf der Staffelei steht ein unvollendetes Werk der Hausherrin, die ein Faible für Expressionisten hat.

Das Waschbecken im Bild oben links wurde einfach auf einen Waschtisch mit Carrara-Marmorplatte gesetzt und wirkt so leicht, als könne man es jederzeit auch wieder herunter nehmen. Die kleinen Bisazza Mosaiksteinchen verleihen dem Bad Eleganz.

Ein Flokati in Regenbogenoptik macht jedes noch so cleane Bad zur behaglichen Wohlfühloase (Bild oben rechts). Ursprünglich stammt der wuschelige Teppich aus Griechenland und schützte als Umhang die Hirten vor Wind und Wetter. Wetterfest ist auch das kleine Fenster, das den Raum mit hellem Tageslicht und ausreichender Frischluftzufuhr versorgt.

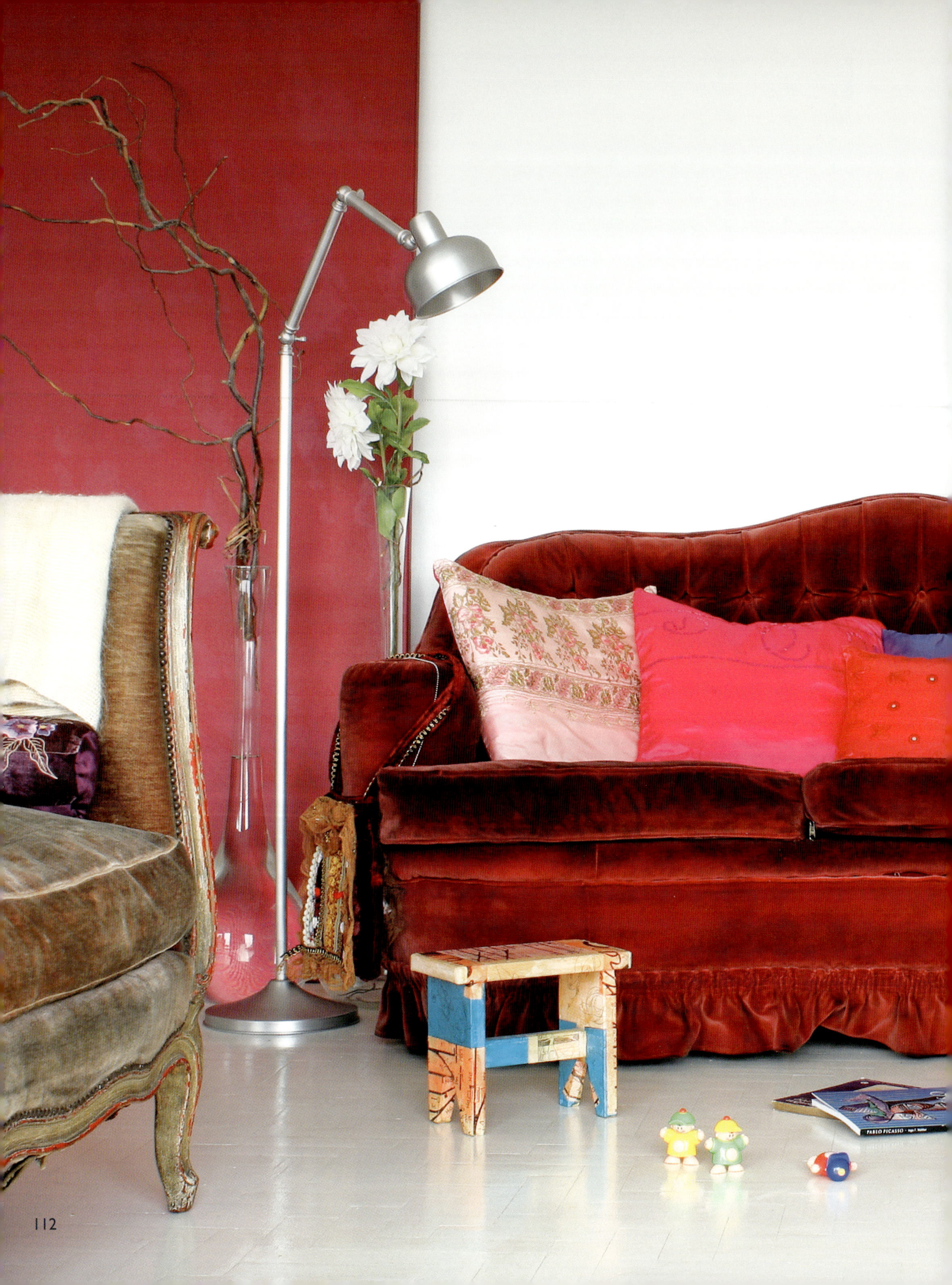
PABLO PICASSO

Das englische Sofa hat schon viel in seinem Leben gesehen. Es reiste mit Dolores Eltern einmal um die Welt, bis es schließlich hier eine dauerhafte Ruhestätte fand. Bei einer duftenden Tasse Jasmin Tee kann man es sich zwischen weinrotem Plüsch und Seidenkissen herrlich gemütlich machen – immer griffbereit: eine gute Lektüre.

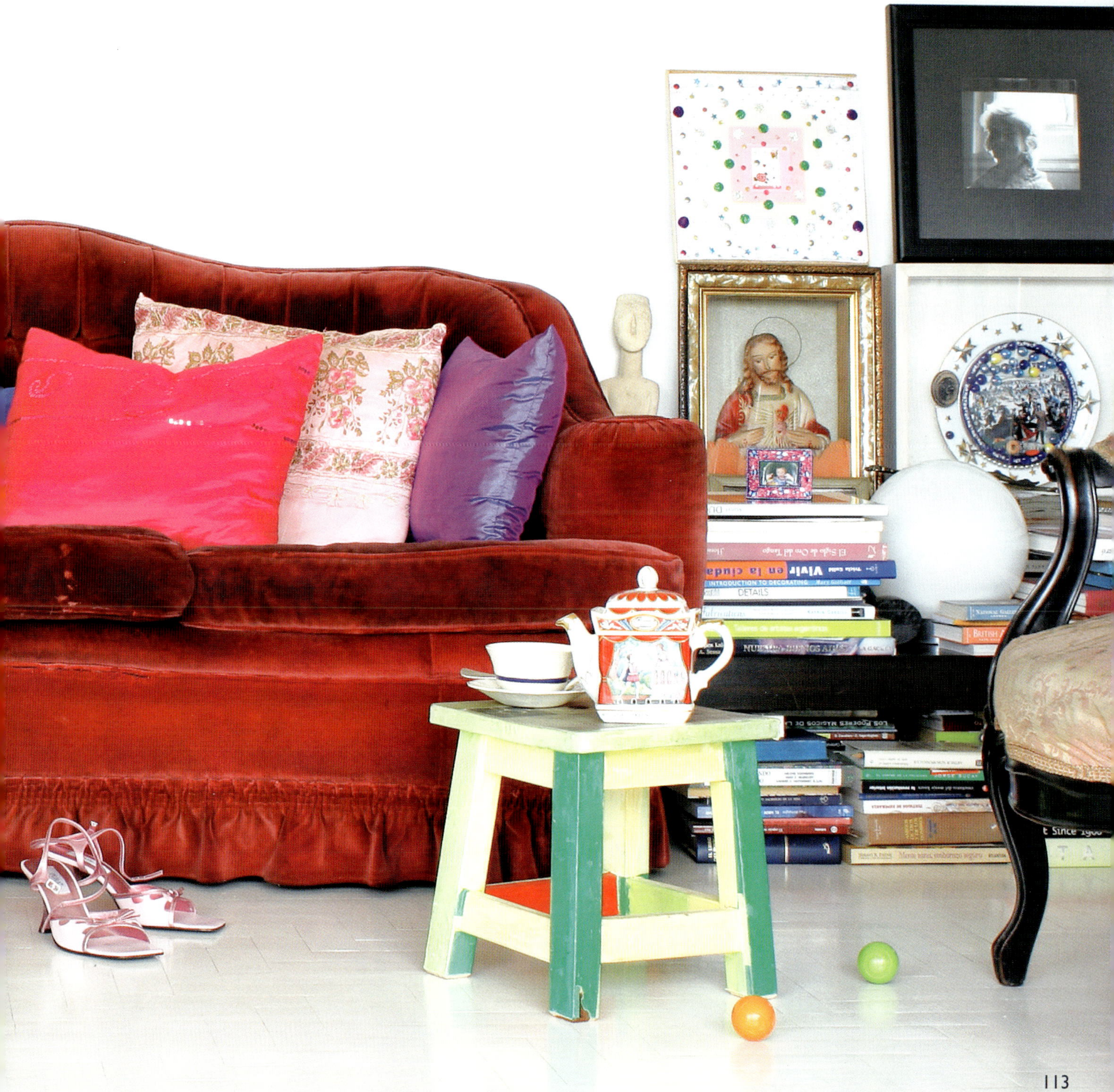

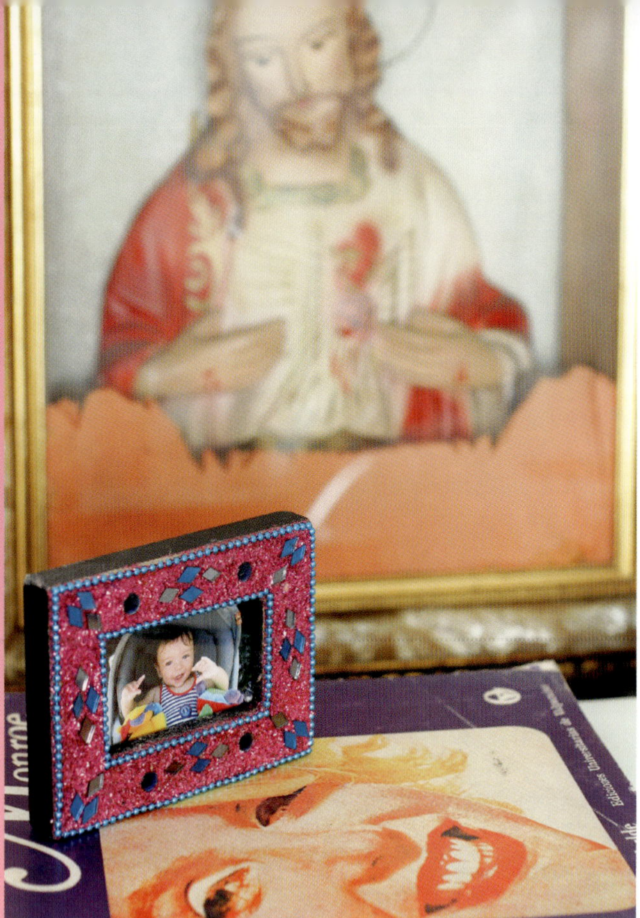

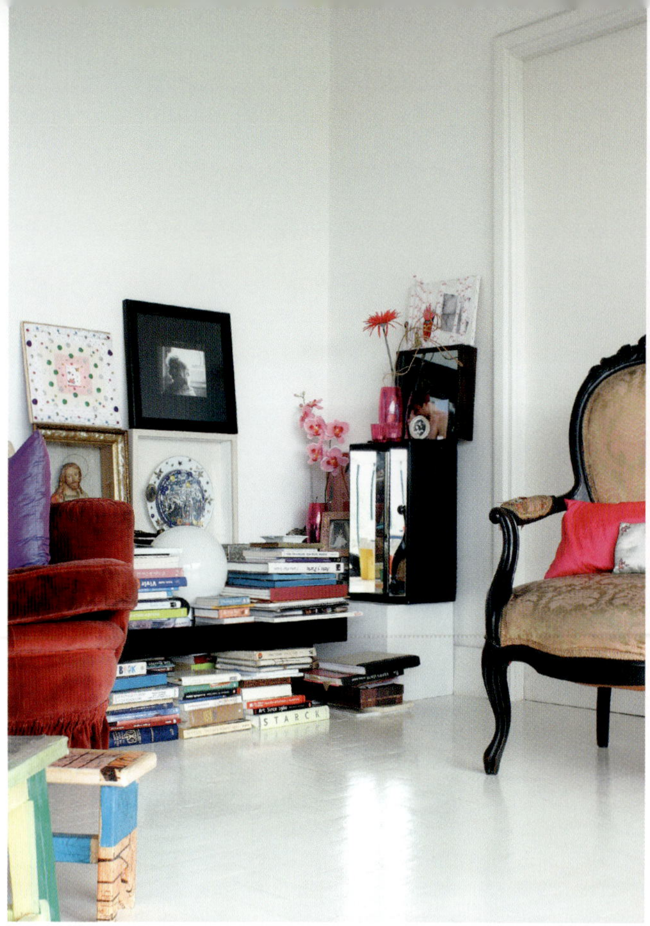

Bild oben links: Wenn Dolores Zeit und Lust hat, bastelt sie gerne Bilderrahmen. Hier beklebte sie ein Mini-Exemplar mit bunten Glitzersteinchen und verlieh ihm so ein einzigartiges Aussehen.

Bild oben mitte: Die hohen Raumdecken verstärken den neu konzipierten, weitläufigen Loftcharakter der ursprünglich aus den 40er-Jahren stammenden, komplett sanierten Altbauwohnung. Der weiß lackierte Holzboden lässt das gesamte Areal zudem noch großflächiger erscheinen.

Bild rechte Seite: Dolores und Rocco ist es anzusehen, wie glücklich sie in ihrem Zuhause sind. Endlich hat die ganze Familie ein Reich, das allen Anforderungen und Wünschen gerecht wird.

der ideale ort für ein kommunikatives miteinander

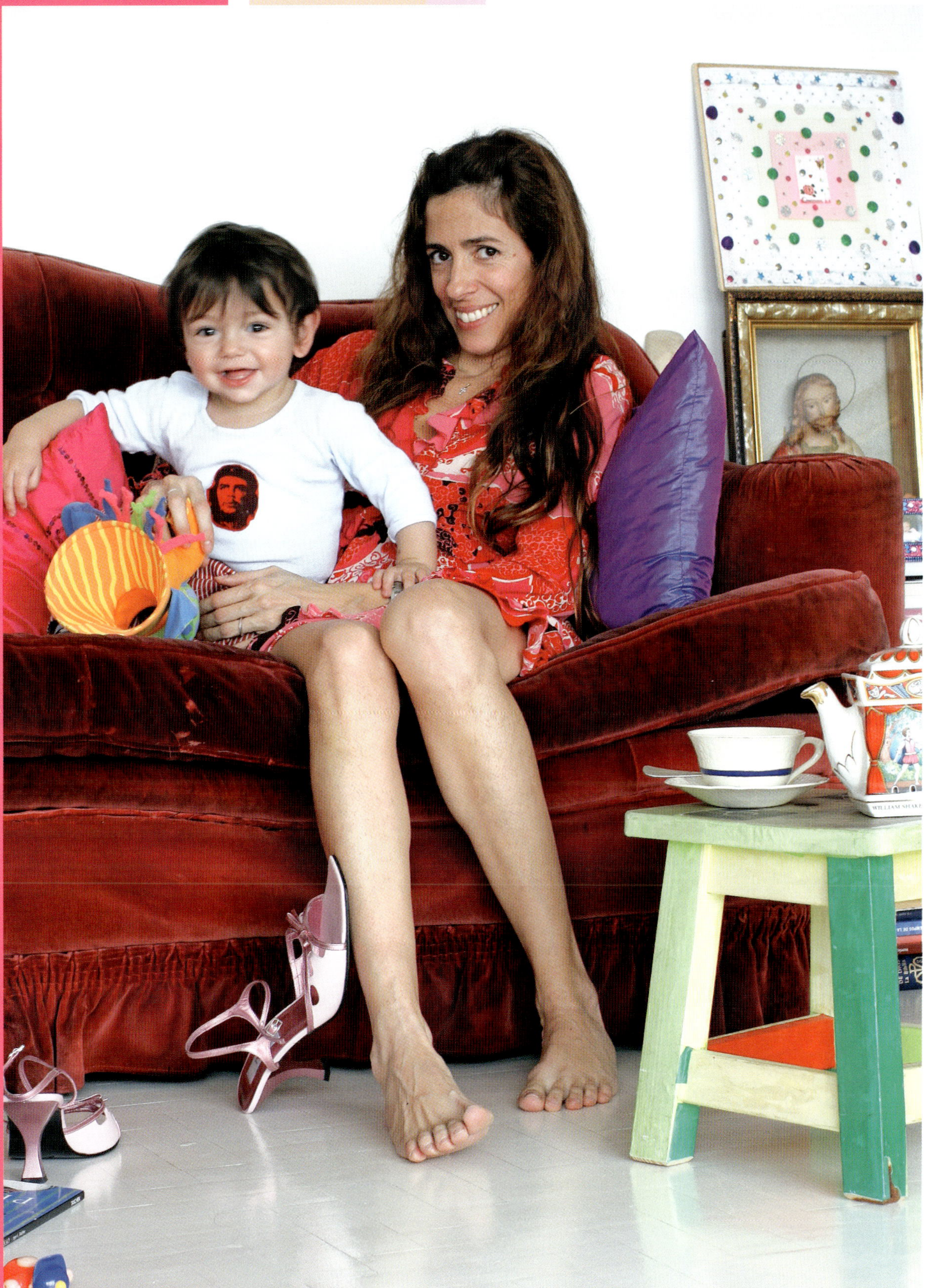

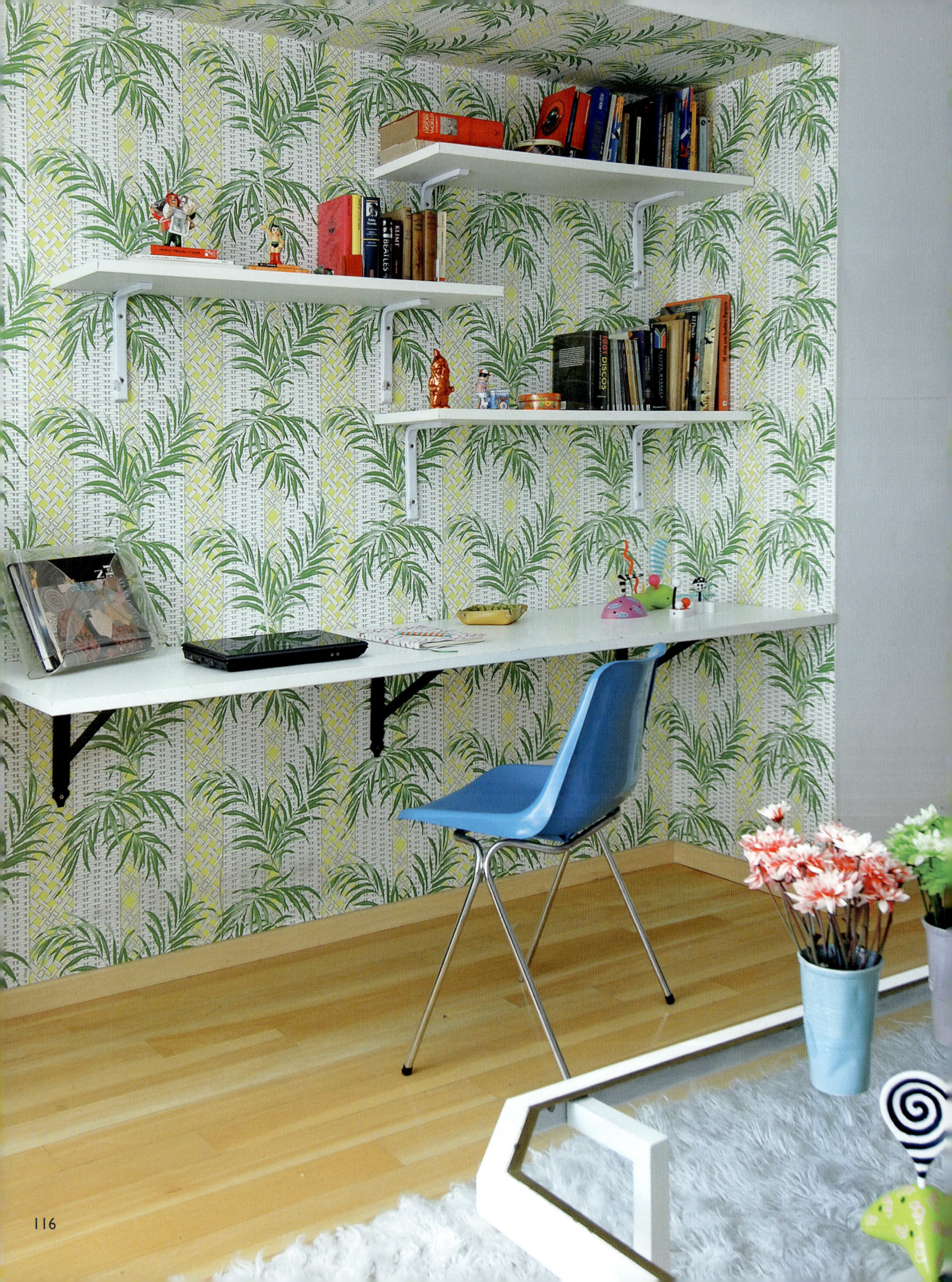

EINE FREIE NISCHE
M MINIKOSMOS

ver den lebensraum an seine edürfnisse anpassen möchte, nuss um die ecke denken

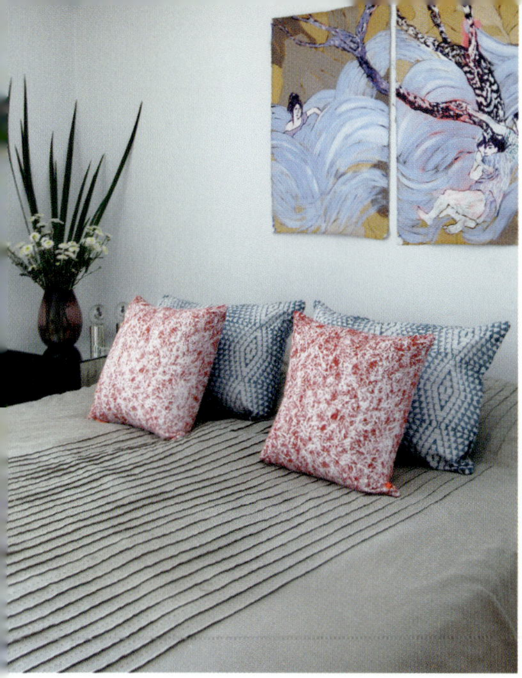
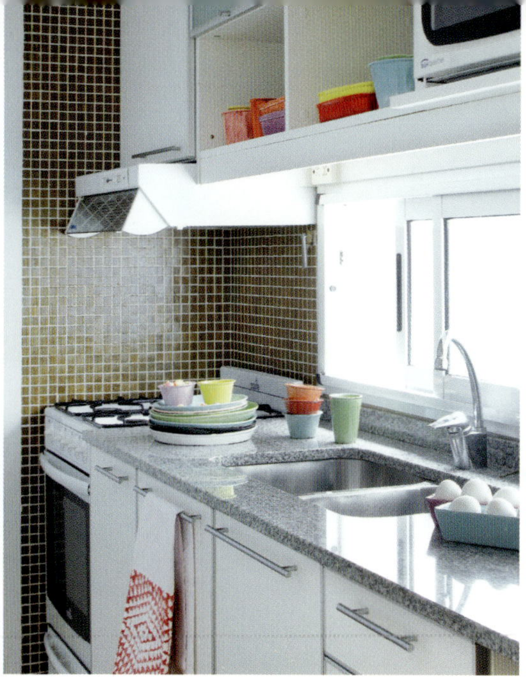
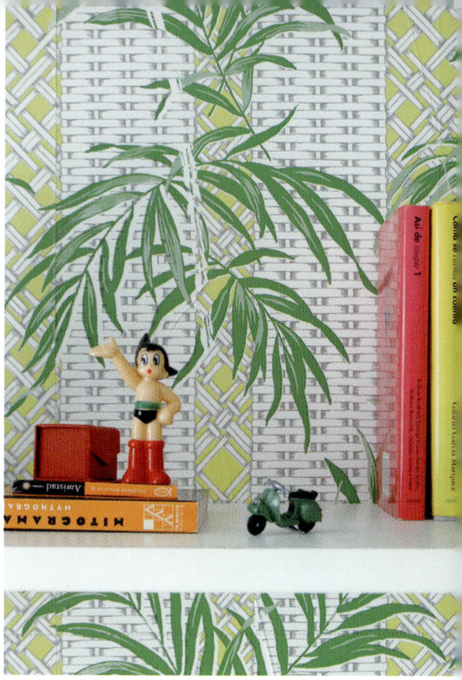
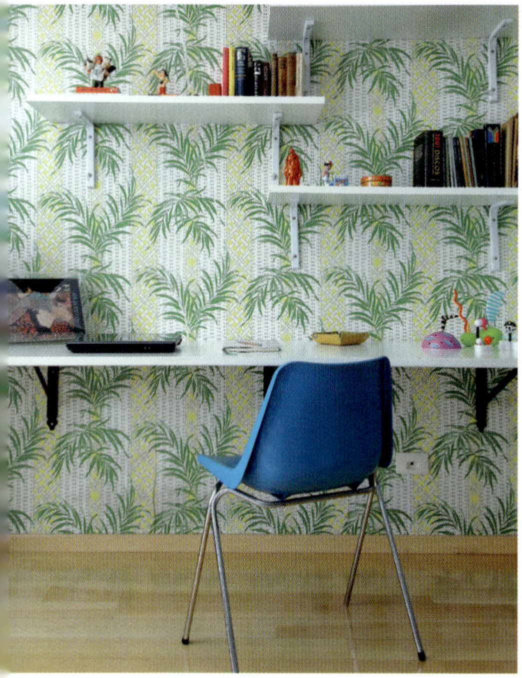
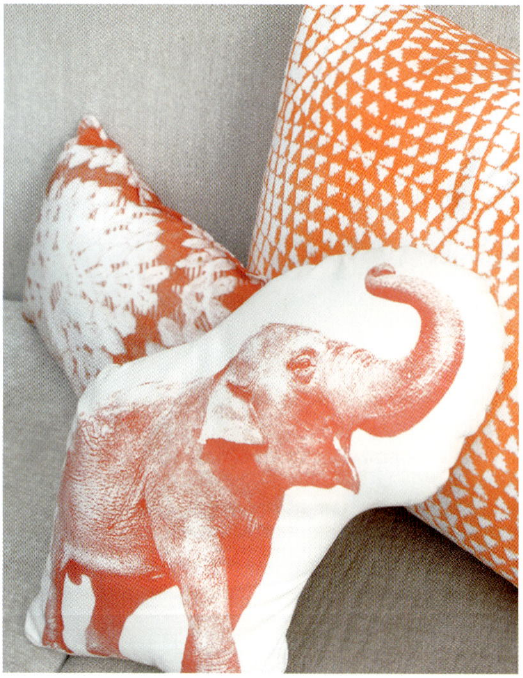
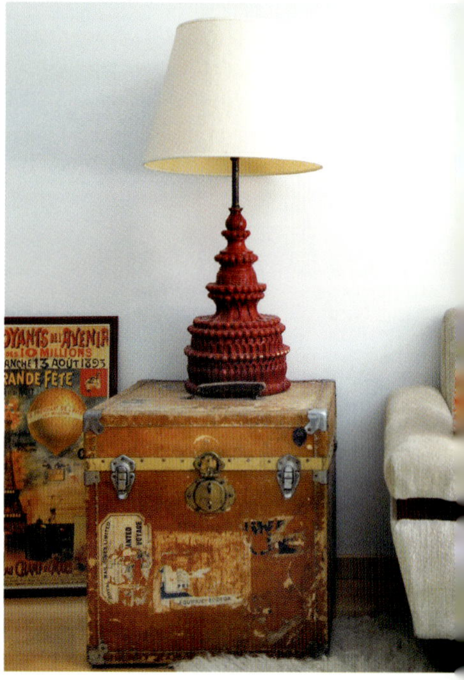
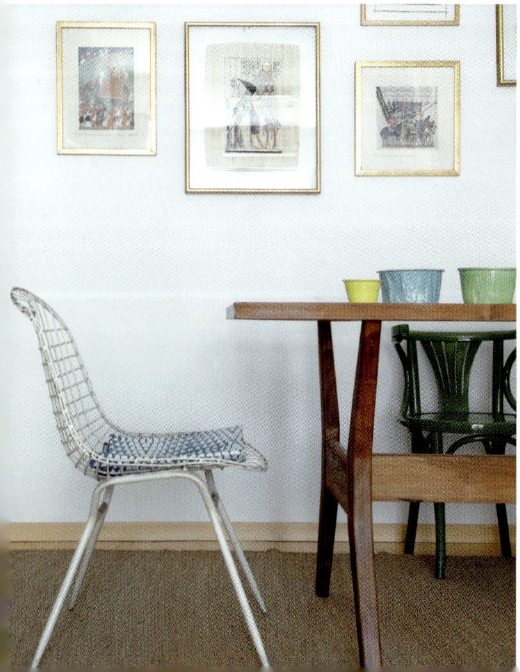
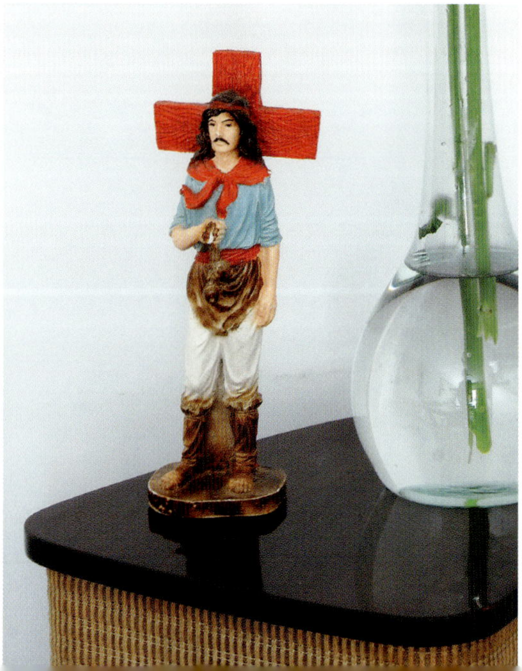
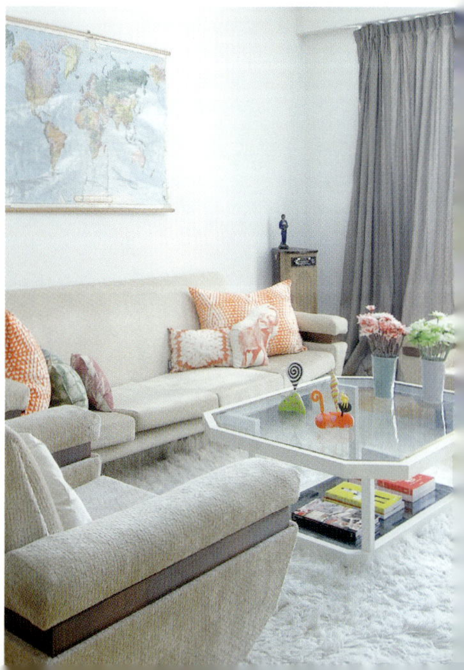

susanne liebt es kosmopolitisch

Schon als Kind gab es für Susanne nichts Schöneres als zu reisen. Wahrscheinlich lag es auch daran, dass ihre Eltern ihr diese Lust am Weltenbummeln mit in die Wiege gelegt haben. Die Mutter arbeitet als Archäologin auf vielen Kontinenten dieser Erde, der Vater für eine internationale Firma. Dass der Weg sie nach der schulischen und studentischen Laufbahn direkt in ein PR-Büro für exklusive Luxus-Hotels führte, wunderte also niemanden in der Familie. Susanne verbringt viel Zeit im Büro, wenn sie ihre Klienten nicht vor Ort besucht. Und wie viele Jobs ist auch dieser recht zeitintensiv und lässt nur wenig Freiraum für Privates. Umso mehr sehnte sich die Marketingexpertin nach einem Zuhause, in dem sie zur Ruhe kommen und von fernen Ländern träumen kann. In ihrer 55 Quadratmeter großen Wohnung finden sich dementsprechend viele Reisesouvenirs, die Susanne an ihre Trips rund um den Globus erinnern. Eine große Weltkarte hängt über der Couch im Wohnzimmer und ist somit immer im Blickfeld. Wenn die junge Bewohnerin wieder einmal die Sehnsucht packt, kann sie sich schnell eine neue Destination aussuchen und den nächsten Flug buchen. Was noch besonders schön an dem kleinen Refugium ist? Die großen Fensterfronten, die viel helles Tageslicht einfluten lassen und so den Räumen eine behagliche Atmosphäre verleihen. Insgesamt ist der Mini-Grundriss klassisch aufgeteilt: ein Wohnzimmer, ein Schlafzimmer, ein Bad, eine Küche. Da Susanne oft auch von zuhause aus arbeitet, musste sie sich eine Lösung für den Arbeitsplatz überlegen, da sie kein Extra-Zimmer zur Verfügung hat. Glücklicherweise verfügte das Apartment über einen alten Einbauschrank im Wohnraum, den die clevere Bewohnerin herausreißen durfte, um so eine zusätzliche Nische zu schaffen. Um den Bereich noch mehr vom übrigen Interieur abzugrenzen, tapezierte Susanne ihn mit einer auffälligen Tapete mit Palmenprint. Ein breites Board dient ihr als Schreibtisch, drei Regalbretter darüber als Ablageflächen. In einer anderen Ecke des Raums separierte sie den Esstisch visuell mittels einer Bilderwand. Dieses „Um-die-Ecke-Denken“ setzt sich auch im Schlafzimmer fort. Dort bilden zwei asiatische Gemälde mit dem Bett eine Einheit während der Schrank mit einem Schuhregal sympathisiert. Und wenn es Susanne in ihren vier Wänden einmal etwas zu eng wird, geht sie im üppig begrünten Innenhof vorm Haus auf Safari und schaut den Nachbarskindern und -hunden beim Herumtollen zu.

Im 18 Quadratmeter großen Wohnraum kombinierte Susanne Flohmarktmöbel mit modernem Design. Die formschöne Couch erhielt von einer alten Reisekiste Gesellschaft, auf der eine Lampe aus Bali ihren großen Auftritt hat. Der Flokati sorgt für 70er-Jahre Kuschelatmosphäre, die großformatige Weltkarte für Reiselust. Kissen in unterschiedlichen Prints bringen Fröhlichkeit ins Spiel.

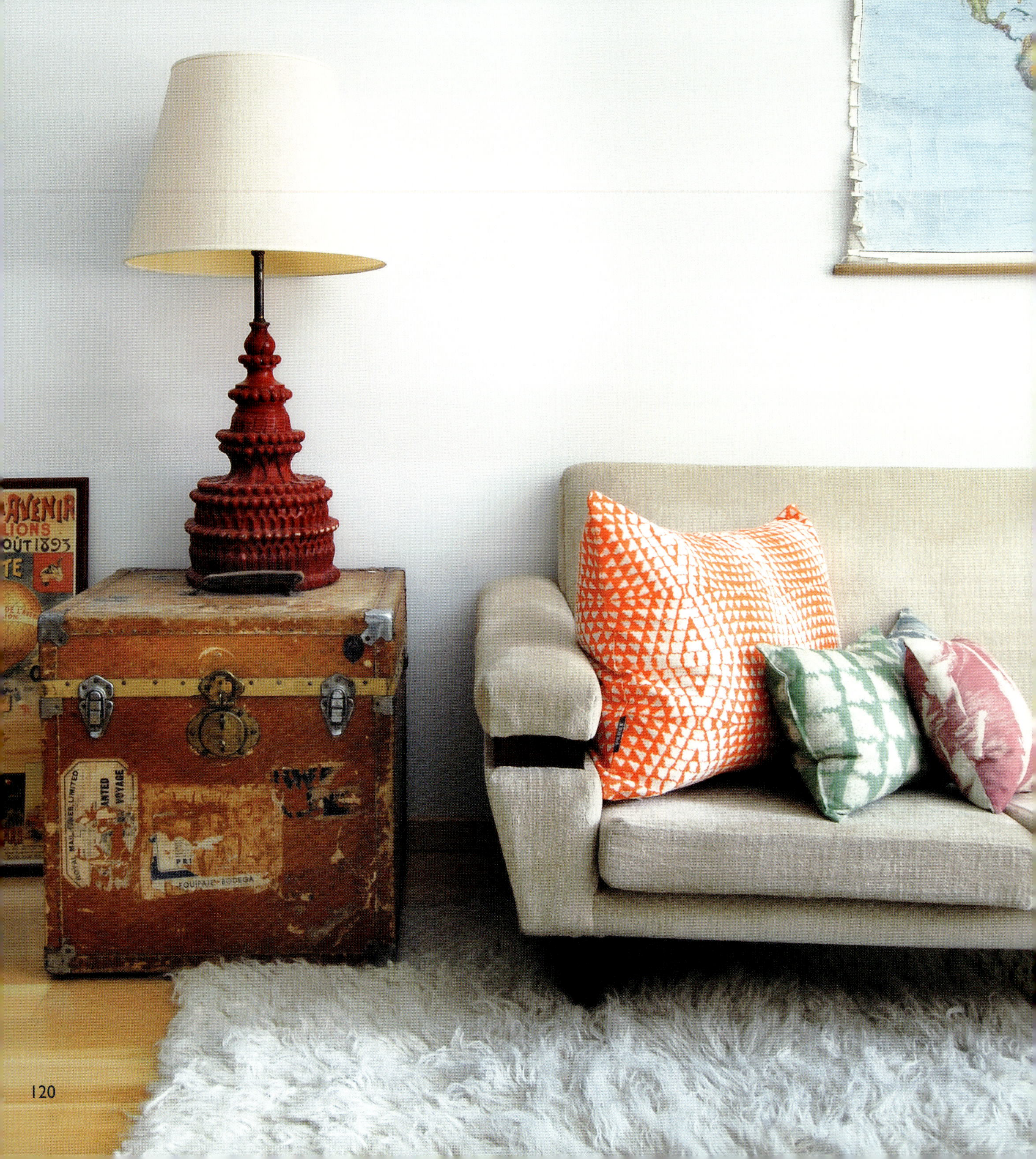

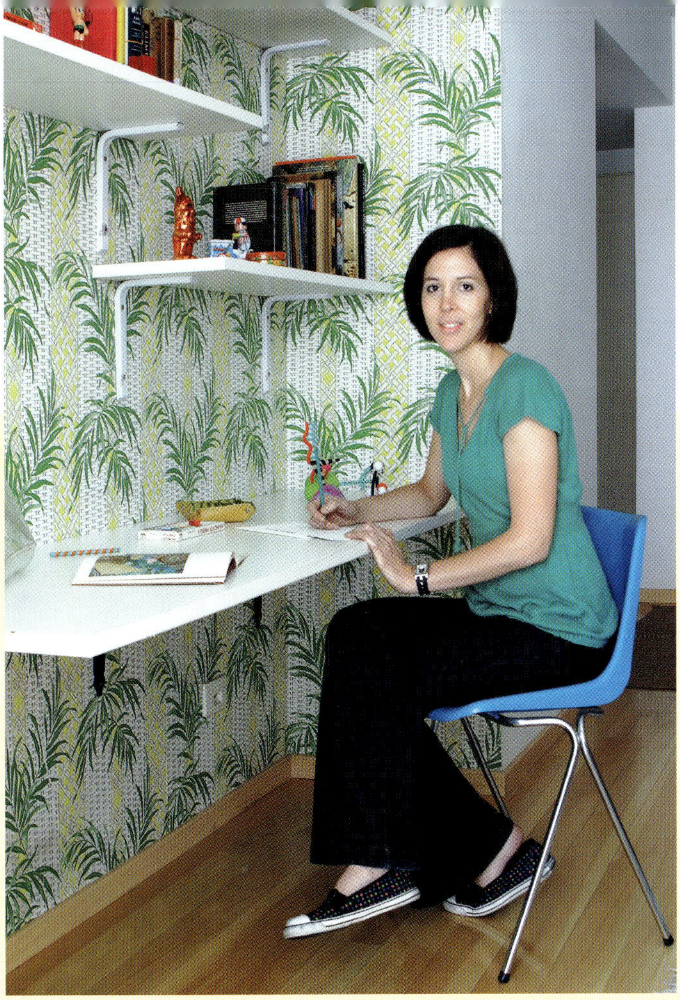 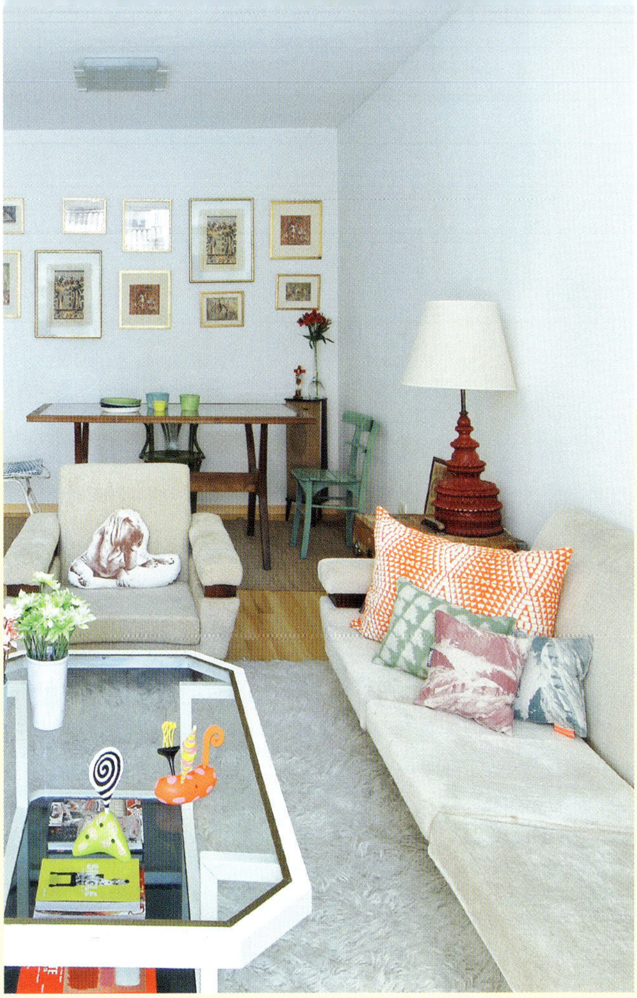

weltoffen und heimatverbunden

Die clevere Bewohnerin montierte den Einbauschrank im Wohnzimmer ab, um so eine zusätzliche Nische für ihren Arbeitsplatz zu schaffen (Bild oben links). Um den Bereich optisch vom übrigen Wohnraum abzugrenzen, tapezierte sie ihn mit einer auffälligen „Dschungel"-Tapete. Den türkisen Stapelstuhl kann sie auch schnell an den Esstisch stellen, wenn Freunde zu Besuch kommen.

Die Idee, um den Esstisch unterschiedliche Stühle zu platzieren, entstand aus der Not heraus: Susanne zog lediglich mit einem einzigen Stuhl ein und wollte diesen behalten. Also suchte sie bei Trödlern nach passenden Kompagnons. Die daraus entstandene bunte Mixtur verleiht dem Essplatz ein individuelles Aussehen und wirkt erfrischend anders (Bild oben rechts). Die Bilderwand am Kopfende des Raums fungiert als visuelle Einheit, der Sisalteppich am Boden dient als optische Begrenzung des unkonventionellen Essbereichs.

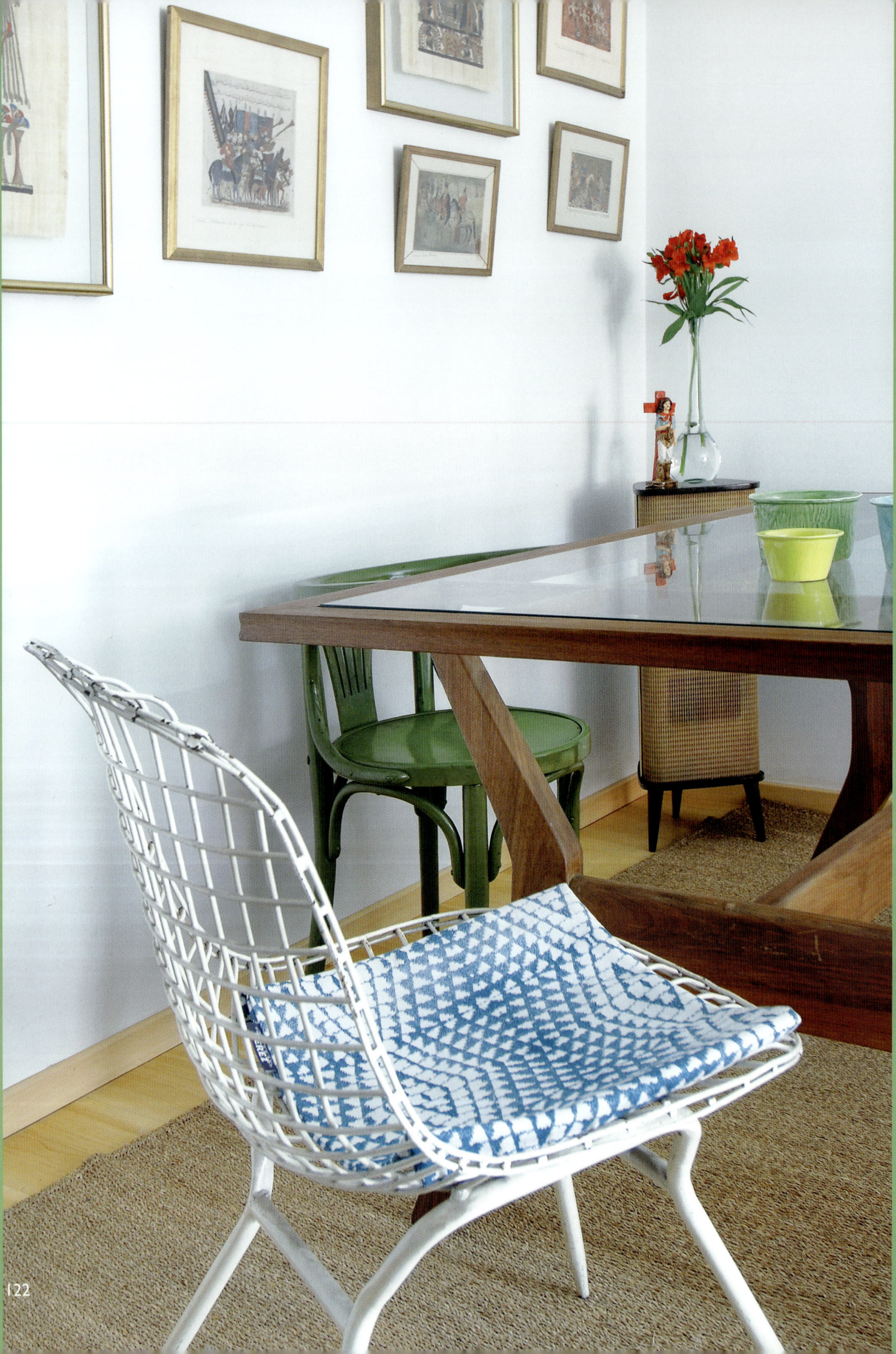

Bild linke Seite: Der skandinavische Tisch aus den 50er-Jahren bildet den Mittelpunkt des freundlichen Essplatzes. Ihm beigestellt ist ein kurioser Lautsprecher aus den Sechzigern mit geflochtenem Korpus, auf dem frische Blumen und eine Jesusfigur stehen.

Bild rechts oben: Über dem King-Size-Bett hängt eine zweigeteilte Malerei aus Japan. Das Bett samt Matratze lag Susanne in einem der Hotels Probe, welches sie auf einer USA-Reise besuchte. Sie kaufte es daheim nach.

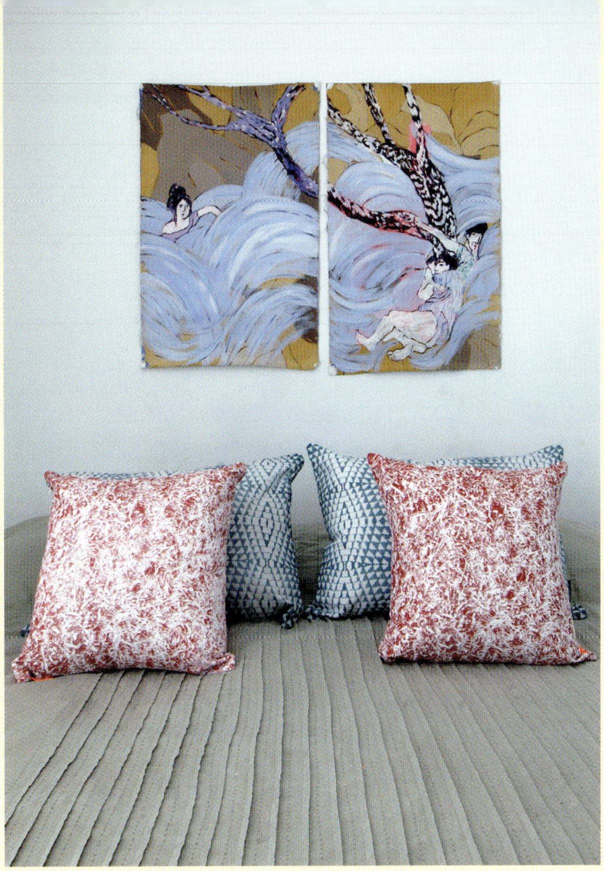

HARMONISCHER STILMIX

Bild rechts unten: Die Küchenzeile ist dank zweier schmaler Fenster taghell. Die braunen Mosaikfliesen sind noch original 70er-Jahre-Style. Die Bewohnerin beließ sie aus sentimentalen Gründen, weil sie sie an ihr Elternhaus erinnern. Die Küche ist dafür nagelneu und stammt von IKEA. Dank einer speziellen Software kann man beim Möbelriesen sogar von daheim aus alles mit einem 3D-Tool planen. Ideal, wenn man noch schnell etwas nachmessen oder ändern möchte.

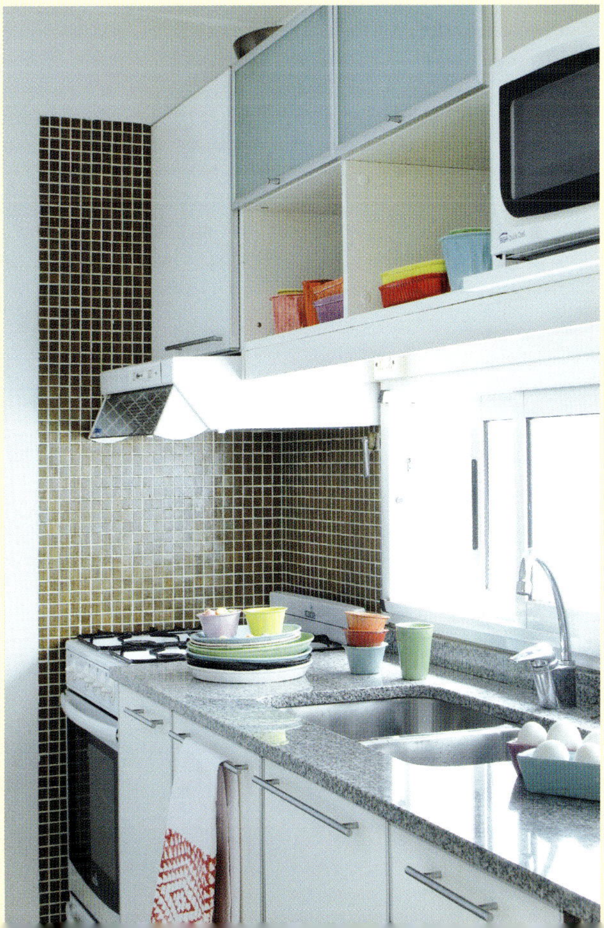

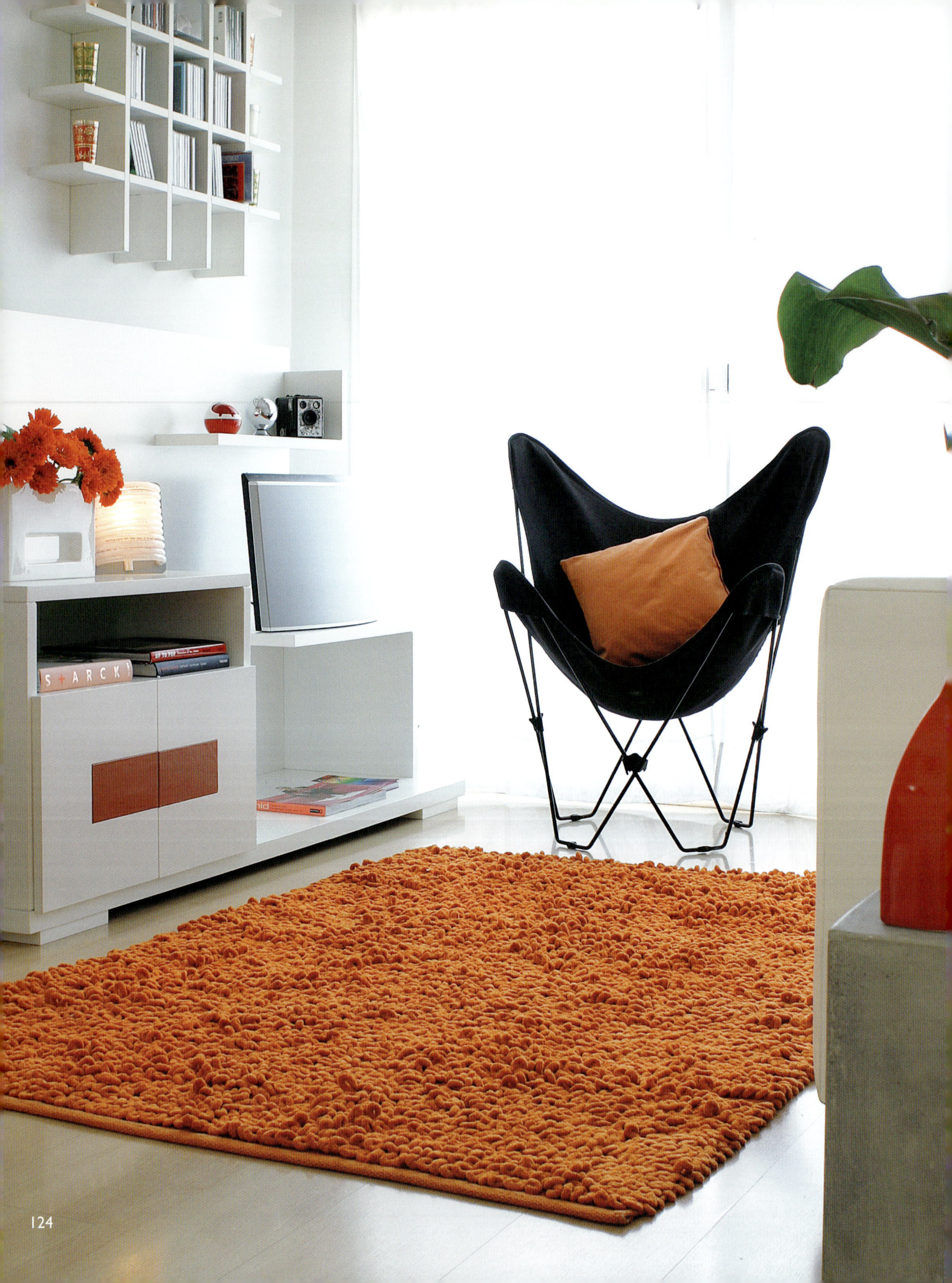

MODERNE WOHLFÜHLOASE

orange farbakzente machen diese miniwohnung gemütlich

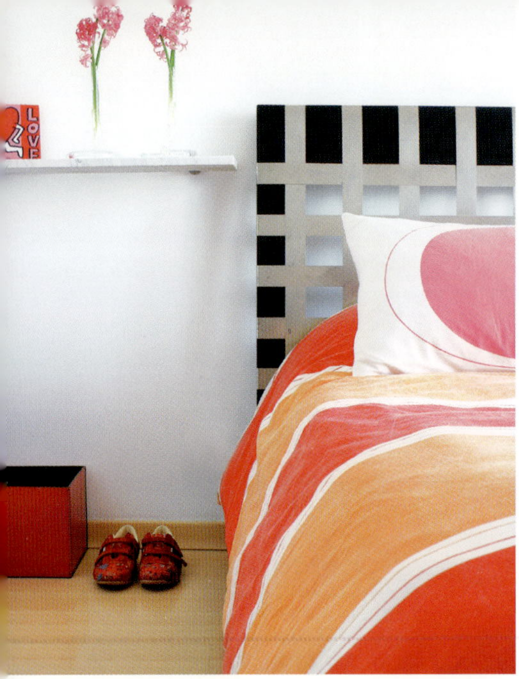
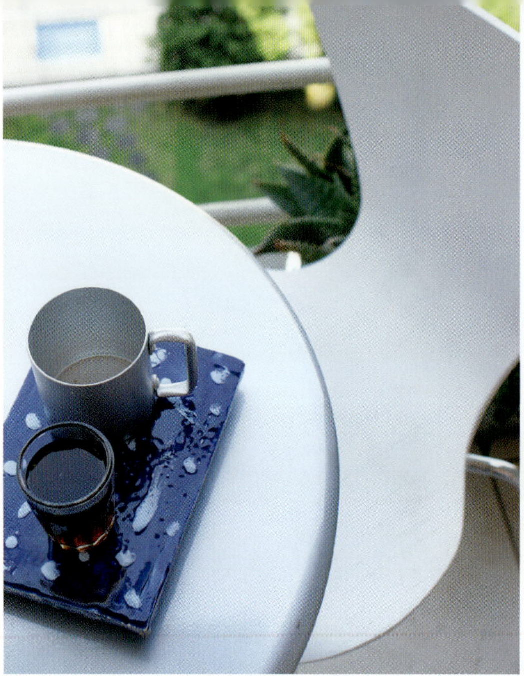
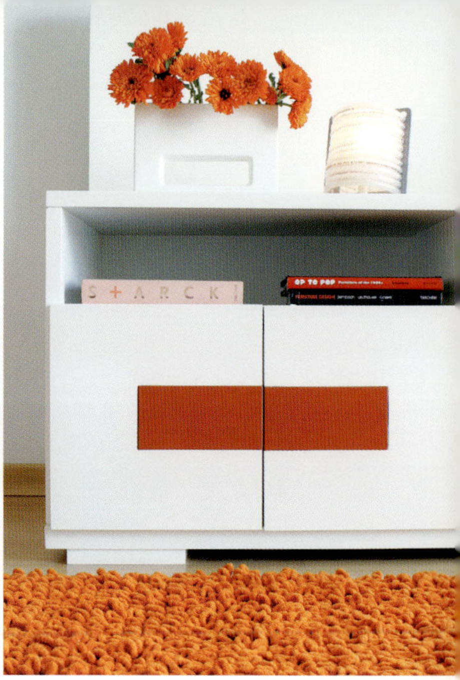
STARCK
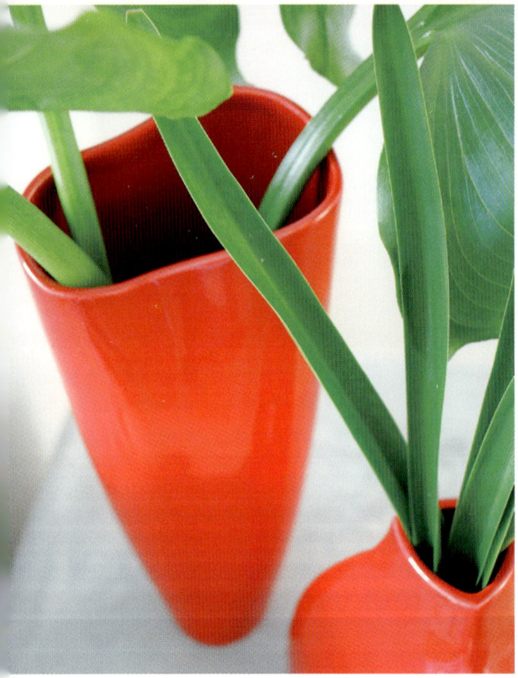
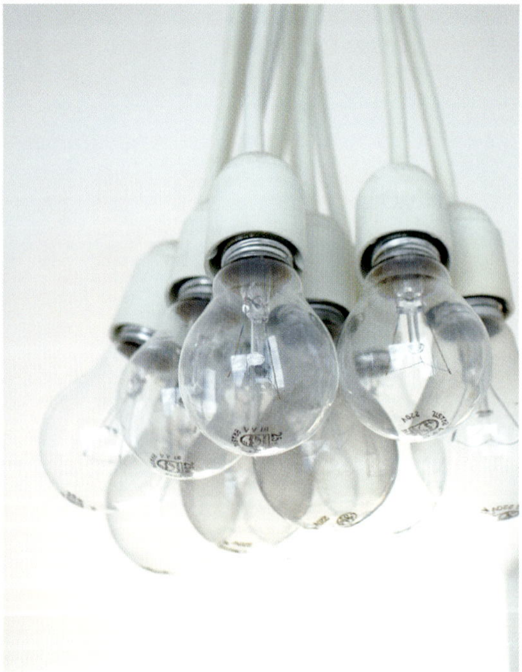
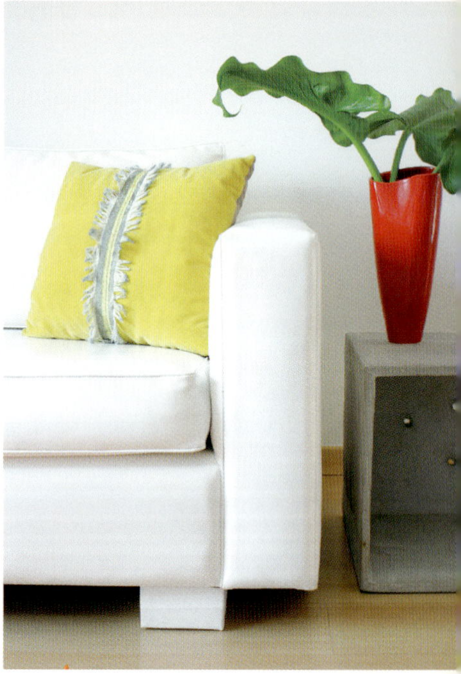
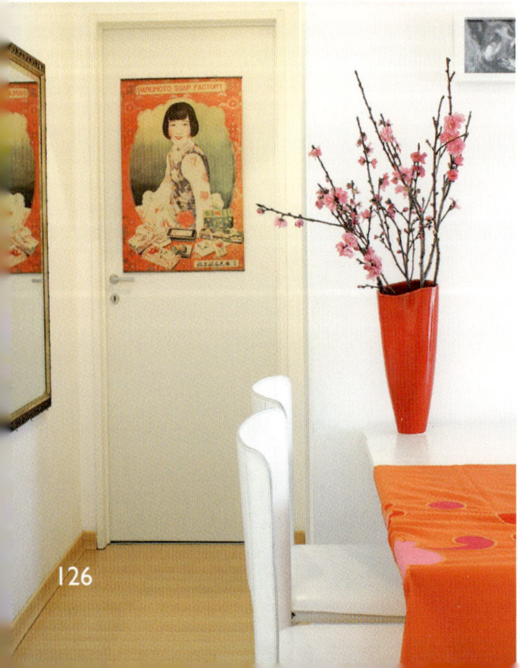
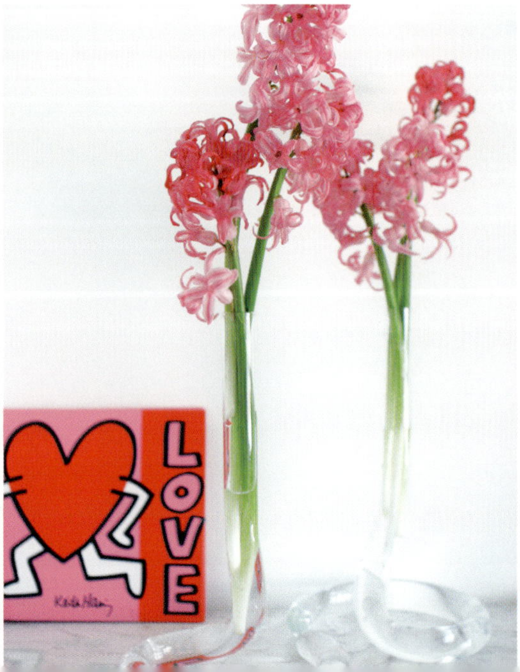
LOVE
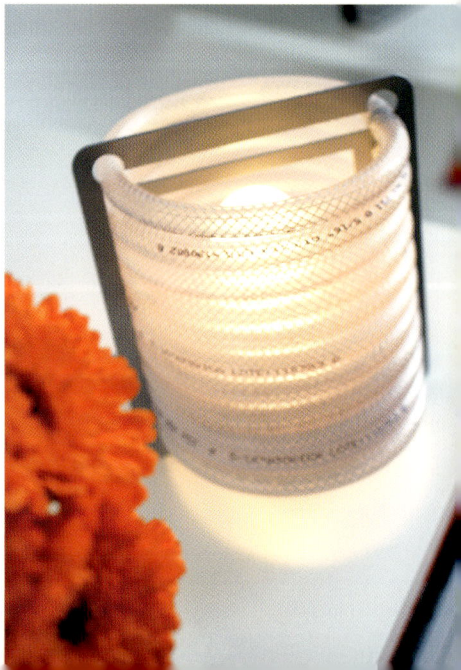

florentina steht auf design

Für Florentina war es Liebe auf den allerersten Blick. Denn es war auch das erste Apartment, das sie sich vor vier Jahren ansah, als sie ihre erste eigene Wohnung suchte. Grund für den Zeitdruck war, dass ihr Studienplatz in einer neuen fremden Stadt über ein Nachrückverfahren ganz plötzlich frei geworden war. Und da im Geldbeutel auch noch Ebbe herrschte und der Mietpreis genau dem entsprach, was sie ausgeben wollte, machte sie gleich Nägel mit Köpfen. Die ersten drei Jahre lebte Florentina ganz studenten-like mit minimalem Habitat auf kleinem Grundriss: ein Bett, eine Couch, ein Möbel für ihre Stereoanlage und ein Metall-Sideboard in der Küche waren ihr ganzes wohnliches Inventar. Aber auch wenn sich die Anfangsphase sehr spartanisch präsentierte, so hatte sie doch auch ihr Gutes. Alles, was neu dazu kam, wurde vor dem Kauf von Florentina genauestens auf Notwendigkeit und Look überprüft und auf das bereits bestehende Interieur exakt abgestimmt. Nach und nach kam immer wieder ein wunderbares Stück dazu. Um den dunklen Ledersessel von Bellini strich sie monatelang herum, bis sie ihn nach einem „Kassensturz" endlich kaufte. Immerhin bedeutete der Erwerb eines derartigen Designerstückes für die junge Bewohnerin ein kleines Vermögen. Aber lieber spart Florentina bei anderen Alltagsdingen wie Klamotten und Kinobesuchen, als sich mit einem Kompromiss zufrieden zu geben. Diese grundlegende Einstellung ist überall in der 50 Quadratmeter großen Wohnung gegenwärtig. Alle Möbel und Gegenstände sind mit Bedacht gewählt und für den Kenner ein klares Indiz für eine große Affinität zu modernem, hochwertigem Design. Auf dem Coffeetable liegt verräterisch ein Buch über Karim Rashid. Der amerikanische Industriedesigner gilt als „Popstar der Designwelt" und Mitbegründer der Postmoderne. Er ist für die Studentin ein riesiges Vorbild in Sachen Wohnen und Lifestyle. So nahm sie zum Beispiel den Nachbau der Lampe Bundle Light von Present Time in die eigene Hand und bündelte weiße Glühbirnenfassungen vom Baumarkt zu einer witzigen Leuchte, die jetzt dekorativ über dem Esstisch schwebt. Oder sie funktionierte eine Weinkiste als Beisteller um, indem sie ihr einen neuen mattgrünen Anstrich verpasste. Wer weiß, was wohl als Nächstes kommt? An Fantasie und Eigeninitiative mangelt es Florentina zumindest nicht.

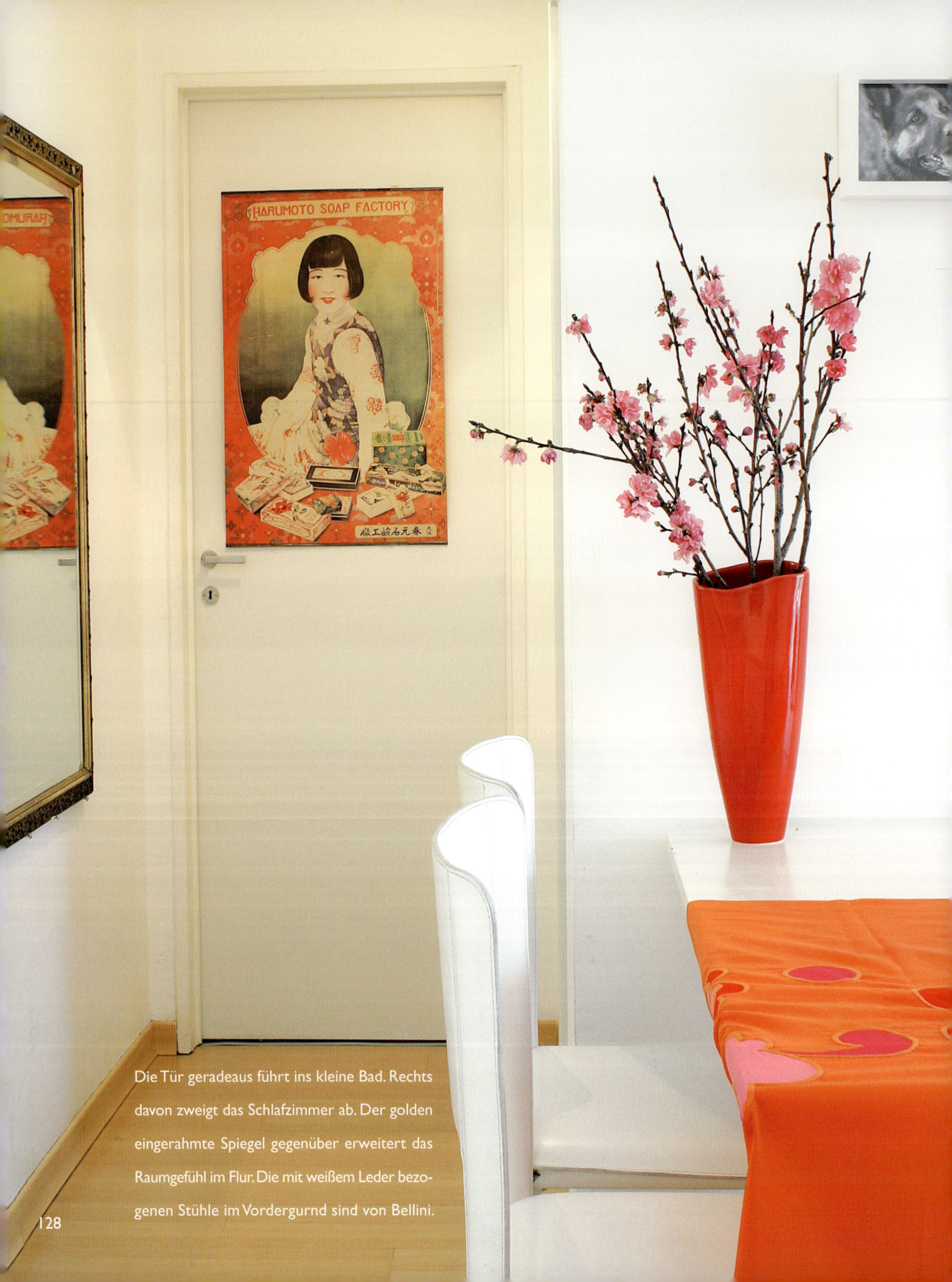

Die Tür geradeaus führt ins kleine Bad. Rechts davon zweigt das Schlafzimmer ab. Der golden eingerahmte Spiegel gegenüber erweitert das Raumgefühl im Flur. Die mit weißem Leder bezogenen Stühle im Vordergurnd sind von Bellini.

Das Plakat unten links brachte eine Freundin von einer Asien-Reise mit. Es passt wunderbar zu den orangen, roten und rosafarbenen Farbakzenten in der Wohnung und weist nun auf anschauliche Art den Weg zum Badezimmer.

Den Esstisch unten rechts im Bild erbte Florentina von ihrer Großmutter. Sie strich ihn weiß an. Er ist klappbar und deshalb sehr alltagstauglich. Wenn viele Freunde zum Essen kommen, und das passiert ziemlich häufig, wird er vergrößert. Sonst steht er auch mal wie hier platzsparend quer an der Wand. Die Durchreiche zur Küche ist eine praktische Erfindung der 80er-Jahre. Hier lässt die Öffnung zudem noch zusätzliches Tageslicht in den Raum einfluten.

FEMININER **ESPRIT**

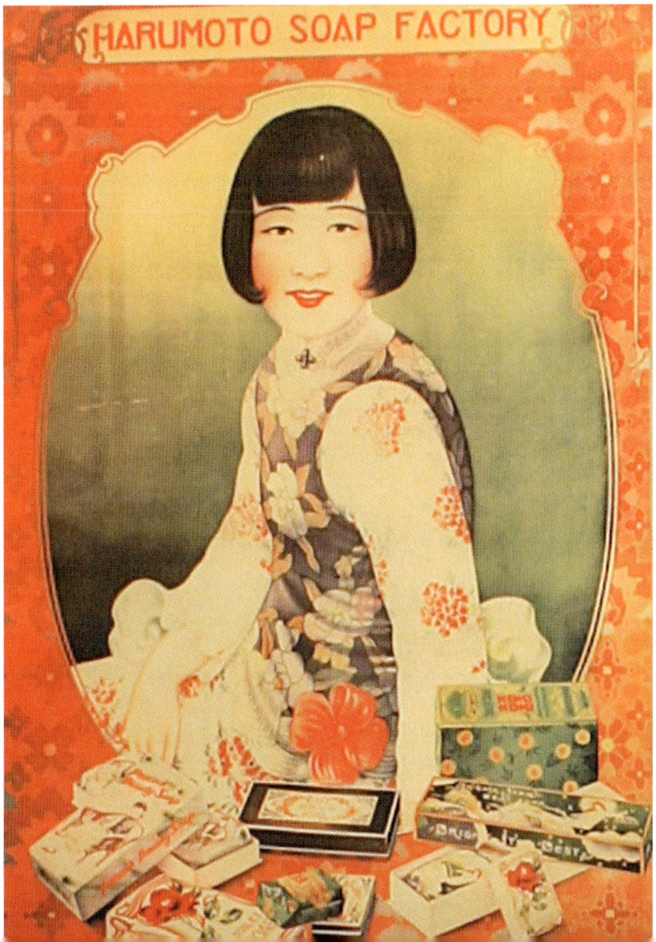

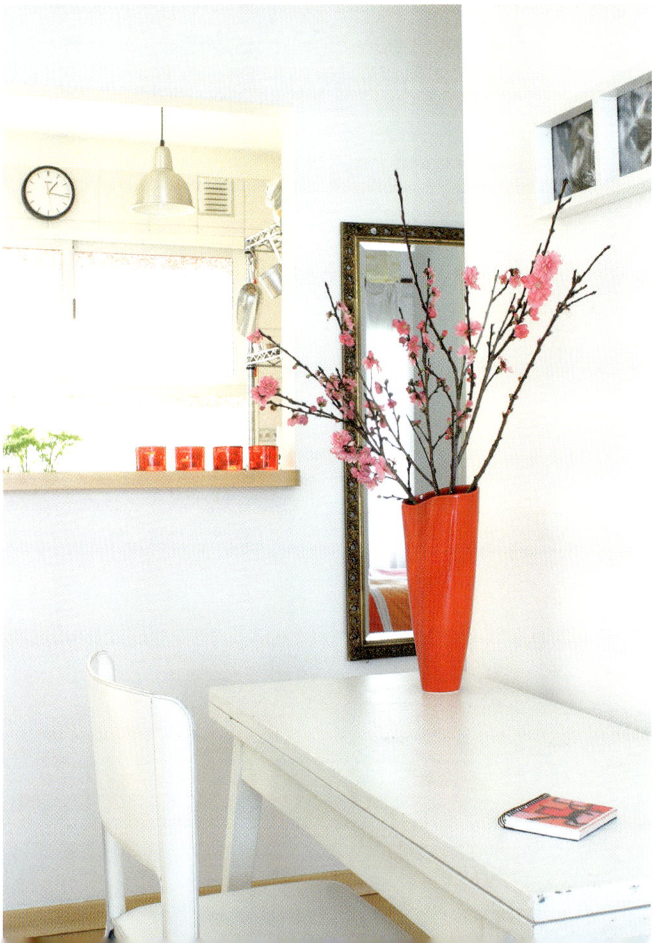

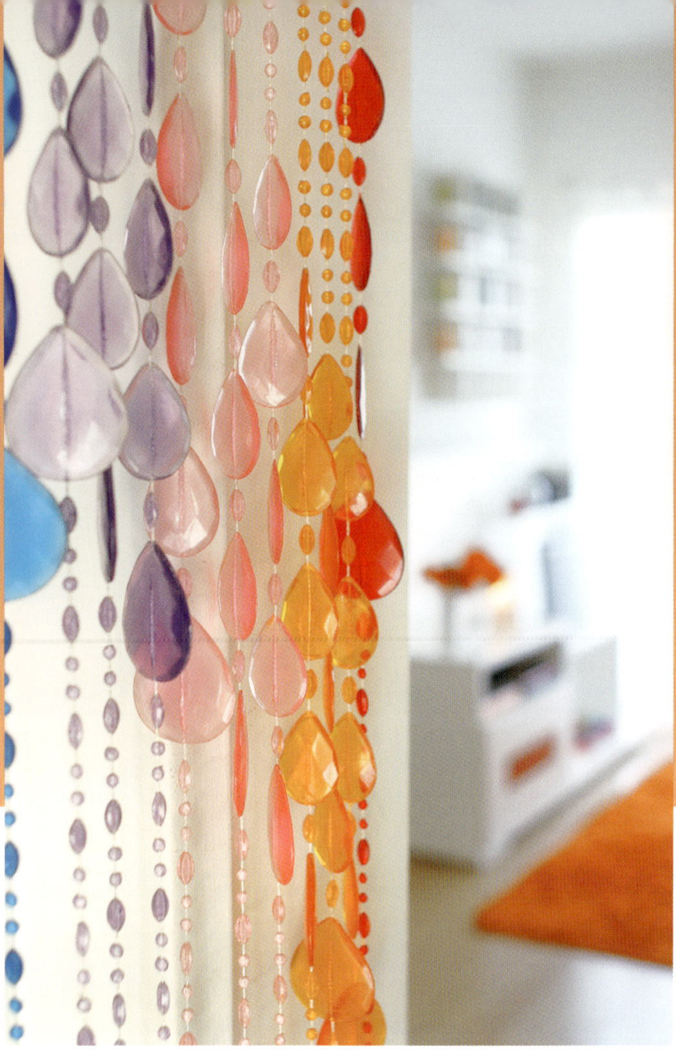

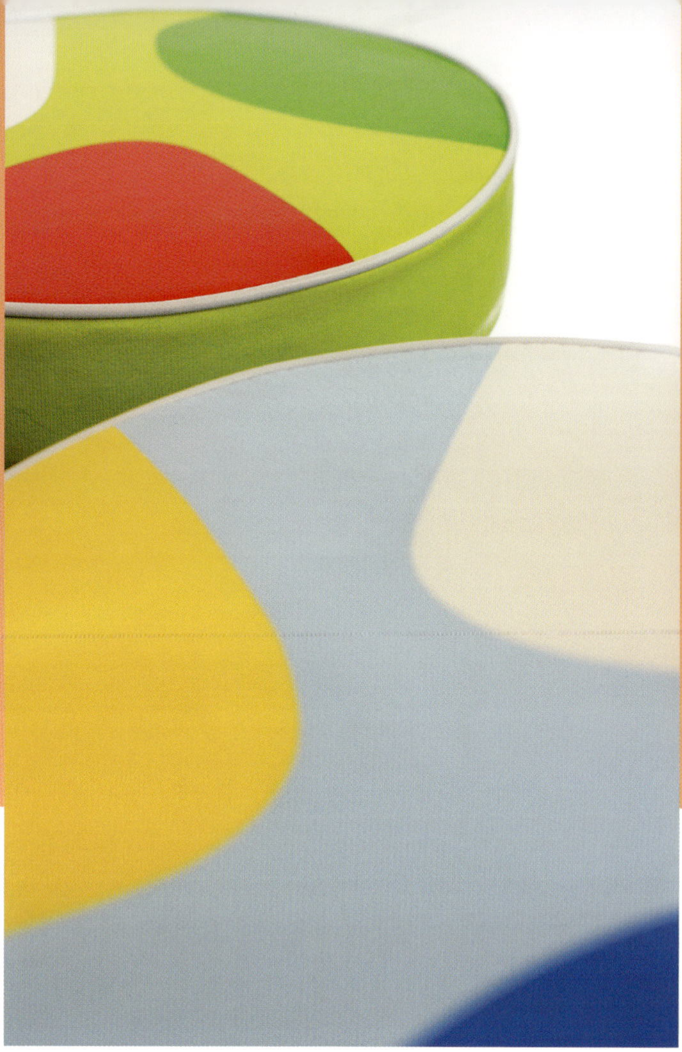

ein bunter mix aus farben und formen

Bild oben links: Blick von der schmalen Kochnische in den hellen Wohnraum. Den hübschen Perlenvorhang Multikulti gibt es bei Kare.

Bild oben rechts: Die witzigen Chromhocker von Capital sind mit ihren knalligen Sitzbezügen ein extravaganter Blickfang.

Bild rechte Seite: Das zusammensteckbare Metallregal in der Küche war eines von Florentinas ersten Möbelstücken. Die orangen Salz- und Pfeffer-Streuer mit dem passenden Namen „Lilliput“ sind von Alessi und zeugen von der Design-Affinität der Bewohnerin.

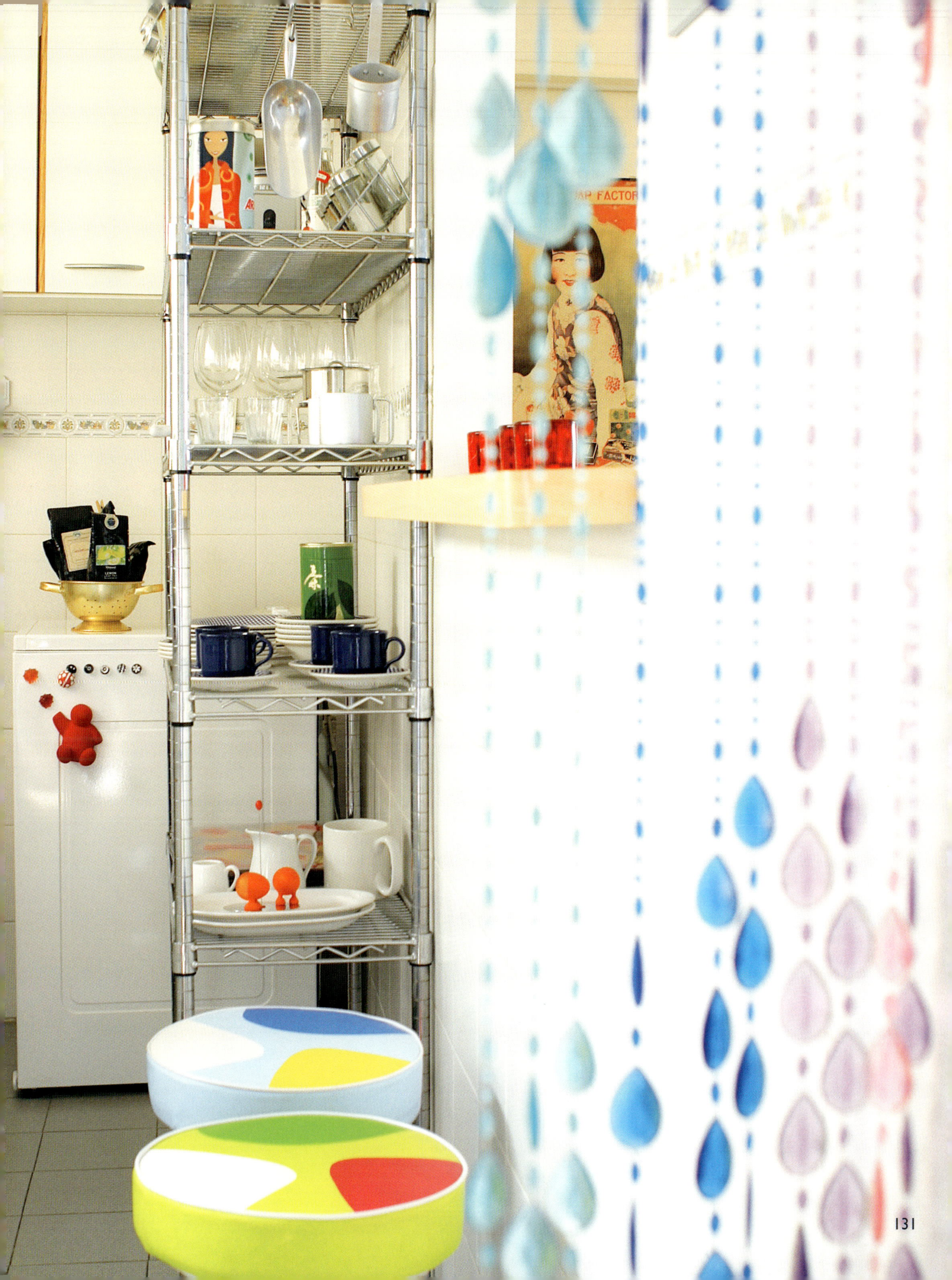

Der Phonoschrank (oben im Bild) ist ein Möbelmarkt-Mitnahmestück und stammt aus den Anfängen des Projektes „Erste eigene Wohnung“. Die Liebe für auffällige Möbel blieb erhalten, nur die Qualität und Wertigkeit haben sich bei den Nachzüglern verändert.

Das Buch „I want to change the world“ von Karim Rashid (Bild unten) gilt als Design-Fibel. Unter dem Begriff des Wandels widmet sich der Bildband dem umfassenden, zukunftsorientierten Werk des amerikanischen Industriedesigners, der auch einen großen Einfluss auf Florentina und deren Wohnungsgestaltung hatte.

Das Bild auf der rechten Seite vermittelt den Eindruck, dass sich die junge Bewohnerin in ihren stilvoll eingerichteten vier Wänden pudelwohl fühlt.

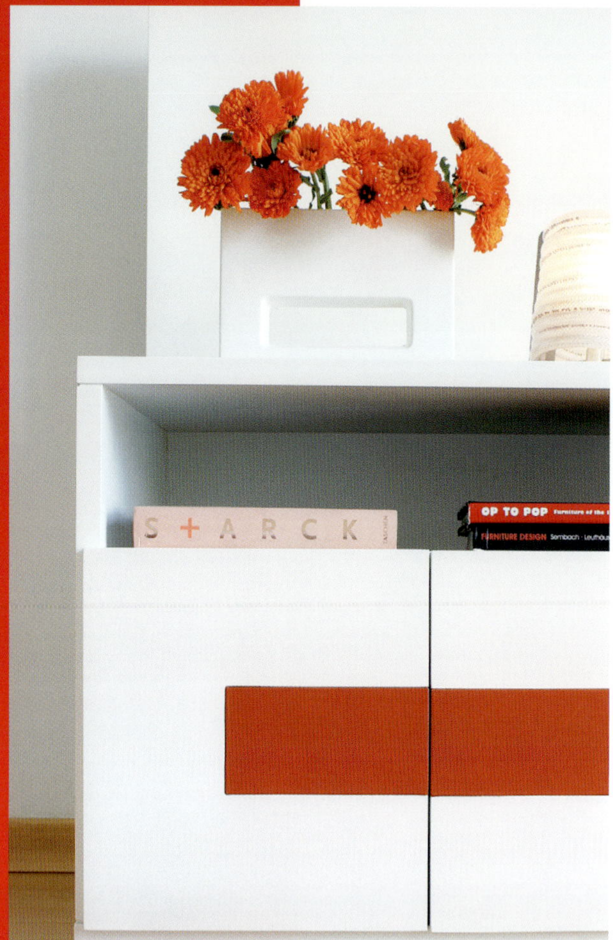

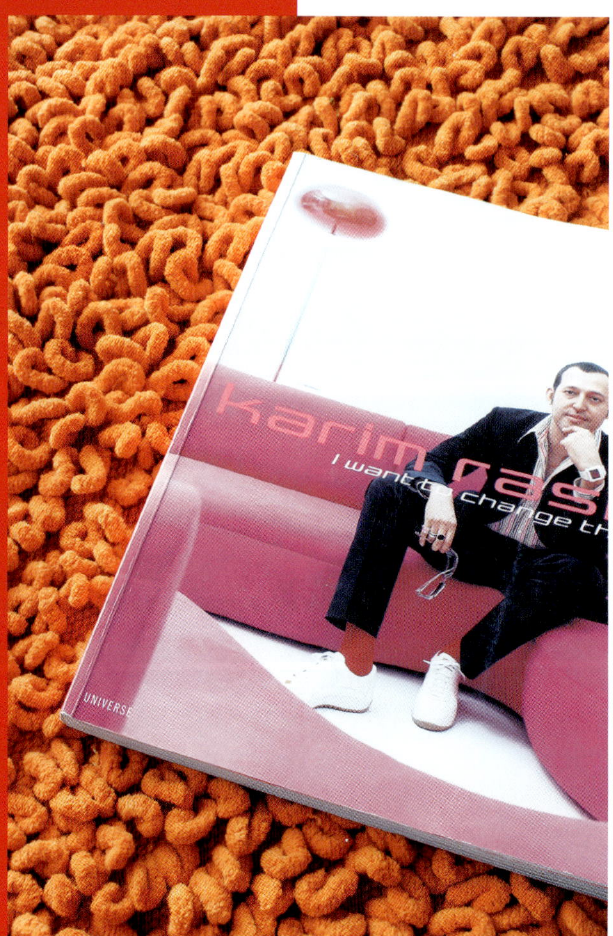

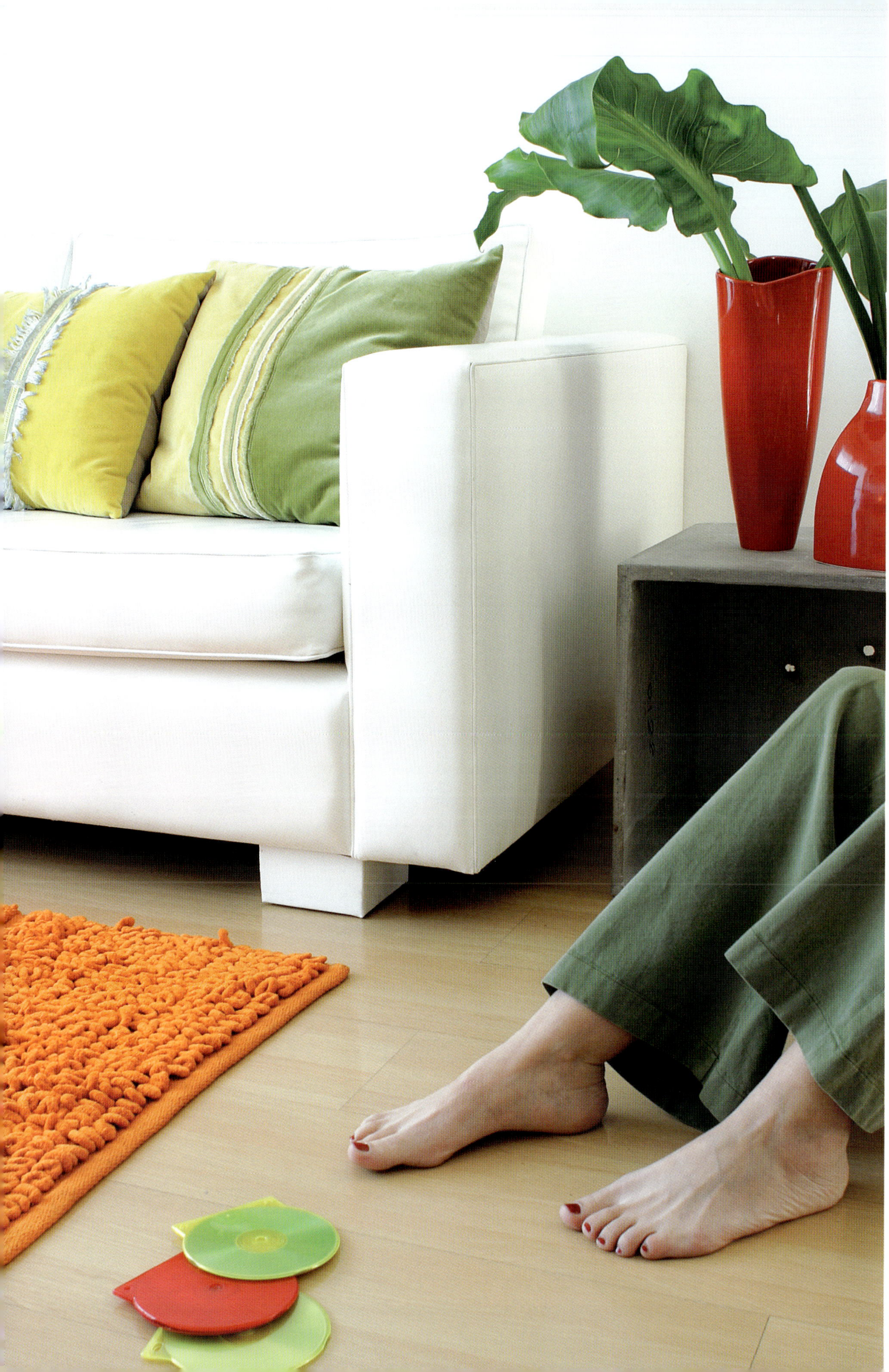

mit beiden beinen wohnlich auf dem teppich geblieben

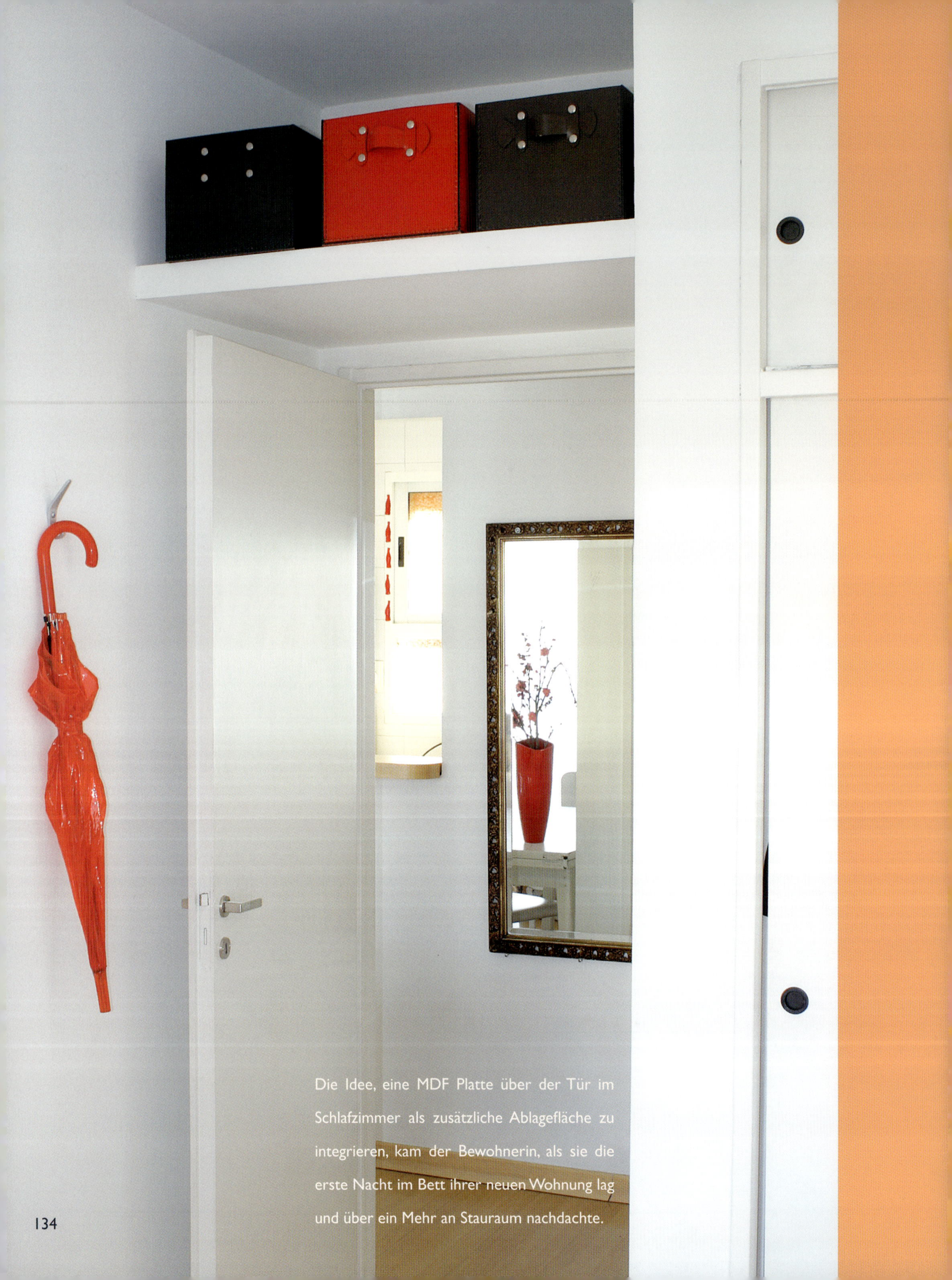

Die Idee, eine MDF Platte über der Tür im Schlafzimmer als zusätzliche Ablagefläche zu integrieren, kam der Bewohnerin, als sie die erste Nacht im Bett ihrer neuen Wohnung lag und über ein Mehr an Stauraum nachdachte.

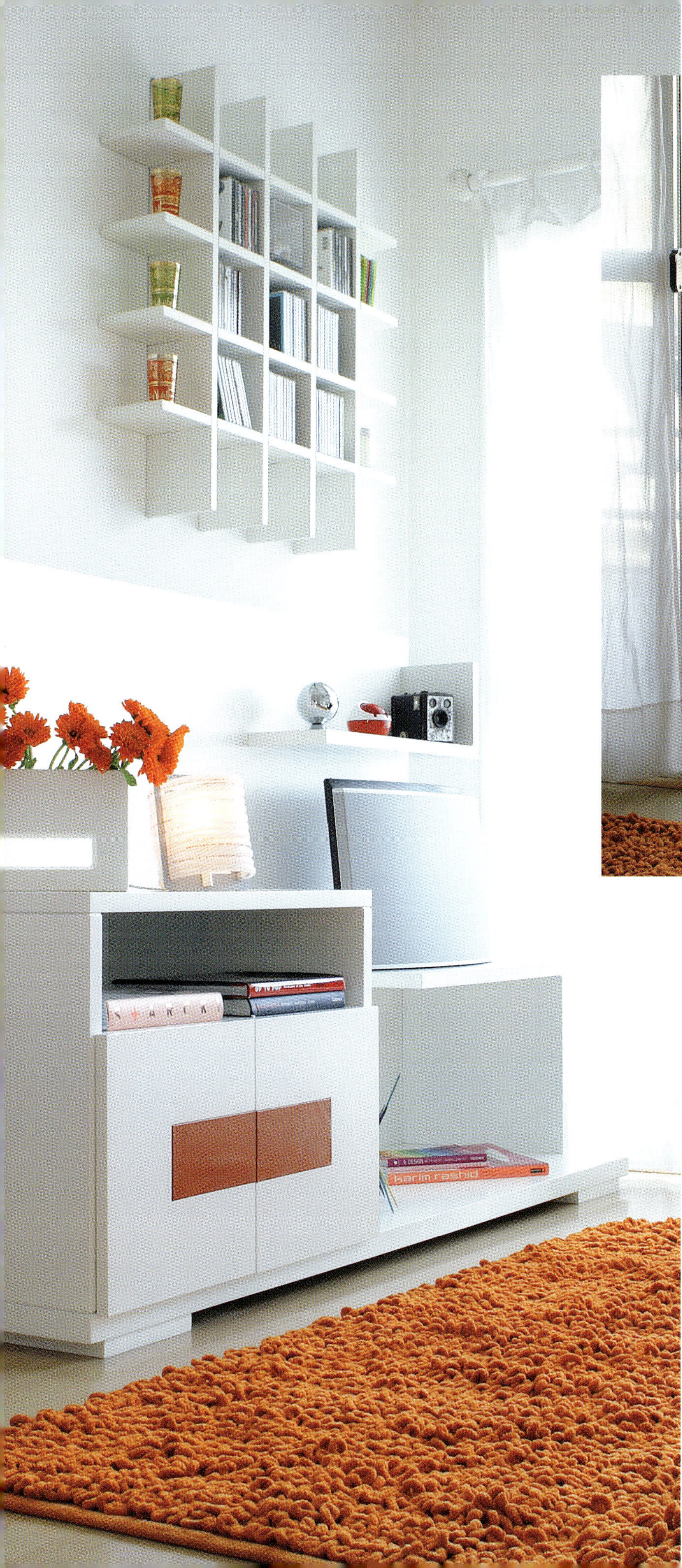

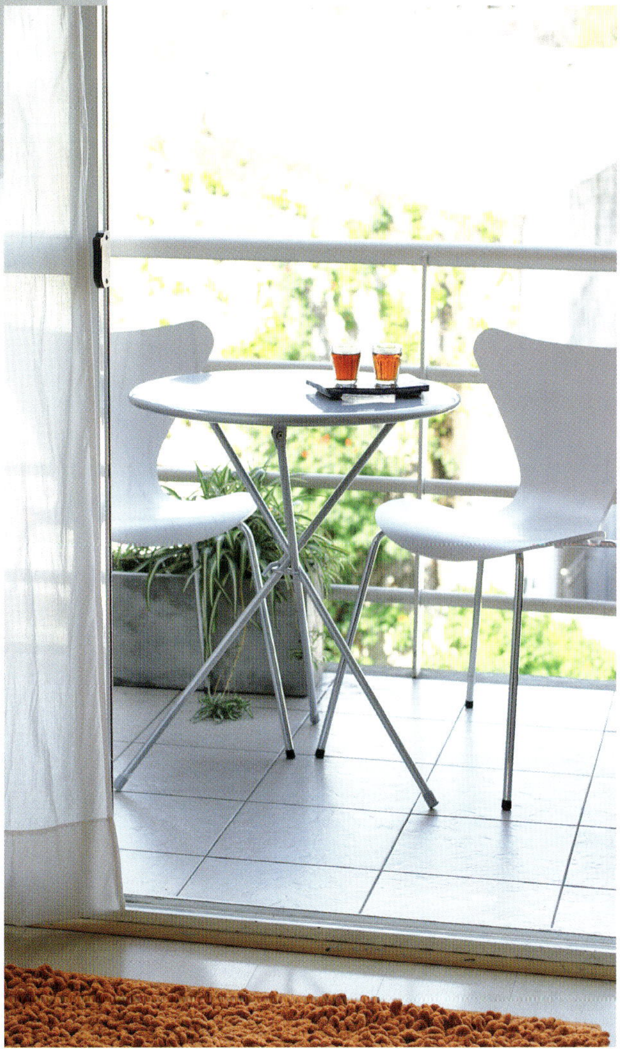

Da die Front des Hifi-Schranks Orange akzentuiert ist, war für Florentina die Farbauswahl für den Teppich schon vorgegeben (Bild links). Übrigens ist es ganz nebenbei ihre Lieblingsfarbe, was nur unschwer an den vielen kleinen liebevollen Details zu erkennen ist.

Der Balkon oben mit Blick in den begrünten Innenhof ist für die Studentin purer Luxus. Hier kann sie ungestört lernen und relaxen. An warmen Tagen erweitert er zudem den Wohnraum nach draußen.

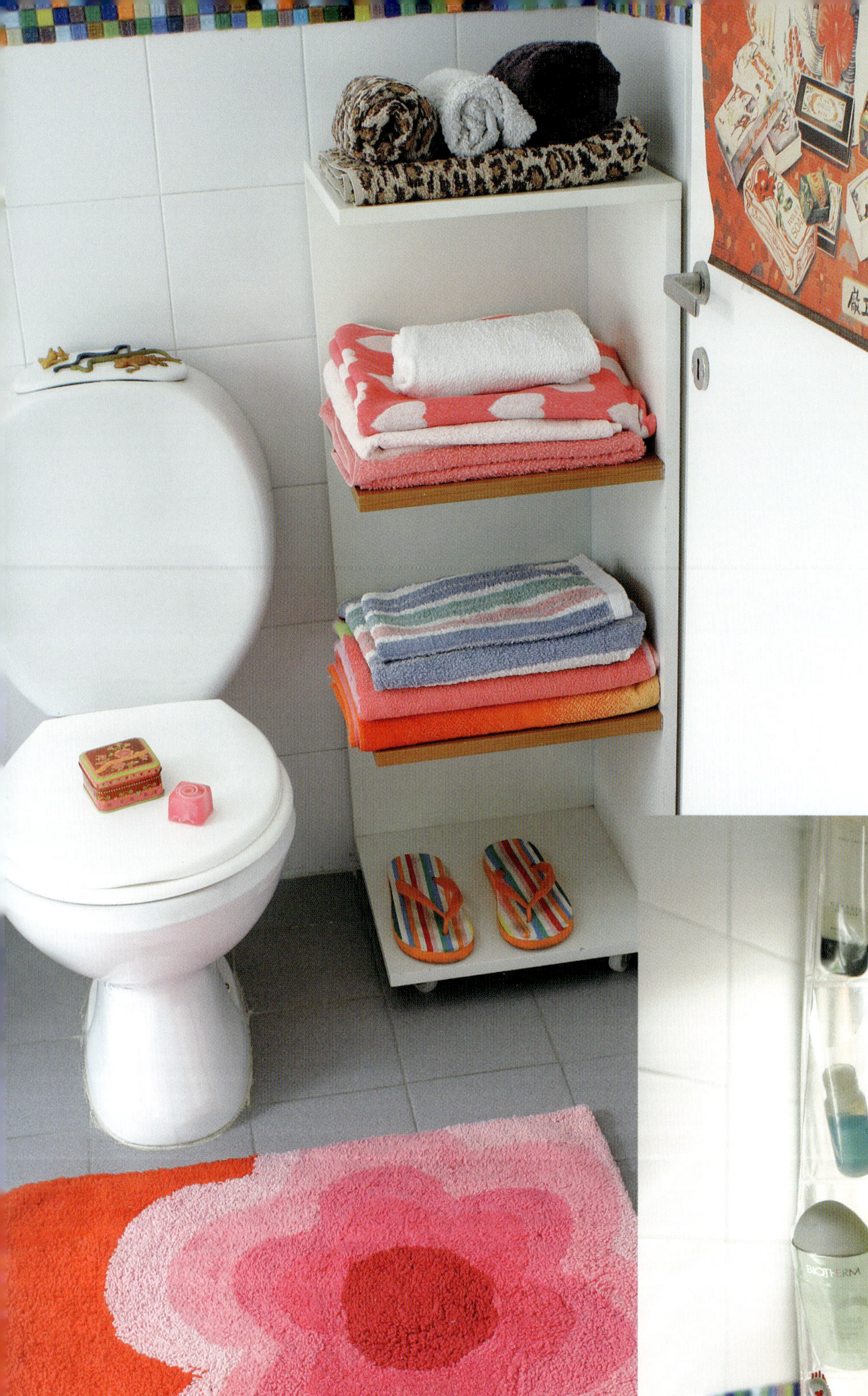

Um dem weißen Bad ein wenig mehr Pepp zu verleihen, brachte Florentina eine bunte Borte über den schon bestehenden Keramikfliesen an (Bild links). Das rollbare Eckregal geht ebenfalls auf das Kreativkonto der Bewohnerin.

In der Detailansicht unten sieht man den sehr praktischen Duschvorhang von „Hab und Gut", der jede Menge Platz für mehr oder auch weniger wichtige Dinge bietet.

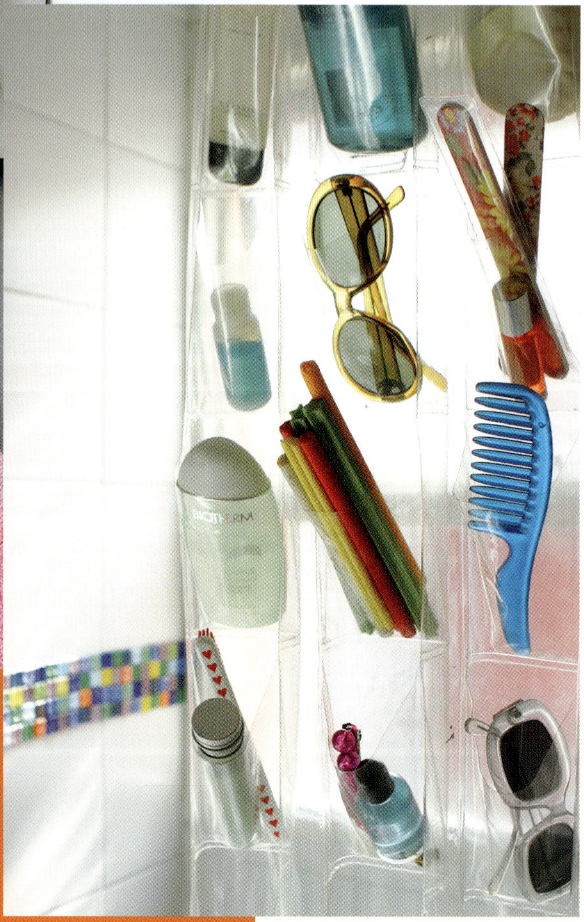

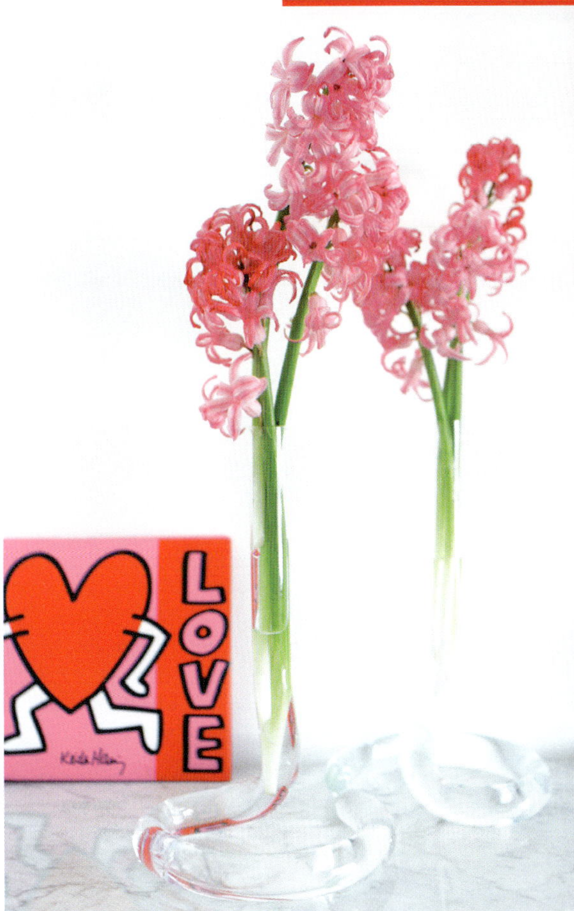

Vom gemütlichen Bett im Schlafzimmer aus (Bild rechts) kann Florentina direkt in den blauen Himmel schauen und bei einer Lernpause ihren Tagträumen nachgehen. Das nostalgische Telefon im Silber-Look ist aus Holz und nur Deko.

Die Detailansicht oben zeigt das Bild „Love" von Keith Haring. Die verschlungene Blumenvase in Reagenzglas-Optik stammt aus einem Designshop.

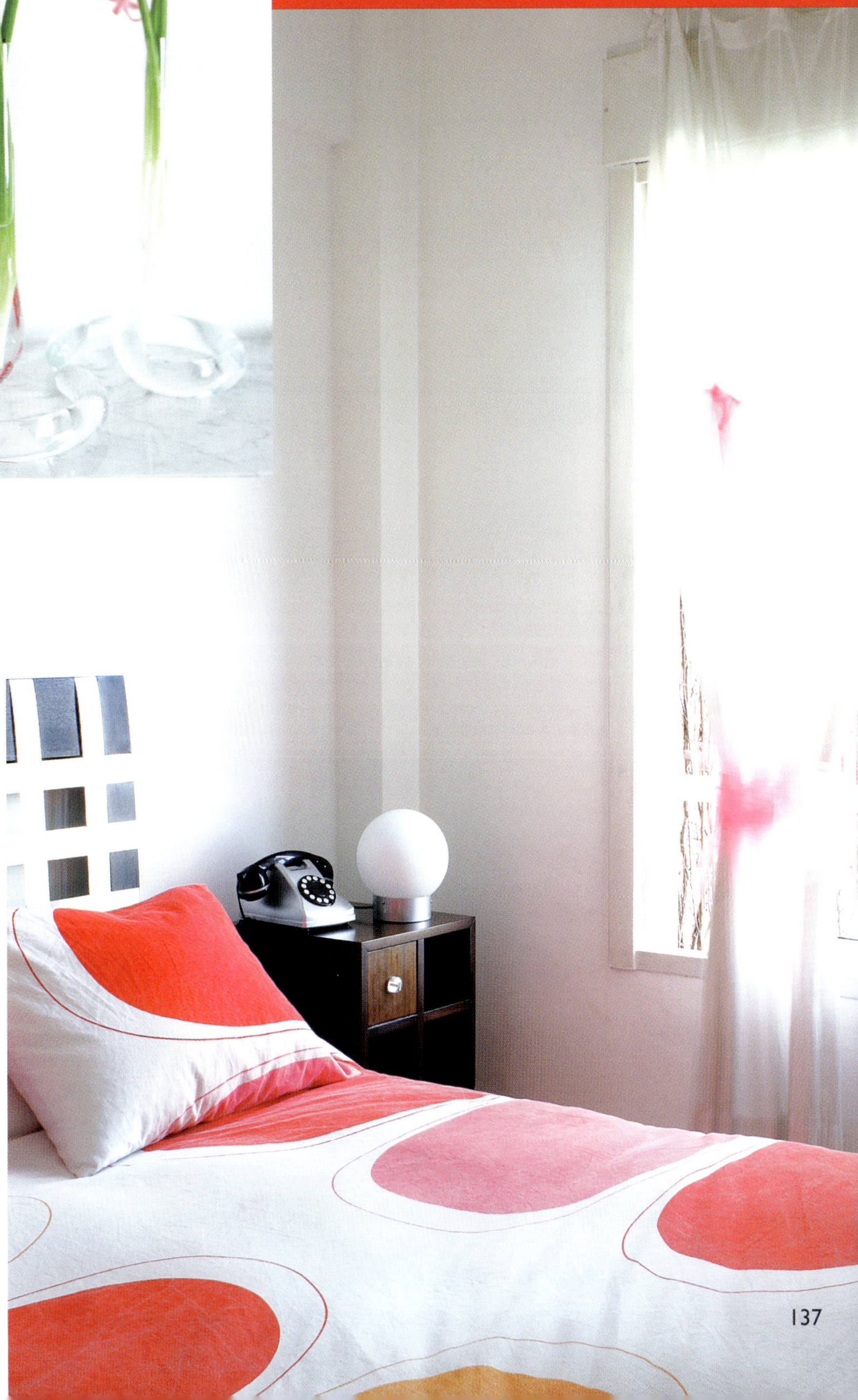

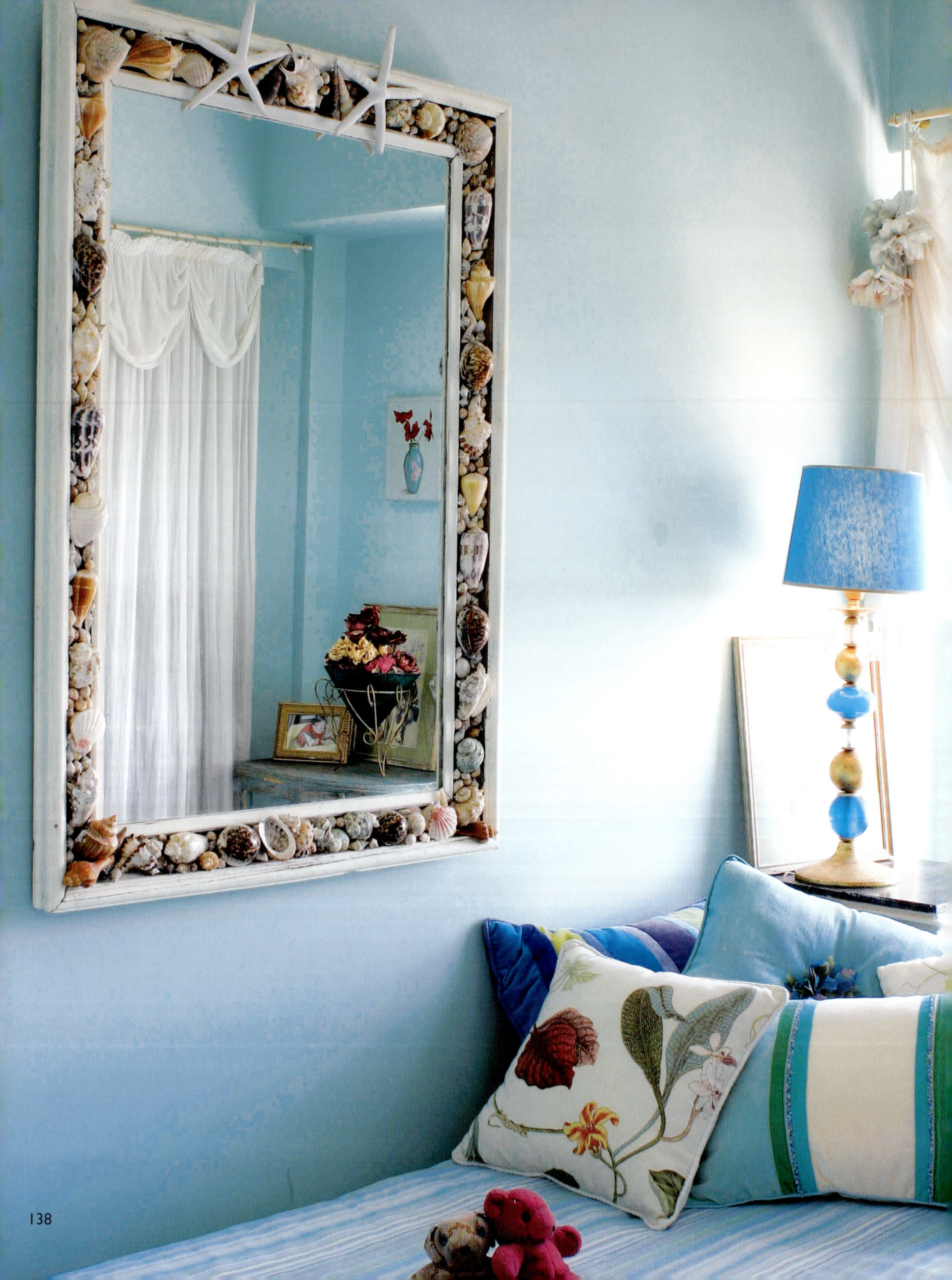

farben voller energie

souvenirs aus aller welt sind das fröhliche elixier dieses zuhauses

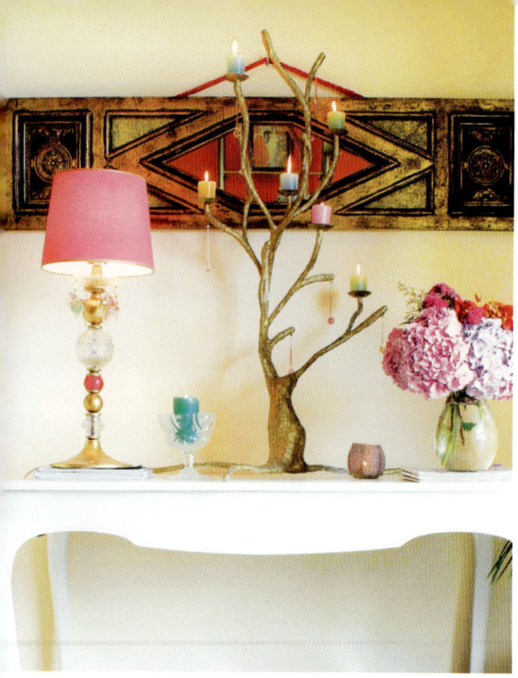
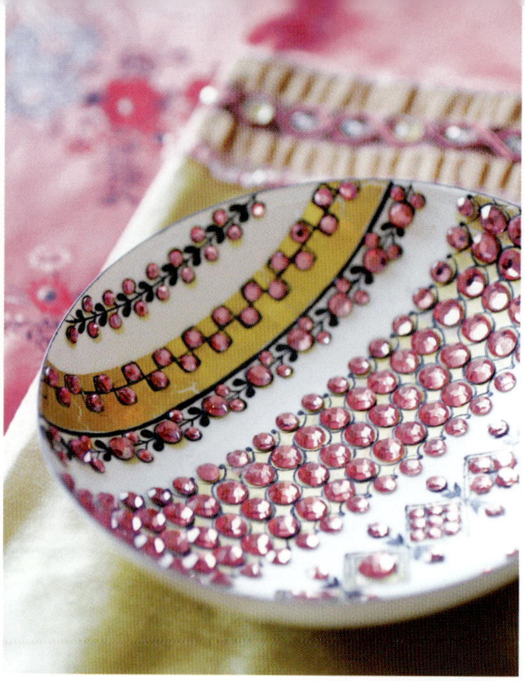
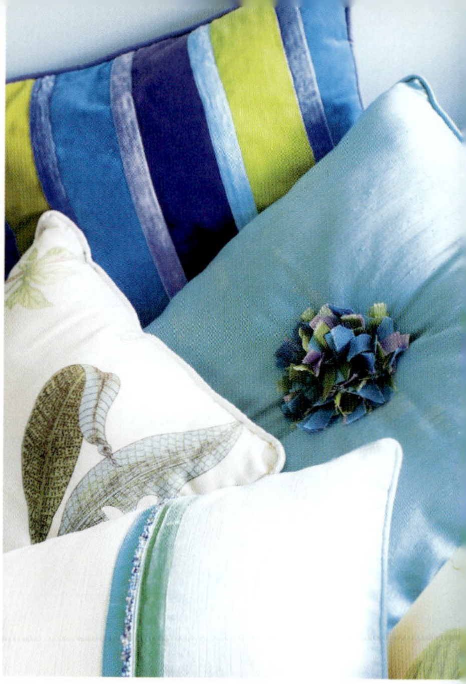
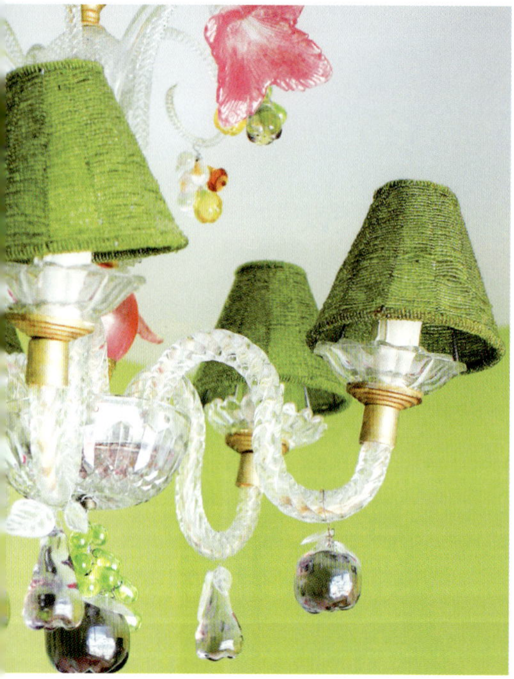
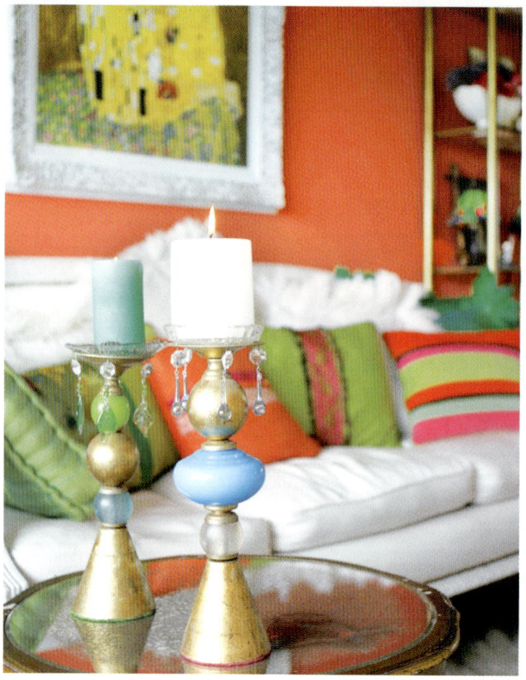
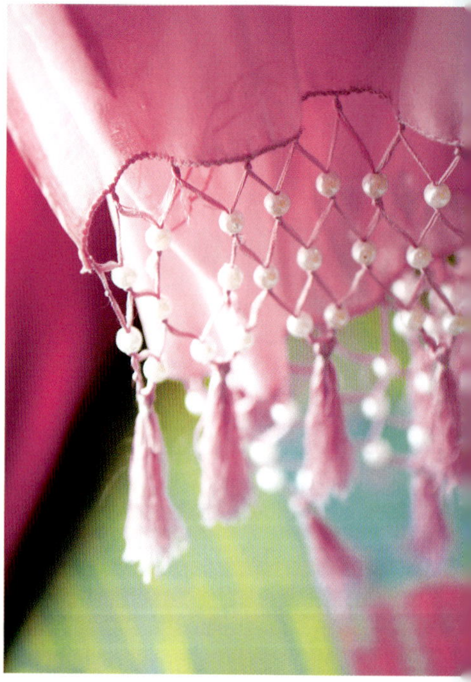
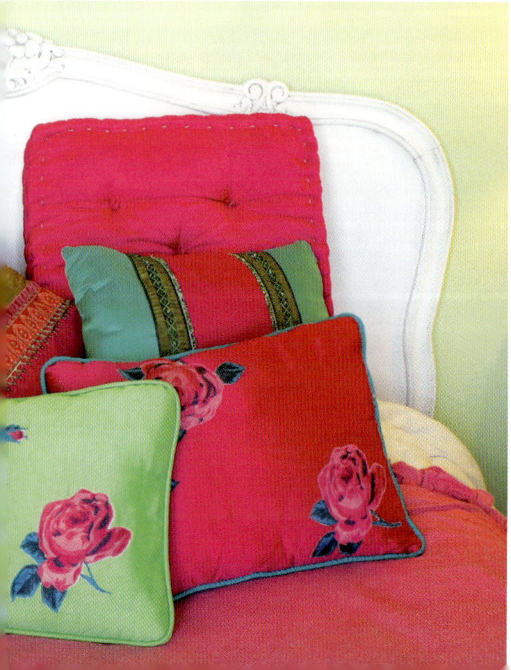
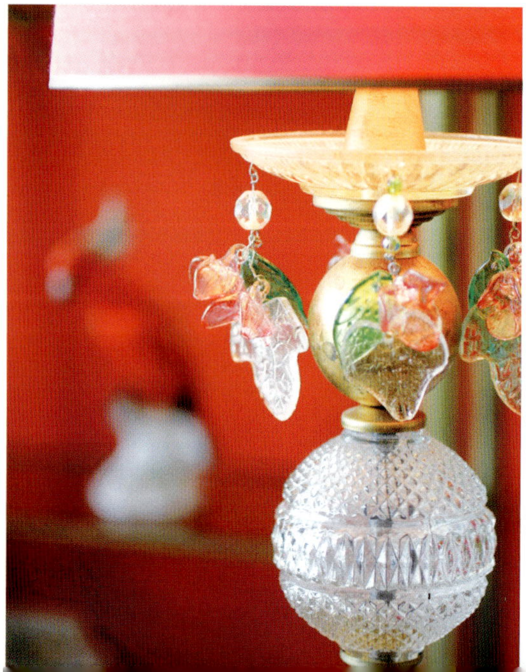
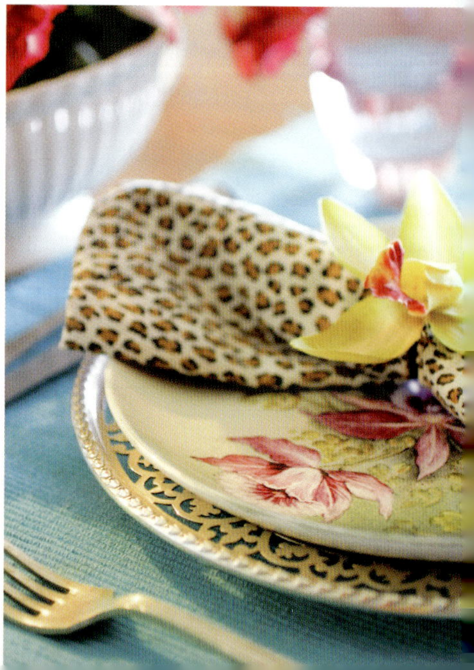

sonia liebt es eklektisch

Wenn man Sonia besucht, taucht man in eine Welt voller Fantasie ein. Vorstellungskraft ist es auch, was das Multitalent in ihrem Job jeden Tag aufs Neue benötigt: Sie ist als gefragte Designerin und Innenausstatterin im Mode- und Interieur-Bereich tätig. Privat lebt Sonia mit ihrer Tochter Dalia zusammen, einem liebenswerten Teenager, der die Liebe zu bunten Farben und Mixturen mit ihr teilt. Gemeinsam haben es sich die beiden Damen in einem 75 Quadratmeter großen Refugium so richtig schön gemacht. Überall wo man hinsieht gibt es bequeme Sitzgelegenheiten und Plätze zum Verweilen und Entspannen. Insgesamt verfügen Sonia und Dalia über drei Schlafzimmer, zwei Bäder (so kommt man sich morgens nicht in die Quere), ein Wohnzimmer mit Essplatz, eine Küche und eine kleine Terrasse. Da Sonia beruflich viel auf Reisen ist und früher in Paris und Rio de Janeiro lebte, wundert es nicht, dass ihre stete Begegnung mit anderen Kulturen auch in ihrem häuslichen Umfeld sichtbare Spuren hinterlassen hat. So paaren sich auffällige Tierfellprints mit grellen Blumenmustern, hübsch verzierte Lampenschirme korrespondieren liebevoll mit französischen Beistelltischchen. Doch bei allem Mut zum wohnlichen Anderssein mag Sonia dabei keine Übertreibungen. Die differenten Dinge, die sie miteinander kombiniert, sollen trotzdem zueinander passen. Der spannende Dialog ist es, der sie so fasziniert. Wenn sie also einen venezianischen Leuchter aus Murano Glas im Schlafzimmer mit selbst entworfenen grünen Lampenschirmchen aufpeppt, setzt sie ihn dadurch ins rechte Licht. Die perfekte Illumination ist sowieso für Sonia hinsichtlich ihres Interieurs essentiell. Ihrer Meinung nach macht erst eine passende Beleuchtung ein Domizil zu einem behaglichen Heim. So wirkt die tollste Wohnung kühl und ausladend, wenn das Licht nicht stimmt. Ein spärlich möbliertes Apartment kann dennoch gemütlich sein, wenn die Lampen optimal angebracht sind. Wenn Sonia ihr Zuhause dekoriert, dann folgt sie ganz intuitiv ihrem Gespür für Ästhetik. Genauso agiert sie bei ihren Kunden, die ihren Sinn für Schönheit sehr zu schätzen wissen. Ihre Sensibilität, mit Unterschiedlichem ganz behutsam umzugehen und alles so selbstverständlich miteinander zu kombinieren, dass dabei eine ungezwungene Mixtur entsteht, ist eine besondere Gabe.

zarte ornamente und stickereien

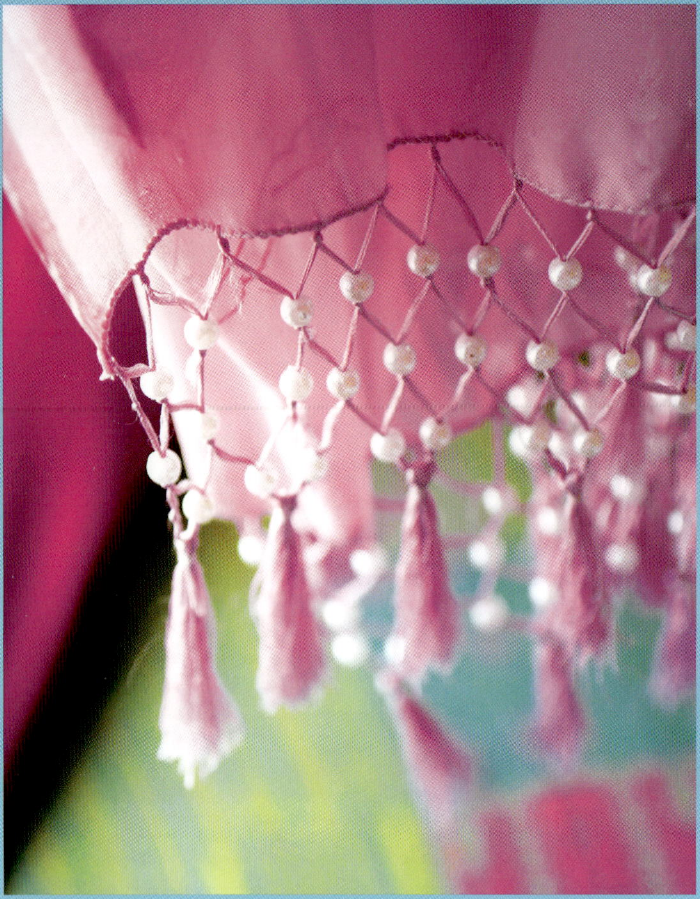

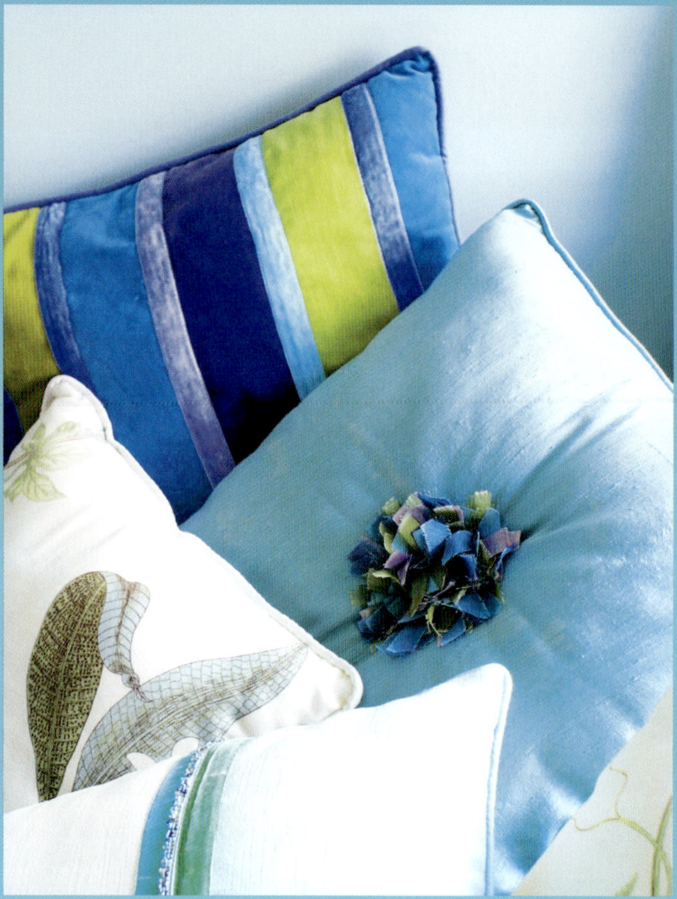

Ein rosa Seidentuch aus Tunesien dient als hübsche Bespannung für einen Lampenschirm, wie das Bild oben zeigt. Die kleinen Perlen beleben die Quasten und machen so das Selfmade-Objekt zum zauberhaften Hingucker.

Rechts oben im Bild tummeln sich verschieden bezogene Kissen in aquamarinen Tönen auf dem Gästebett. Unterschiedliche Muster und Prints sorgen für Lebendigkeit, die ähnliche Farbauswahl hingegen für Harmonie.

Femininer Shabby-Chic auf der rechten Seite: Ein duftendes Rosen-Potpourri findet auf diesem hübschen Beistelltischchen, das Sonia selbst bemalt hat, seinen Platz. Bilder mit Familien- und Pflanzenmotiven verleihen dem einfachen Stillleben eine persönliche Note.

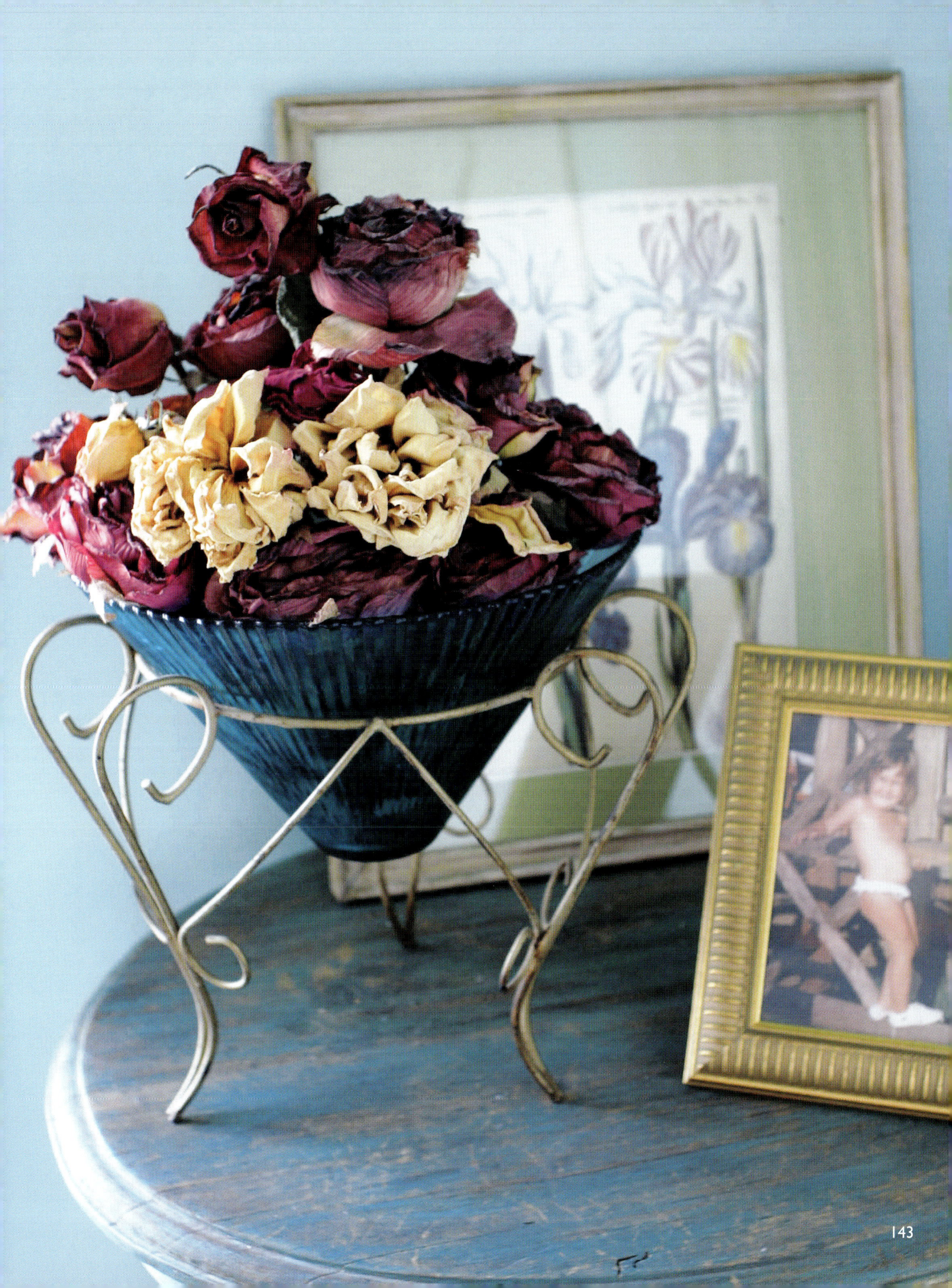

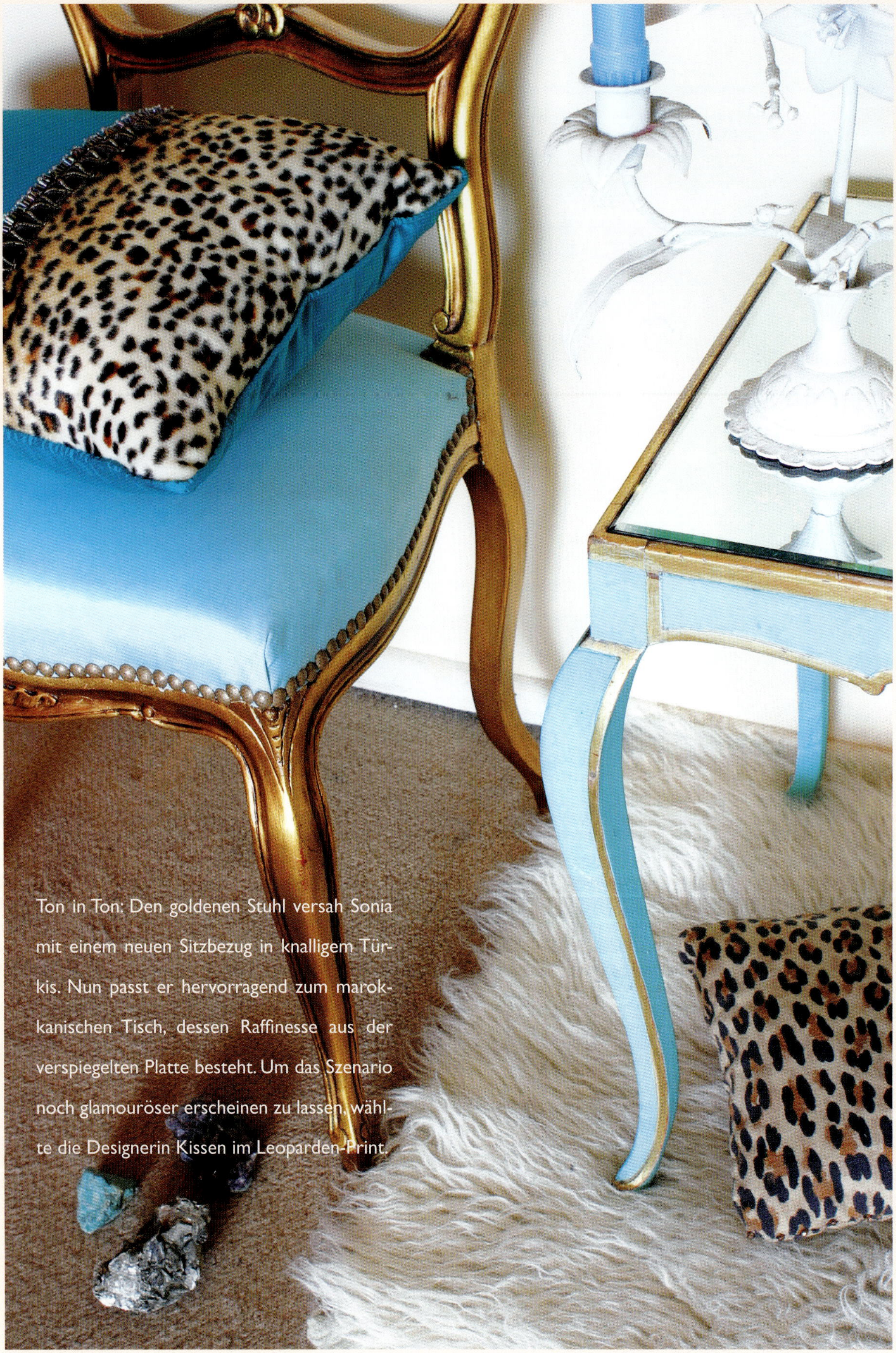

Ton in Ton: Den goldenen Stuhl versah Sonia mit einem neuen Sitzbezug in knalligem Türkis. Nun passt er hervorragend zum marokkanischen Tisch, dessen Raffinesse aus der verspiegelten Platte besteht. Um das Szenario noch glamouröser erscheinen zu lassen, wählte die Designerin Kissen im Leoparden-Print.

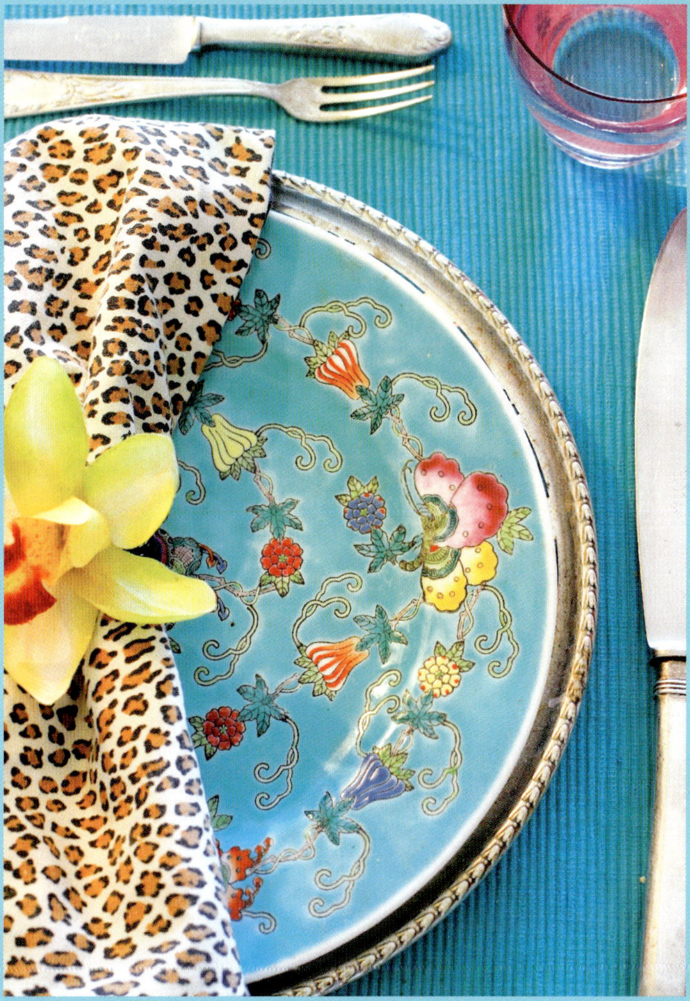

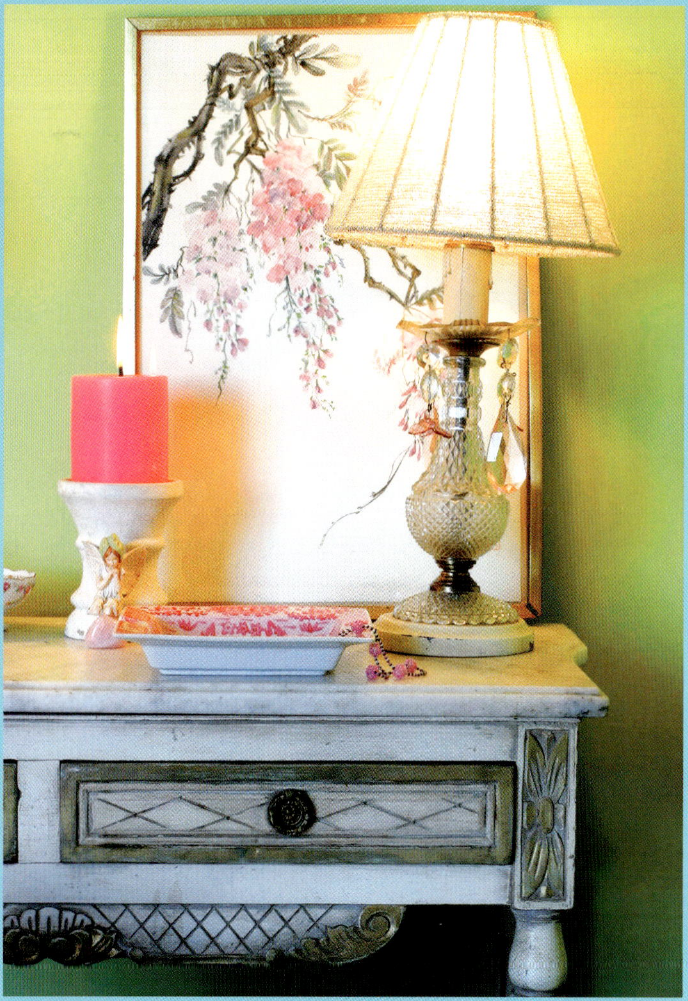

afrika und asien im dialog

Der handbemalte Teller im Bild oben links stammt von Ellen Vuyk. Besteck und Gläser brachte Sonia aus Prag mit. Passend zum blumigen Service verwendete die Hausherrin eine Orchideenblüte als Serviettenring. Um das Farbschema im Essbereich aufzunehmen, entschied sich Sonia beim Eindecken für strahlende Kolorationen und auffällige Muster.

Im Bild rechts daneben geht es etwas verhaltener zu: Auf dem eleganten Sideboard mit Mamorplatte stehen ausgewählte Lieblingsstücke. Zartes Rosa und glänzendes Gold umrahmen das asiatische Motiv, das wie der Aschenbecher aus China stammt.

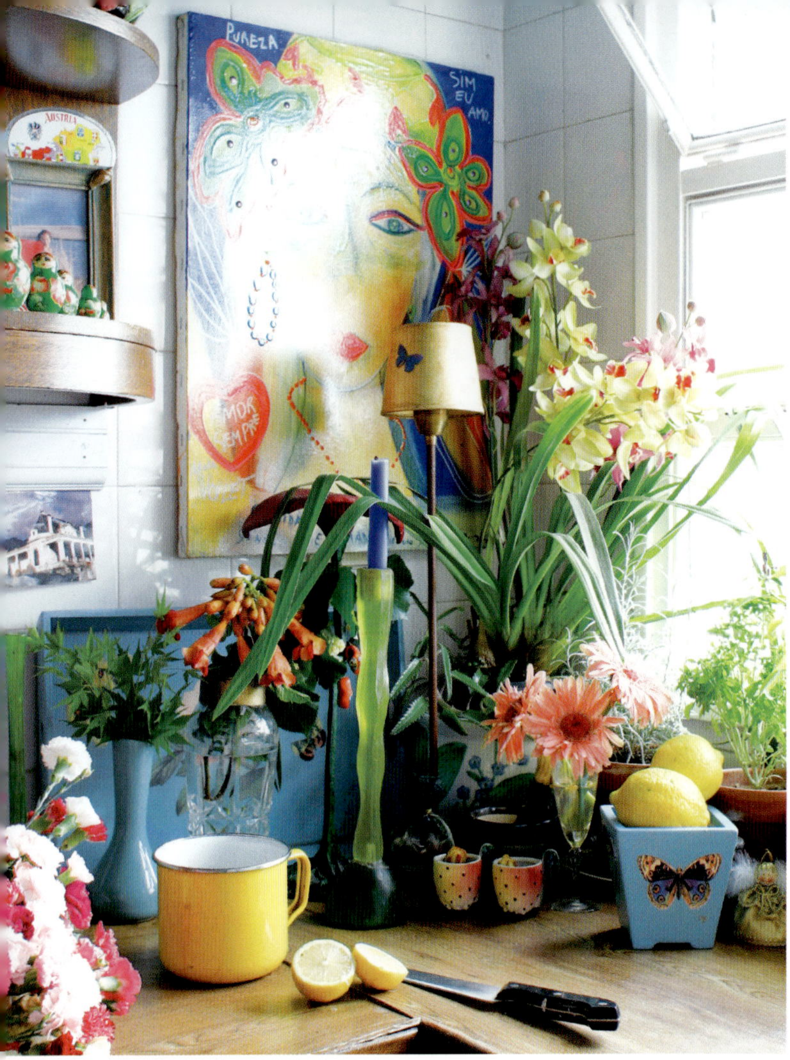
PUREZA
SIM
EU
AMO
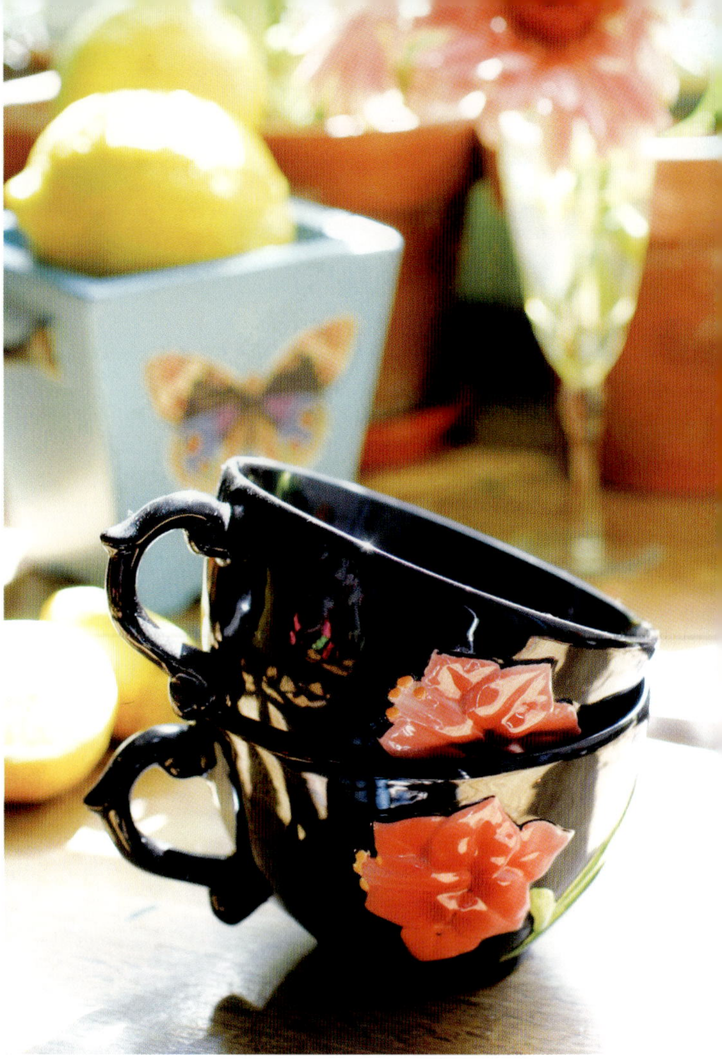
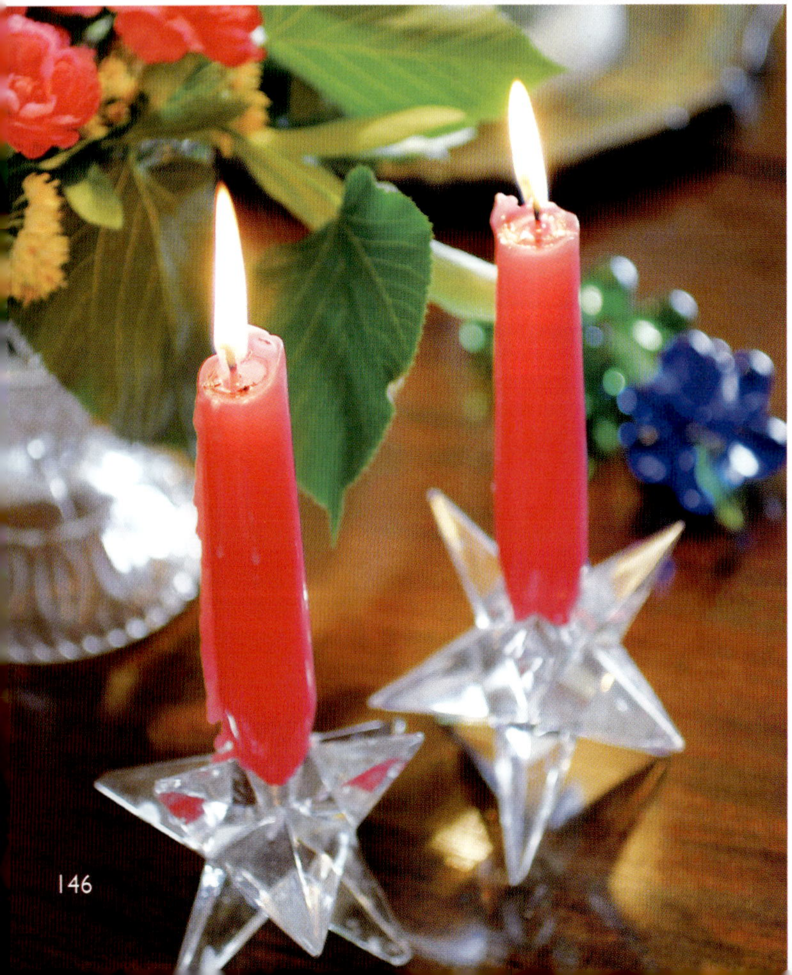
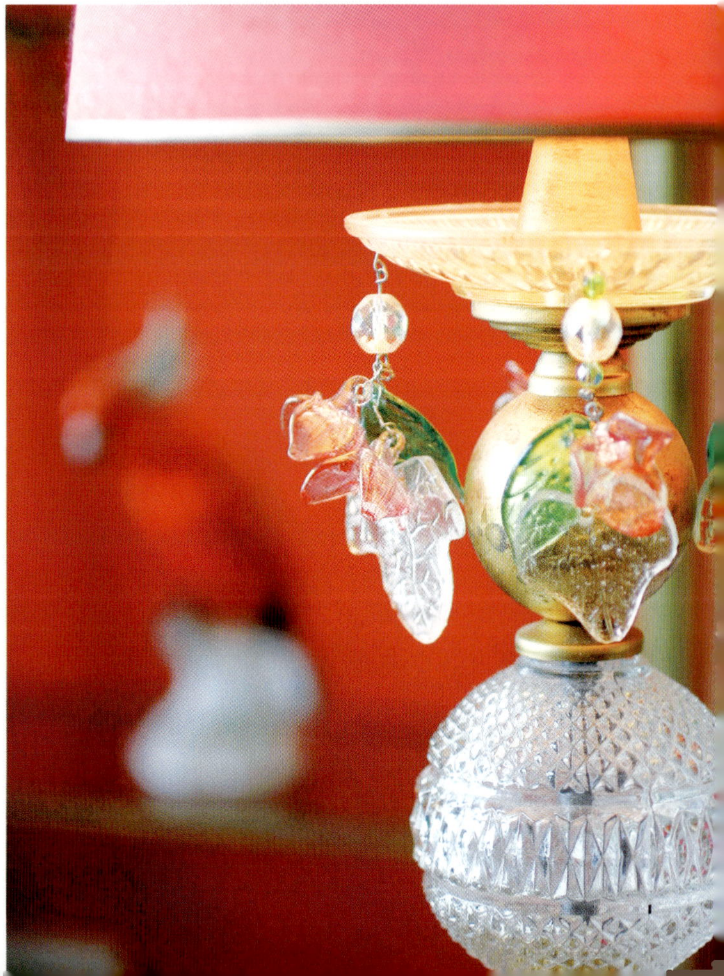

fundstücke

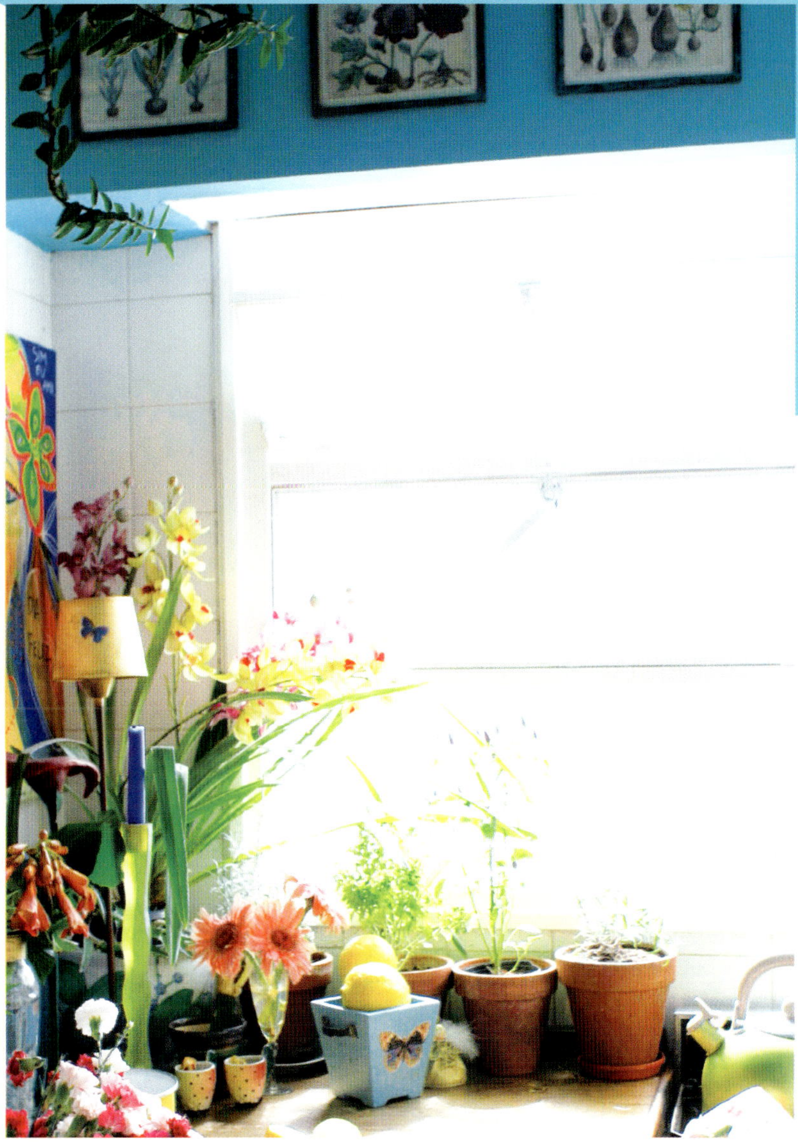

In der kleinen Küche kommt zusammen, was einst nicht zusammengehörte. Angefangen hat alles mit dem Gemälde von Isabelle Tuchband. Die Farben inspirierten Sonia zur pittoresken Gestaltung: Exotische Blumen, Kristall aus Italien, Tassen aus China und andere Souvenirs aus fremden Ländern schaffen ein stimmungsvolles Gesamtensemble.

patchwork auf die edle art

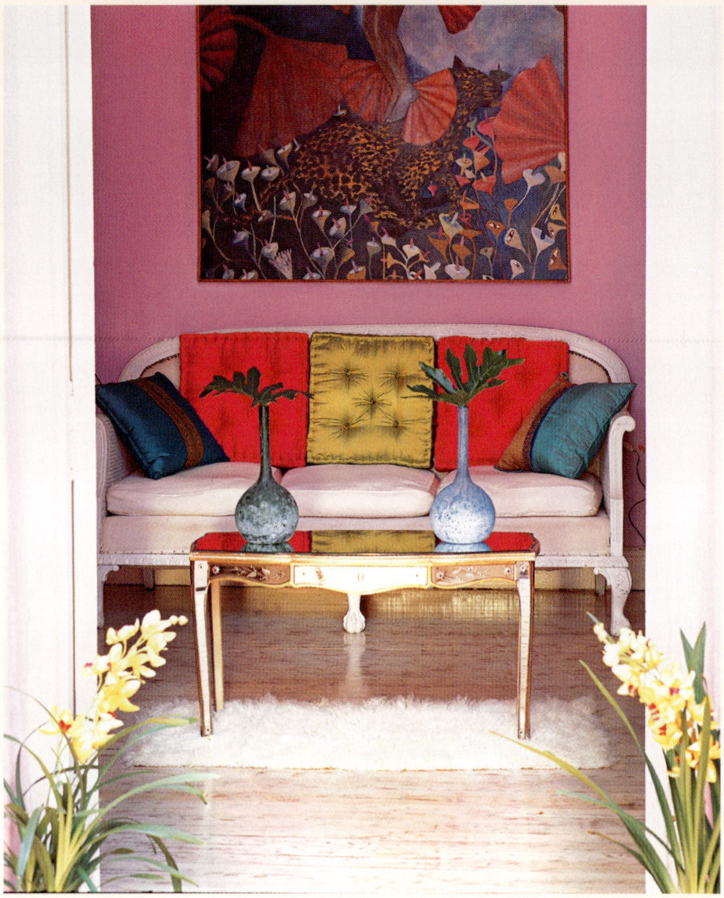

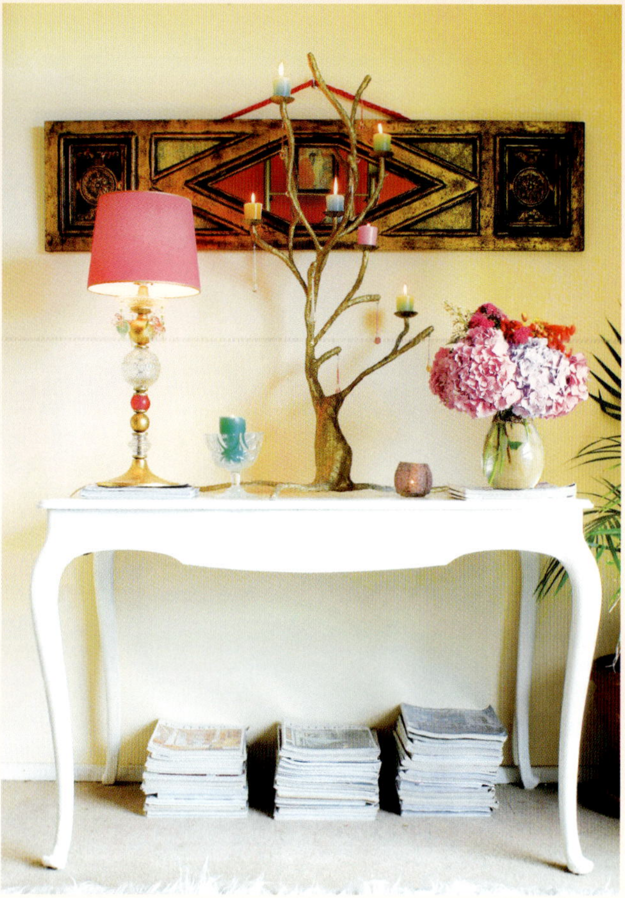

Alles mal zwei: Die Symmetrie im Nebenraum oben links schafft Ruhe im eklektischen Refugium. Die Doppelung der Dinge ist eine einfache Strategie, um optisch für Ausgeglichenheit zu sorgen. Für Nervenkitzel sorgt hingegen das Raubtiermotiv der Malerei.

Der weiß lackierte Tisch oben rechts hat seinen Ursprungsort in der Provence. Den verästelten Kerzenständer kreierte Sonia eigenhändig aus Pappmaschee. Anschließend vergoldete sie ihn mit Blattgold, damit er zum geometrischen Wandbild passt.

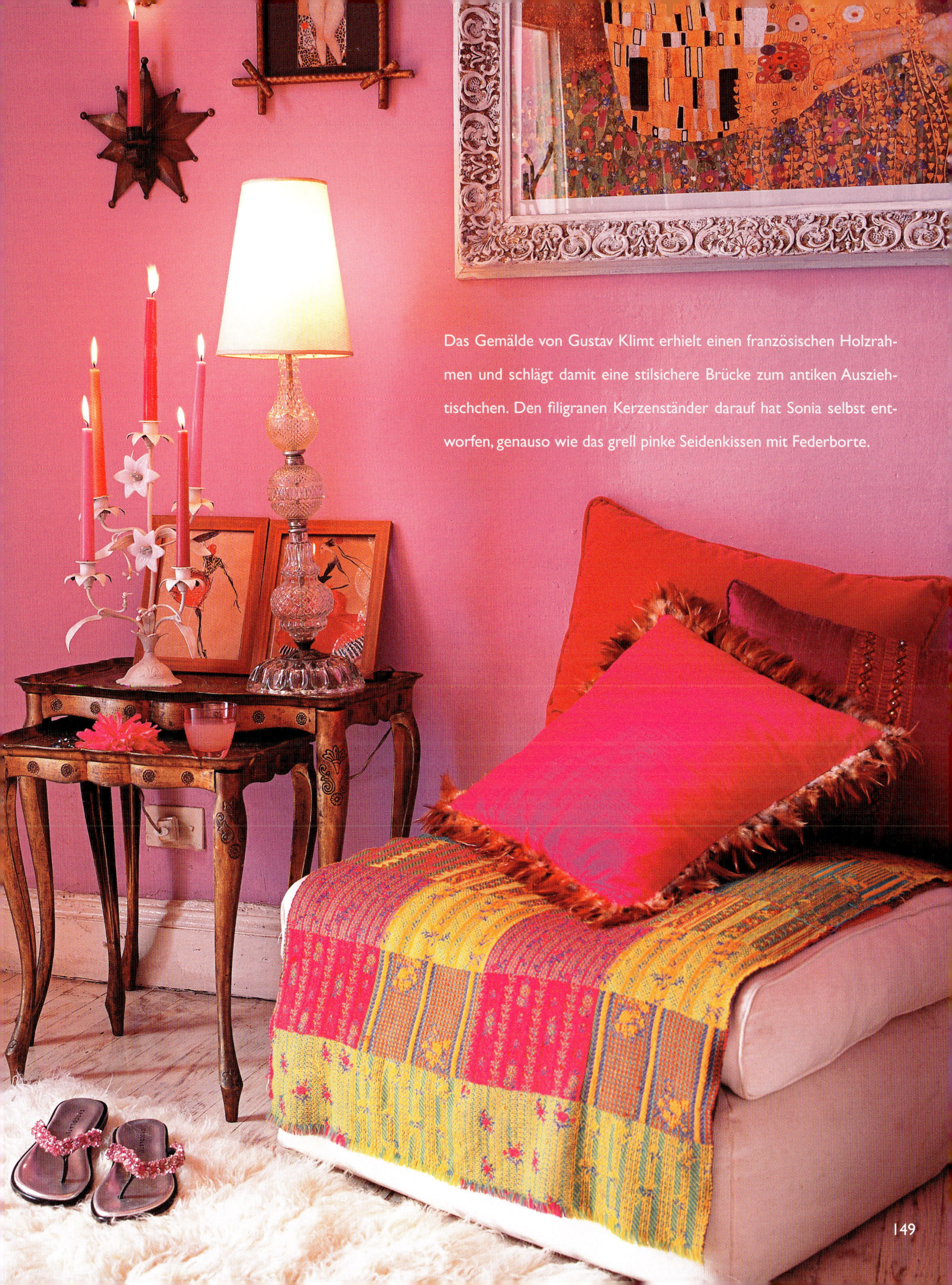

Das Gemälde von Gustav Klimt erhielt einen französischen Holzrahmen und schlägt damit eine stilsichere Brücke zum antiken Ausziehtischchen. Den filigranen Kerzenständer darauf hat Sonia selbst entworfen, genauso wie das grell pinke Seidenkissen mit Federborte.

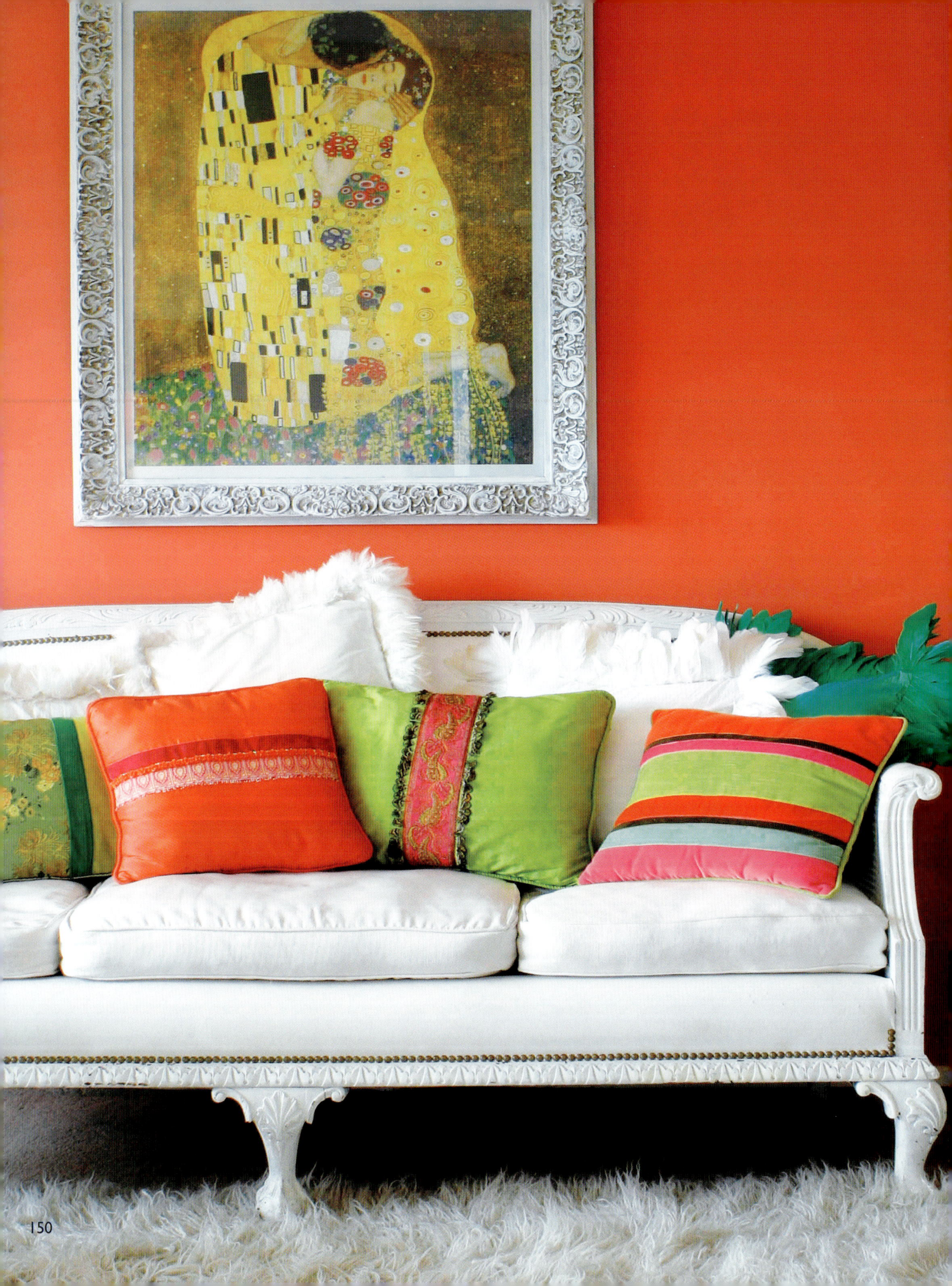

Ein Flokati macht jedes Interieur zur Kuscheloase (Bild rechts). Wenn sich dazu noch ein bequemes Sofa mit einer Heerschaar von Kissen gesellt, steht einer Auszeit nichts mehr im Wege. Warme Farbtöne wie erdiges Rot strahlen ein hohes Maß an Gelassenheit aus.

Belebend hingegen wirken bunte Farbtupfer wie die beiden Kerzenhalter (unten links) mit Perlenapplikationen. Wer selbst basteln möchte: Einfach ein paar schöne Perlen auf einen Nylonfaden auffädeln und mit Heißkleber am Rand des Kerzenständers befestigen.

Den kostbaren Kristalleuchter (unten rechts) erstand Sonia in einem Glasgeschäft in Venedig. Sie versah die elektrischen Kerzen mit kleinen grünen Lampenschirmchen, die sie aus Draht passgenau fertigte und mit grob gewebtem Stoff bespannte.

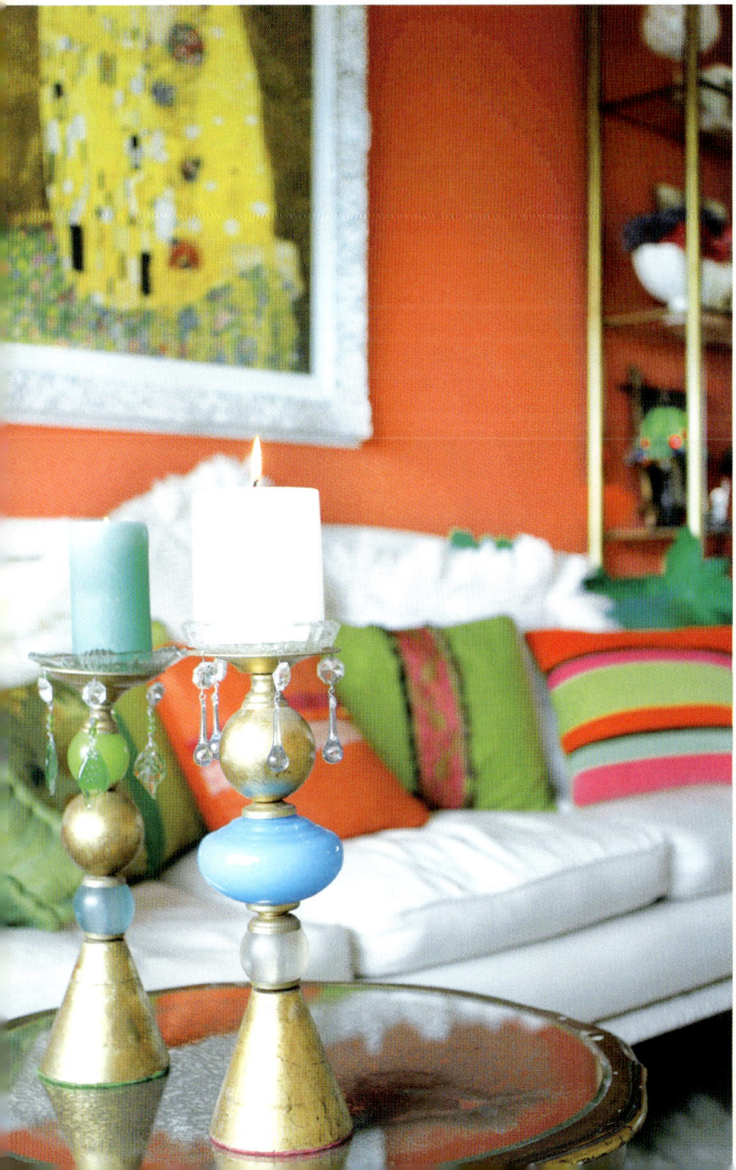

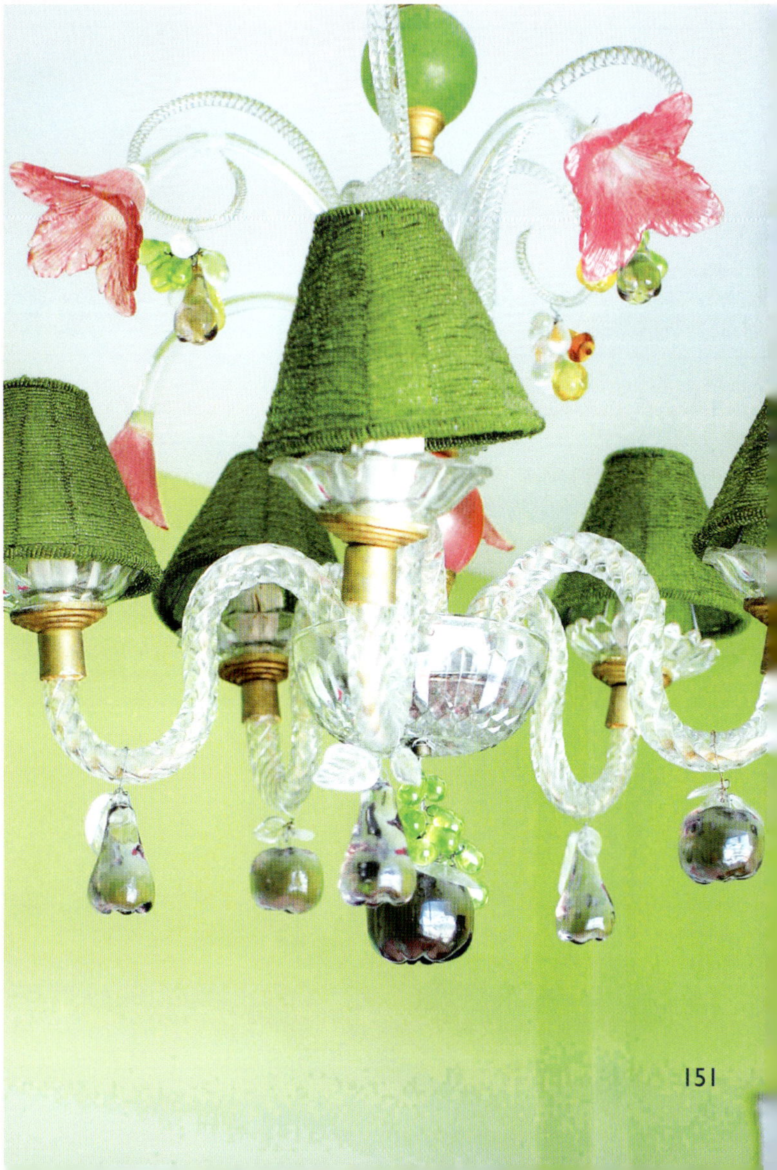

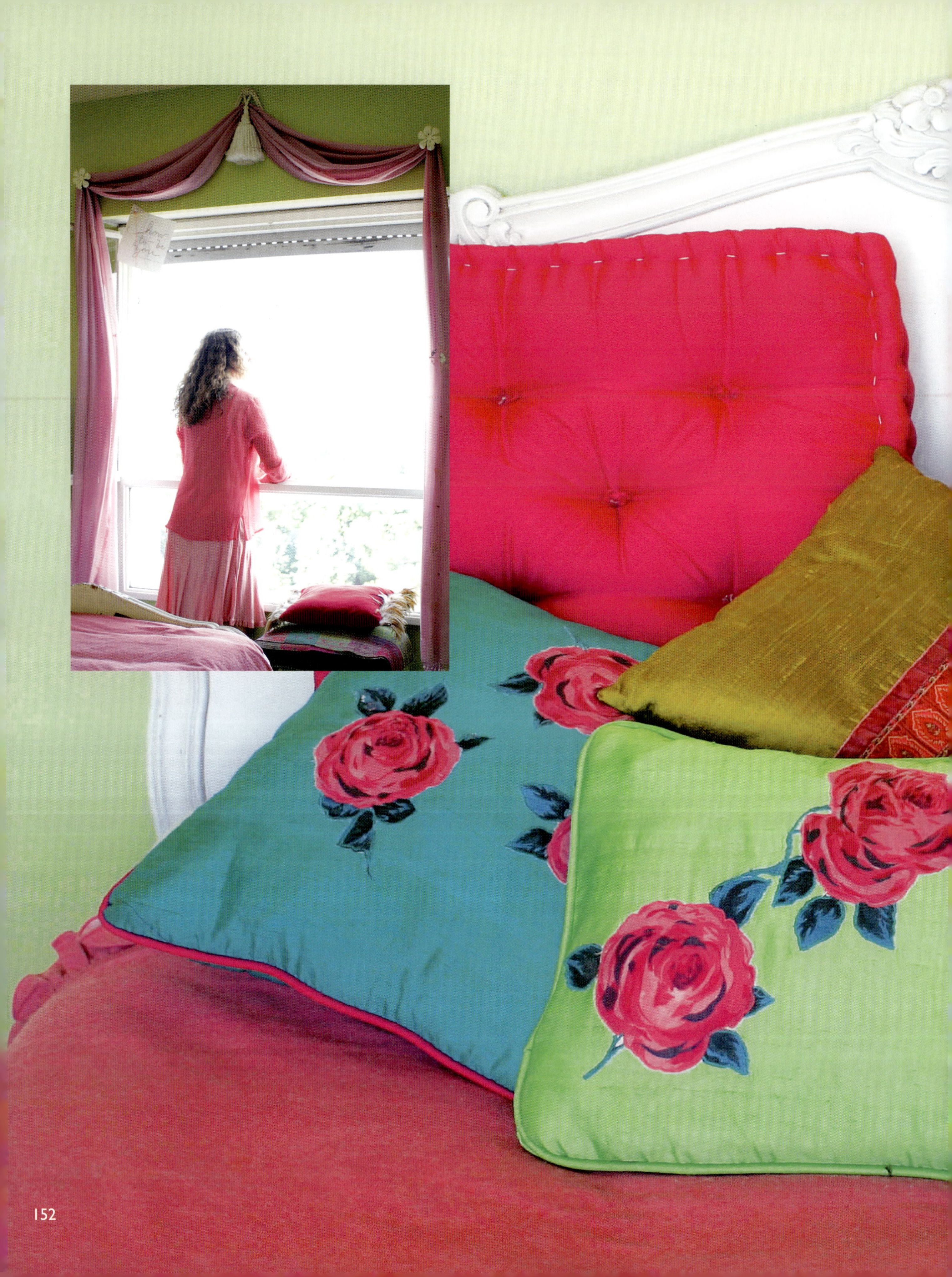

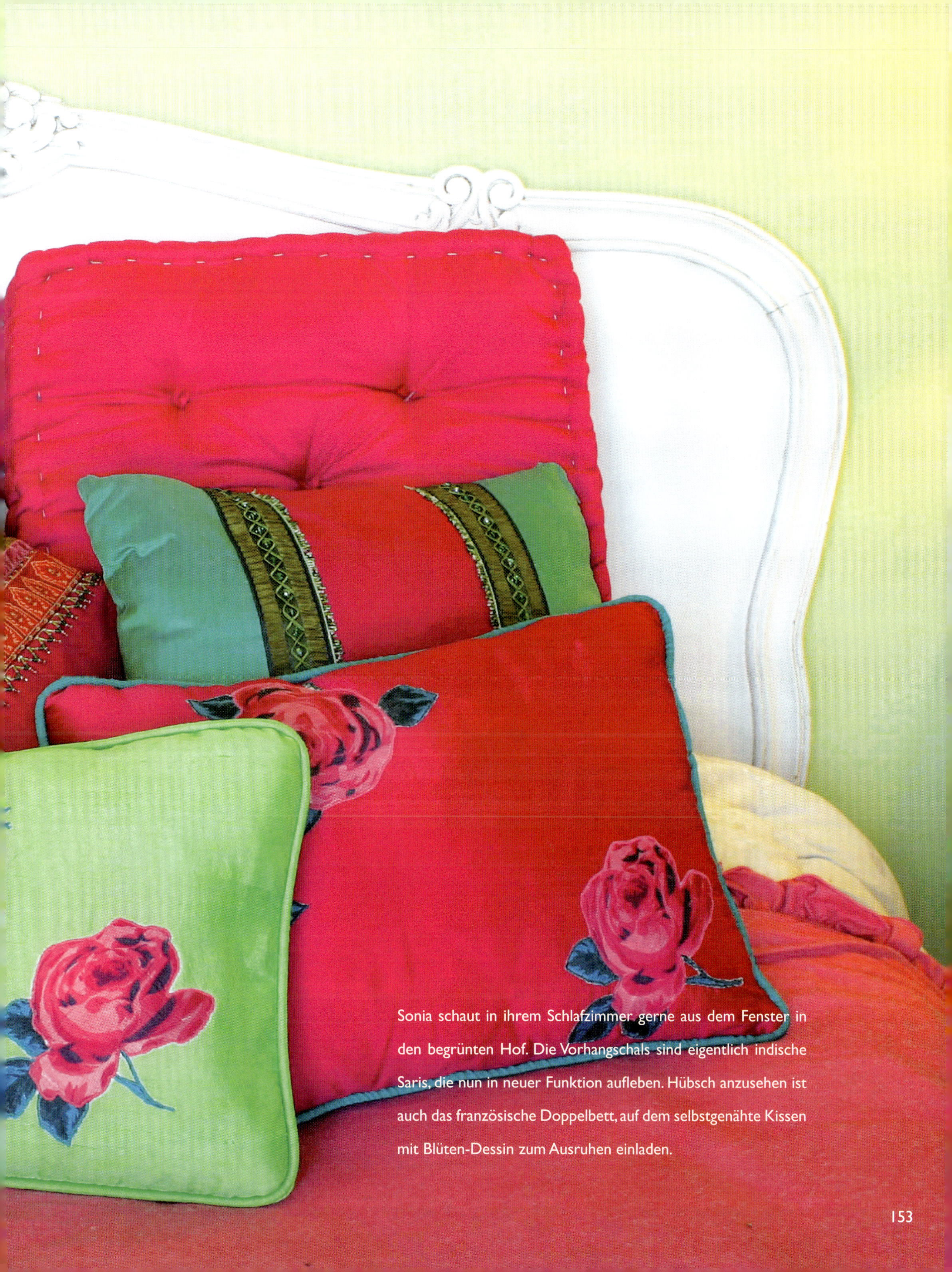

Sonia schaut in ihrem Schlafzimmer gerne aus dem Fenster in den begrünten Hof. Die Vorhangschals sind eigentlich indische Saris, die nun in neuer Funktion aufleben. Hübsch anzusehen ist auch das französische Doppelbett, auf dem selbstgenähte Kissen mit Blüten-Dessin zum Ausruhen einladen.

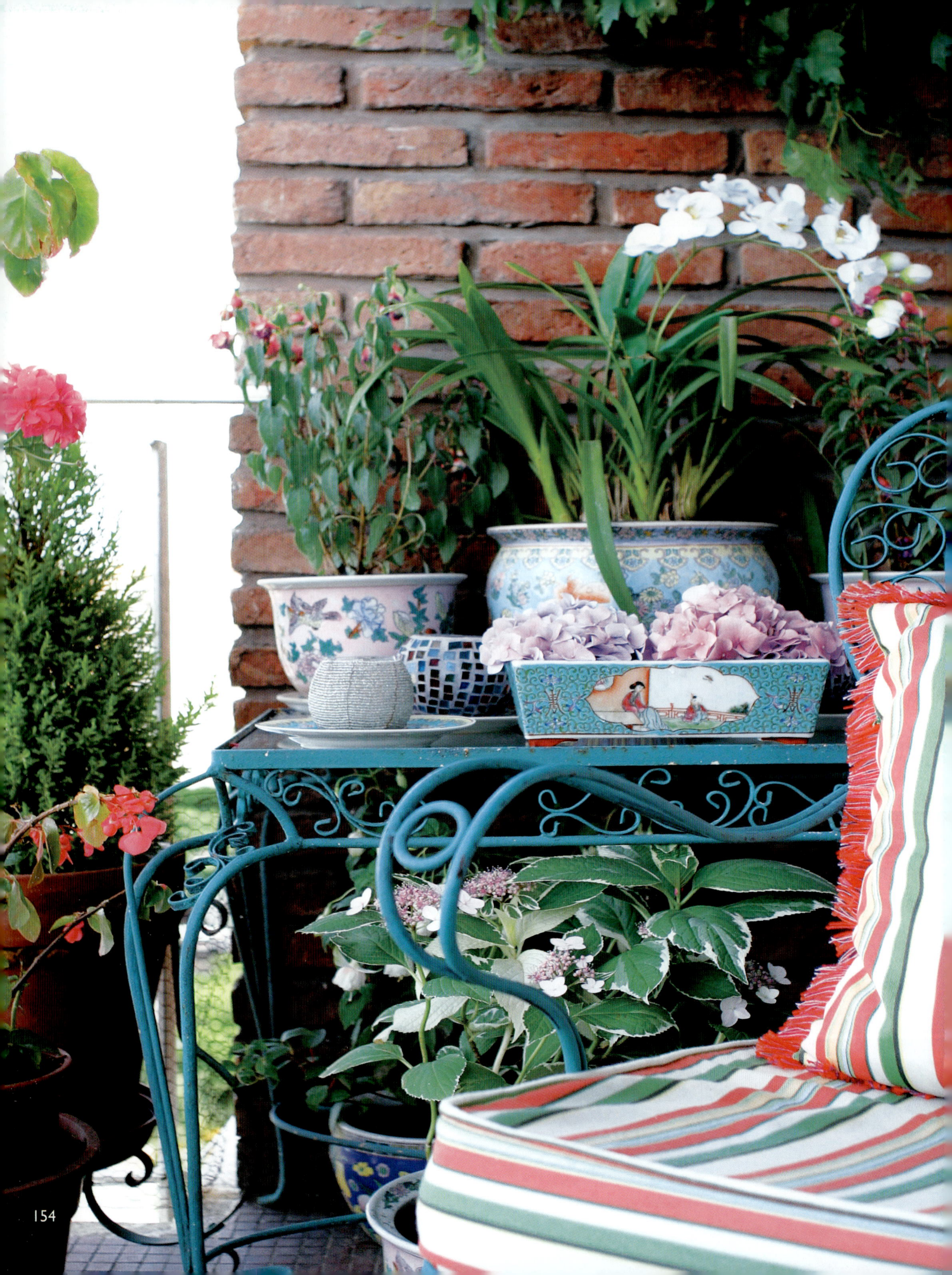

Bild linke Seite: Die Backsteinwände sorgen auf der Terrasse für ein heimeliges Ambiente. Sonia entschied sich für wetterfeste geschmiedete Gartenmöbel, denen sie mit einem türkisen Farbanstrich sowie anschließendem Anschliff Patina verlieh. Antike chinesische Keramikübertöpfe dienen als zauberhafte Eyecatcher und machen das grüne Wohnzimmer zur Relaxzone.

Sammelstück: Den Spiegel (Bild unten links) verzierte die Designerin mit Strandmuscheln und Seesternen aus dem Urlaub. Die Blumenvielfalt in der Glasamphore findet man auch im Print der bedruckten Tischdecke wieder.

Exotische Grünpflanzen sorgen für Dschungel-Atmosphäre, Polster und Kissen für den nötigen Komfort (Bild unten rechts).

eine terrasse zum wohlfühlen

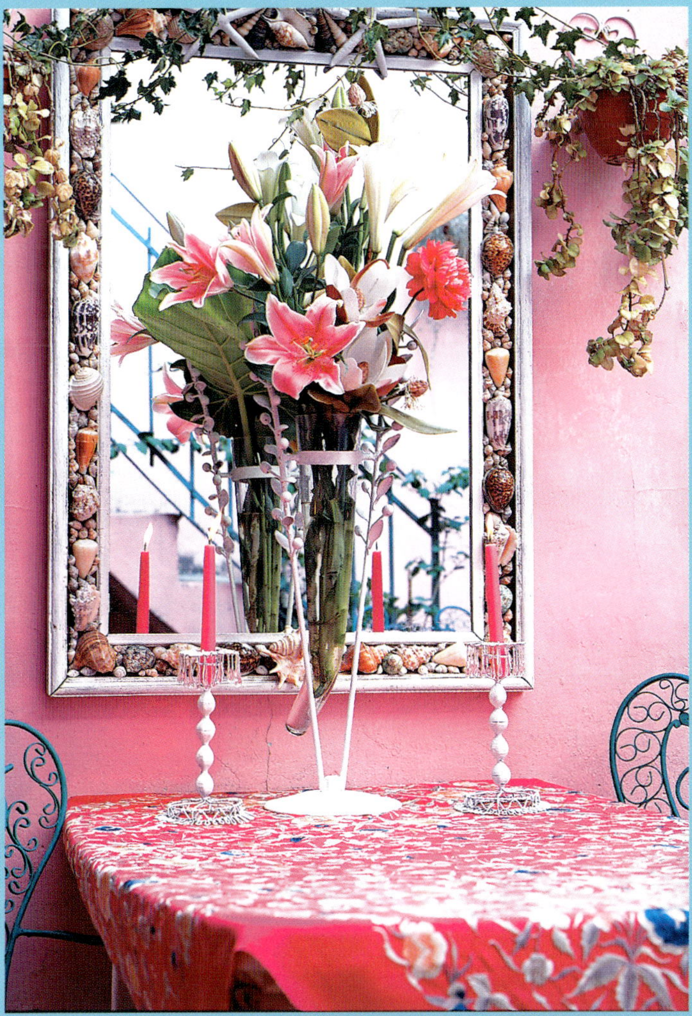

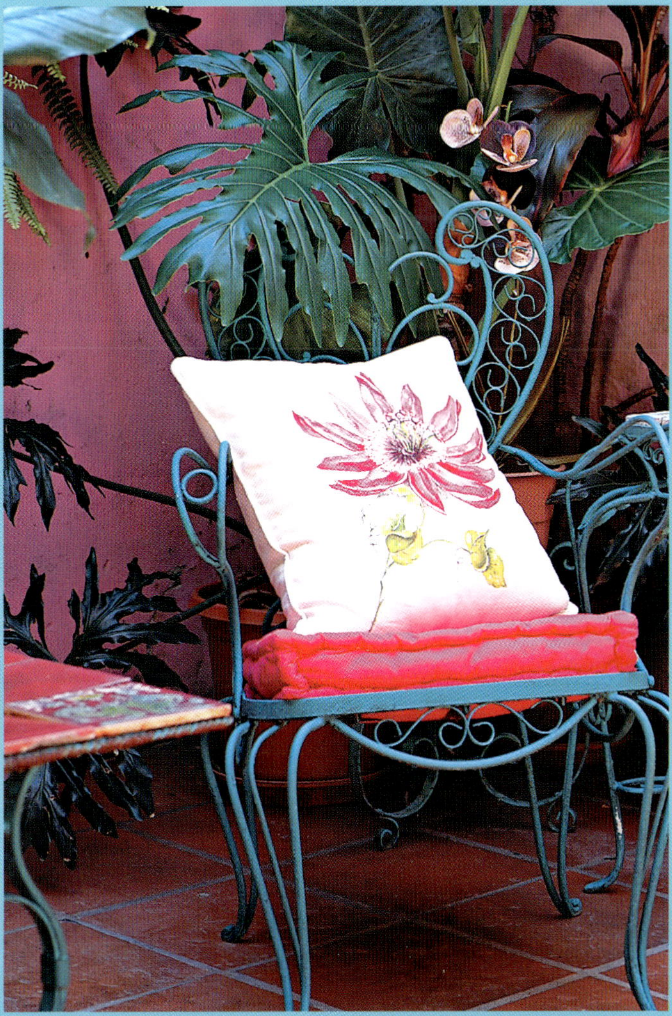

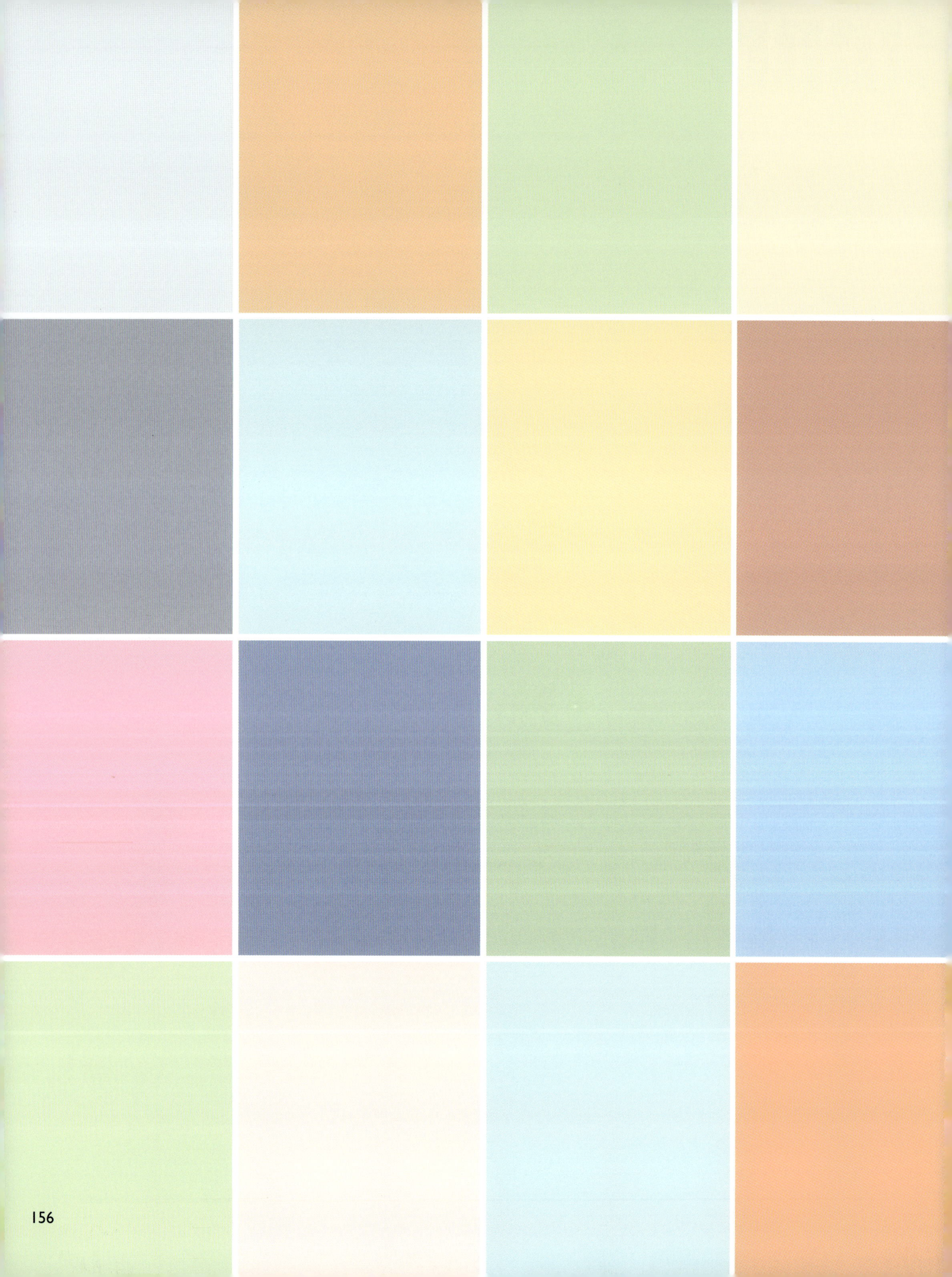

impressum

FOTOS

Bildagentur:

Sur Press Agency, Silvio Najt

www.sur-press-agencia.com.ar

Fotografen:

Daniela Mac Adden:

Seiten 8 - 25

Seiten 54 - 91

Seiten 116 - 123

Juan Hitters:

Seiten 26 - 53

Seiten 92 - 115

Seiten 124 - 155

LEKTORAT

Britta Blottner

GESTALTUNG & SATZ

Sybille Naderer, naderer communication, Tragwein

DRUCK

fgb – freiburger graphische betriebe, Freiburg/Br.

BIBLIOGRAPHISCHE INFORMATIONEN DER DEUTSCHEN BIBLIOTHEK

Die Deutsche Bibliothek verzeichnet diese Publikation in der Deutschen Nationalbibliographie; detaillierte bibliographische Daten zu diesem Werk sind im Internet unter http://dnb.ddb.de abrufbar.

D-65232 Taunusstein

E-Mail: blottner@blottner.de / URL: www.blottner.de

ISBN 978-3-89367-131-1 / Printed in Germany

danke

Ein ganz herzliches Dankeschön geht an alle in diesem Bildband, die uns in ihre Wohnung und damit in ihr Herz hineinschauen ließen.

Persönlich möchte ich Thommy und meiner Familie für ihre Liebe und Unterstützung danken. Silvio sage ich „Many many thanx!" für die langjährige, wunderbare Zusammenarbeit, die immer die besten Früchte trägt. Und du, liebe Florentine, warst erneut während des gesamten Buchprojektes das bravste Kind auf Erden – du mein Ein und Alles!

Darüber hinaus danke ich meiner Verlegerin Britta Blottner für ihr Vertrauen und Engagement sowie der Grafikerin Sybille Naderer für ihr wundervoll farbenfrohes, absolut gelungenes Layout – besser kann eine perfekte Zusammenarbeit nicht aussehen.

Marion Hellweg

WIR ENGAGIEREN UNS FÜR DEN KLIMASCHUTZ

Print CO_2 kompensiert
Id-Nr. 1217661
www.bvdm-online.de

In den letzten Jahren ist der Klimawandel mit seinen weitreichenden Folgen für uns und vor allem unsere nachfolgenden Generationen immer mehr zum Thema geworden. Die Auswirkungen sind bereits jetzt spürbar – Wetterextreme, sich verschiebende Jahreszeiten, Erderwärmung. Auch wenn diese Entwicklungen nicht mehr völlig aufzuhalten sind, müssen wir – auch als Verlag – aktiv werden.
Die freiburger graphischen betriebe, die Druckerei, in der dieses Buch produziert wurde, beteiligen sich an der Klimainitiative der Druck- und Medienverbände Deutschland und bieten die Möglichkeit, Buchproduktionen klimaneutral herstellen zu lassen. »Klimaneutral« bedeutet den Ausgleich von Treibhausgasen bzw. die Neutralisation durch die Einsparung einer bestimmten CO_2-Menge an anderer Stelle. Da die Wirkungen des Treibhauseffektes global schädigen, ist es irrelevant, an welchem Ort der Welt Emissionen entstehen und wo sie dann letztendlich eingespart werden. Der gesamte Prozess des Ausgleiches von Treibhausgasen basiert auf dem Kyoto-Protokoll von 1997. Wir haben nun die Möglichkeit, für jedes Druckprodukt den genauen Wert des CO_2-Ausstoßes, der auf den Produktionsprozess in der Druckerei und deren Materialeinsatz zurückzuführen ist, zu ermitteln. Mit Hilfe eines vom Bundesverband der deutschen Druckindustrie entwickelten Rechners, mit dem viele Faktoren erfasst werden – Energieverbrauch, Farbe, Papier, Transportwege oder Einsatz von Personal – wird am Ende der Buchproduktion ein Wert ermittelt, der die relevante Wertschöpfungskette für die technische Herstellung des Buches umfasst und den durch die Produktion verursachten CO_2-Ausstoß nachweist.
Für diesen Wert bezahlen wir als Verlag einen Ausgleich, der dann in anerkannte und zertifizierte Klimaschutzprojekte fließt. Die Zertifizierung erfolgt durch die Organisation firstclimate (www.firstclimate.com) und wird durch das Logo »Print CO_2« angezeigt.
Die aus dem Druck dieses Buches resultierende Klimaabgabe fließt in das Klimaschutzprojekt: „Windenergie in Yuntdag, Türkei".

Für alle Wohn-Fans: Das Buch zur Internet-Community www.SoLebIch.de

BLOTTNER VERLAG

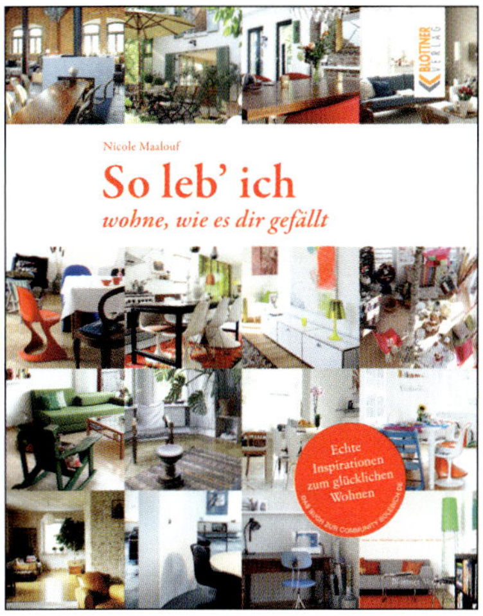

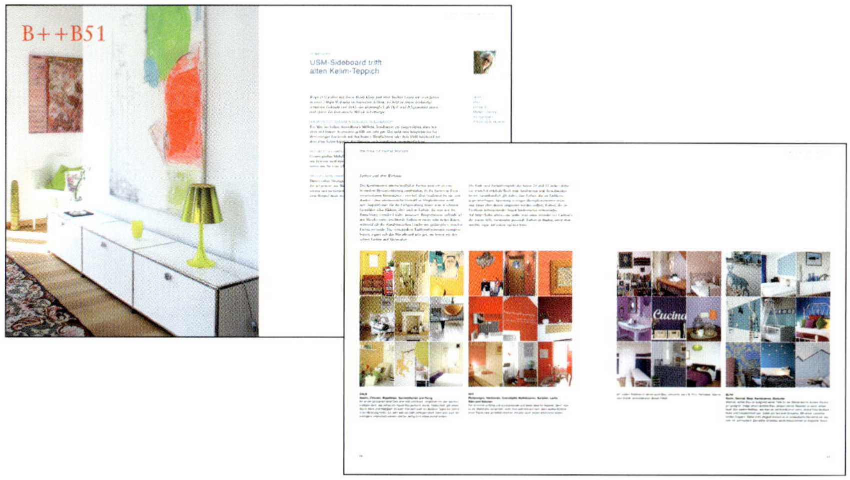

So leb' ich
wohne, wie es dir gefällt

Nicole Maalouf
176 Seiten, über 600 farbige Bilder. Format 21,5 x 27 cm. Fester Einband.
ISBN 978-3-89367-121-2

Ein Wohnbuch, das motiviert den eigenen ganz persönlichen Wohnstil zu finden und zu Hause zu verwirklichen. Ein Buch für Menschen, die Details verändern oder ihre komplette Einrichtung überdenken möchten und natürlich für alle, die sich dafür interessieren, wie schön und doch unterschiedlich Andere wohnen. Anhand zahlreicher echter Wohnungen zeigt dieses Buch, wie einfach es sein kann, individuell und schön zu wohnen. Alle Bilder, Interviews und Essays in diesem Buch stammen direkt von den wohnbegeisterten Mitgliedern der Online-Community SoLebIch.de. Im Internet gibt es Zusatzmaterial unter www.SoLebIch.de/Buch zum Download, Einkaufstipps und viele weitere Informationen.

Die Wohn-Community www.SoLebIch.de ist wunderbar vielseitig und bunt.

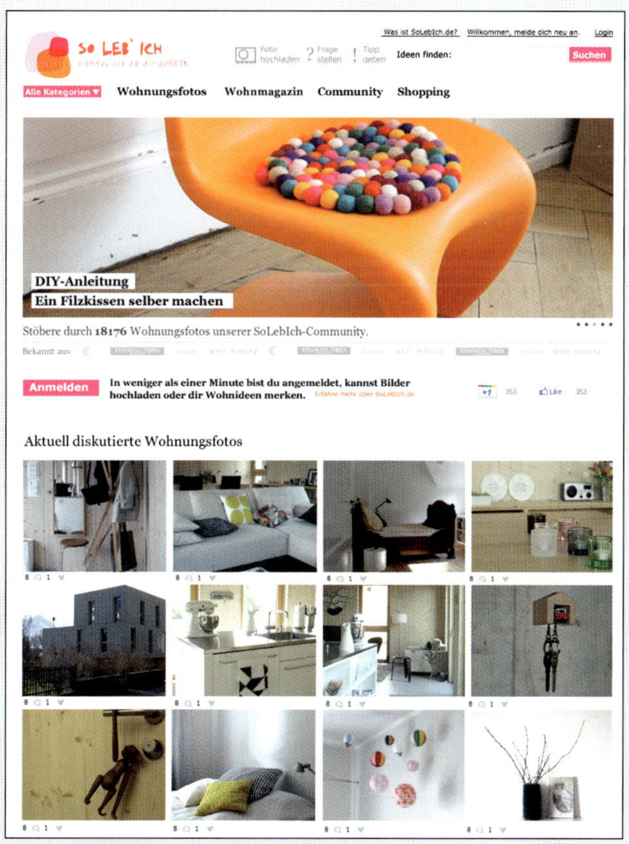

Sie ist eine Art von Wohnzeitschrift im Internet, die von jedem Mitglied als Fotograf, Redakteur und Leser mitgestaltet wird. Hier finden die Mitglieder Inspirationen in den Wohnungsbildern anderer Mitglieder, können sich in hilfreichen Beiträgen informieren und sich mit Gleichgesinnten austauschen. Viele Inspirationen zum glücklichen Wohnen!